平等式資本主義的勝出

人人平等的社會核心價值，
透過新政治與勞動體制變革，驅動創新經濟

Kathleen Thelen
凱薩琳・瑟倫 著

吳啓禎 審訂
盧靜 譯

VARIETIES of LIBERALIZATION and the NEW POLITICS of SOCIAL SOLIDARITY

獻給艾蜜莉與安迪

目　次

推薦序

社會之核與歷史之債—從平等式資本主義窺見國家發展的奧秘

吳啓禎
經民連智庫經濟組召集人、
英國倫敦大學亞非學院經濟學博士

我們如何從追求自由，到陷入不自由？

儘管有政治哲學家倡議自由民主應該仔細區分為自由放任式民主（libertarian democracy）與社會民主（social democracy）兩大類型，兩者除了對普選制代議政治與尊重私有財產權具有共通處之外，在基本人權保障、政府角色、產業組織、甚至是對於「自由」的想像等面向上存有根本性的差異。然而對於新興民主化國家，尤其是歷經全世界最漫長的威權統治的台灣而言，在解嚴之初的情境裡，凡是政府與公共性都尚籠罩在黨國巨靈的陰影下，都是民間社會所欲拆解的對象；加上知識階層長期受美國學術所薰陶，因此去管制與私有化順理成章成為高度時代正確的發展方向。同時，國際間如火如荼的全球化運動，台商配合美國對中國的「交往」戰略，一波又一波的西進，構築起出口西方市場為主的兩岸生產網絡。

這些內外軸線共同交織出台灣現況，尤其是高房價與低薪化，成為最鮮明的並置對比。以目前「房價所得比」的指標來看，大台北地區房價幾乎是全球最貴。同時，三分之一的工作人口淪為低薪族群（在台灣凡月薪低於三萬元者，即符合國際的標準低薪定義），其中有一半為三十歲以下的工作青年。低薪收入者，面臨房租、學貸、基本生活開銷等支出壓力，身處現今高度不穩定的就業環境，如果對現有工作不滿意或不合適的話，如何靠自身能力換工作或者換跑道？根據一項跨國人力資源公司的調查，國內有四成以上的工作者在職場上處於「低效能又沮喪」的狀態，比率高出國際平均值兩倍之多。工作貧窮、不穩定加上漫長工時，對青年族群來說無異加深成家與育兒的困難，進而衍生出高齡化與少子化的人口結構。

換言之，國家政策失當使得整體社會資源朝向地產金融王國蜂擁而去，以犧牲社會階級流動與整體經濟效能為代價。為什麼，過去台灣幾代人所追求的「自由」，換來的卻是現今多數人與青年世代追求自我發展機會的「不自由」？我們如何陷進去？又該如何走出來？對我來說，《平等式資本主義的勝出》這本書，提供了強大的探照，照映出我們長期以來對國家發展的貧乏想像與社會經濟政策上的諸多盲點。

把人與政治動能置回歷史場景，破解路徑依賴

本書作者瑟倫（Kethleen Thelen）長期聚焦研究富裕民主國家、各國特殊產業技術類型形成過程的政治社會動力。這項研究主題，可說是直接抓住西方世界經濟競爭力的核心，同時彌補了社會科學界長期以來的一大知識空白——怎麼說呢？儘管科技與生產技術可說是決定一國經濟實力最直接、重要的因素，主流經濟學因為被自身方法論所框限，對於形塑技術體制最關鍵

的制度文化因素彷如「黑盒子」般的不清楚，對制度的理解至多只是採取結構／功能的論點，也就是把特定制度目前所提供的社會功能當作是該制度創立與存在的原因，因而推論該制度與其他制度之間具有互補性，共同形構出特殊的資本主義類型（例如英美模式／萊茵河模式），並由此衍生出所謂的「路徑依賴」學說。後者解釋制度存續的動力在於規模報酬遞增，也就是一項制度一旦設立後，會誘發各方利益關係人的投入，時間愈長、投入愈多，該項制度就愈穩固，以致形成「路徑鎖定」或者停滯發展的狀態，除非發生重大歷史性事故才會導致該項制度的大幅變動。

瑟倫則認為上述學理對於制度的理解均過於簡化，容易形成偏差與誤解。她主張必須回到歷史源頭，回溯制度創立與演變每個當下的歷史時空，剖析由主要利益關係人所組成的正反陣營各自的訴求與政治動能，方能妥善掌握制度演化的機制與原理。換言之，她認為制度本身是個暗潮洶湧、不斷鬥爭與協商的場域。任何制度形成的當下，是由一組具有不同目標但採取合作的多方力量所聚合而成。制度會產生贏家，也創造輸家。輸贏之間的搏鬥，使得制度存在恆常但強度不一的張力。同時，制度係鑲嵌在更大的複雜系統之中，例如當國際力量對國內社會經濟產生衝擊而牽動政治權力改組時，新的贏家組合基於意識形態或者現實利益，都可能牽動原有制度。

顯然，瑟倫方法論的特點，係把人與歷史重新置於核心，在時間軸中辨識出主要的不同行動者在制度場域裡的合作與競爭，從史料中爬梳出梗概。同時，為避免單一制度研究可能造成盲點，瑟倫訴諸跨國比較研究。就這樣以一國制度演化為經線，比較他國為緯線，瑟倫織出了當代比較歷史與政治經濟學的大片華錦，其學術功力首先展現在二〇〇四年出版的《制度如何演化》（暫譯）（How Institutions Evolve: The Political Economy of Skills in Germany, Britain, the United States and Japan），在分析中瑟倫標示出工業化早期四組主要行動者——高技能產業裡的工匠行會、產業勞工、雇主，加上國家——在各國不同的脈絡情境與政治社會歷程中，彼此間的競合、收編與排除過程，進而形成日後面貌迥異的產業技術型態。該書發表後在歐美知識圈獲得極大的讚譽與肯定。事隔十年，《平等式資本主義的勝出》這本書的問世，再次引起轟動（所獲獎項與榮譽可參考本書折頁）。可以說，瑟倫藉由這兩本著作，奠立了其在當代西方資本主義研究的權威地位。

產業技術型態如何反映社會價值文化？

我的詮釋是，瑟倫在這本新作中突破自己原來的視野，展現高度的人文關懷，至此才真正具有大儒之風。怎麼說呢？瑟倫之前的著眼點，是為富裕民主國家彼此殊異的產業技術型態，提出一套融合歷史制度取徑與政治社會動力分析的解釋架構。然而到了《平等式資本主義的勝出》這本書，在原來的研究對象與分析進路之上，特別納入社會面向，因而構成一個立體維度，讓我們對於西方國家在全球化時代的發展樣態與路徑，能夠擁有一個更完整的認知圖像。

不意外地，瑟倫指出美國的走勢最符合一般認知，也就是過度放大資方利益，無止盡追求自由放任，工會運動遭嚴重打壓，勞動保護與技職訓練體制受到污名化，工作風險個人化的結果以致社會階層嚴重分裂，高等教育成為中低階層家庭的財務陷阱。而德國的表現，則是核心製造業當中的勞資雙方更加緊密合作，持續升級學徒制與技職訓練，維持原有的協商機制，但是整體社會的團結程度卻大幅下降——原因一方面出於核心製造業將全球化低價競爭的壓力，以派遣委外方式移轉給周遭服務業工作者，讓後者承受惡化的工作條件，因而形成勞動市場的兩極分化現象。另一方面則是整體經濟結構往服務業轉型，核心製造業相對萎縮，所開出的學徒職缺也愈來愈少，也因此讓過去藍領階級得以向上流動的管道受到阻塞。

面對這些不利的社會發展趨勢，瑟倫指出，歸根究柢，德國學徒制的設立與演變，原本就不是著眼於社會流動與平等理念，過去之所以會促成社會流動，完全是「副作用」，也就是製造業擴張所帶來的自然結果。而且一個很根本的問題在於國家缺席，整個學徒制幾乎完全掌控在廠商手裡，所提供員額數量乃至承擔訓練成本的能力，不可避免地深受景氣牽制，缺乏反向調控市場的機制。加上在全球化向下競爭的壓力下，愈來愈多廠商退出學徒制，使得待業與失業青年人數居高不下。此外，以基督教民主為主流的德國文化，具有保守的家庭主義與僵固的性別分工（男主外、女主內）等特徵，使得二戰後很長一段時間裡婦女的勞動參與率偏低。當時序進入八〇年代製造業開始遭受衝擊、導致大量婦女必須走出家庭找工作時，通常只能進入勞工組織率低落的低薪部門。同時，德國的技職體系只重視社會新鮮人的部分，在職進修與終身學習系統嚴重缺乏，使得一旦輸在起跑點的弱勢青年，很難有翻身機會，以致社會階層化現象愈趨惡化。

資本主義的聖杯：愈平等，愈有競爭力

相較之下，丹麥的境遇迴然不同。受全球化衝擊，丹麥的勞動市場進行了相當程度的自由化改革；原本勞資雙方的集體協商機制遭大幅削弱，但是社會團結程度卻反向提高，原因在於丹麥的國家與社會共同打造了一個通稱為「彈性安全」(flexicurity)的勞動體制，其核心就是透過開放與終身的職業教育訓練，強化個人的工作資本，使之更容易適應後工業化社會。後者的特徵是高流動性、服務業為主、講究功績主義，主要族群為受薪白領階級，因此國家角色相應調整為：

根據社會投資的邏輯進行不同類型的介入。如果工資差距逐漸來自按功論酬，國家政策的關鍵就會變成保障和資助所有人的教育機會。如果愈有保障的工作需要的是愈通用的技能，國家的重要性就會體現在投資私部門不願花錢的地方。如果勞動市場更有彈性，國家政策就會承擔起終其生涯所需的再訓練機會。（第六章）

上述丹麥社會投資的幾大重心，正反映其福利國家的轉型，將國家資源從傳統被動性的支持型態，轉型為積極性的「賦能」(enabling)，讓工作族群擁有選擇老闆、更換職涯跑道的自由。這份自由反映在目前每年平均超過五分之一的員工流動率，變成是員工在選擇老闆，此情境逼迫每家公司的經營階層必須提出願景與執行力，否則留不住優質員工，因而形成產業必須不斷升級的動力結構。

攸關本書要旨的問題是，轉型的政治動力來自何方？誠如瑟倫所指出，這套彈性安全體制並非由某一英明政黨或是個別政治人物所隻手建構而成，事實上中間歷經了意識形態對立的政黨輪替，輪替後並未拆解原來基礎，而是持續改革與轉換。形成過程中並未有清楚藍圖，也並非一團和氣，而是勞資政三方經過大規模「強力衝突」後利益交換的結果。

認同的政治經濟學

對我而言，在閱讀此書過程中最感著迷的，是聽見歷史在歌唱：「社會民主國家的當代政治動力也深受過去發展所形塑，尤其是女性較早進入勞動市場、以及公私部門的服務業都因此較早成長的這部分。在這些國家，公部門工會組織完善，擁有足夠力量和製造業分庭抗禮。多數這些國家的婦女已經成為工會運動主力，而低技術職業也充分組織化。」──原來是原本容易遭到社會排除的弱勢族群，如婦女、服務業、低技術工作者，反而是丹麥這類國家政治地景的主導者，她們是催生改革與轉型的關鍵力量。

是的，我反覆聽著歷史的低吟淺唱。在如歌的行板中，平等主義、兩性平權、充分就業、團結工資、福利國家、彈性安全等身影輪番掠過。價值為實，策略為虛，約約綽綽地展演著真實烏托邦。

導讀

資本積累與社會團結，自由化與社會平等，如何兼顧？

林佳和
國立政治大學法學院副教授

重新回到阿圖塞提問？

法國理論家路易阿圖塞在一九六〇年代曾有一個著名的提問：資本主義體制明明具備了極其明顯的「潛在內爆危機」，為何不但沒有被社會主義所消滅，更堂堂進入不知幾點零的更新版？歷史似乎證明馬克思的理論出了問題，既沒有一個歷史發展上線性不變的資本主義發展邏輯，也沒有馬克思自詡的歷史定律；他的結構主義出了差錯，這個理論進路過度忽略人的社會行為面——雖然馬克思同時強調階級鬥爭。就某個程度而言，即便資本主義體制下的剝削結構與本質不變，但社會團結——至少以這種形式之維繫社會相對穩定，不但可能，甚而是許多國家為人稱羨之繁榮共享所在。馬克思曾說，資本主義並非一成不變的水晶體，它會出現內生或外生性的質、量變；老馬或許預測錯了資本主義之終局命運（當然以後難說），但卻點出資本主義催生自我變異的可能性，或說必要性。生產關係與生產力？共構生產方式？不同時代的典範轉移？德國工會領袖、社會民主黨創黨者倍倍爾（August Bebel）說：人類唯一永恆不變的事物是，人類事物永遠都在變；此不啻百年來資本主義體制的真實面貌。

後福特主義時代的理論何處尋？

套用政治經濟學的用語：在後福特主義（Postfordism）下的當代，面對全球化與新自由主義帶來的衝擊與影響，資本主義何去何從？傳統上那些同時誇耀著繁榮、進步、民主、自由與平等的國度，放諸大敵當前，只能俯首稱臣，不斷地往暴衝型自由化方向邁進？還是最好自我沈溺 the good old days，堅信該回到統合主義光耀炫亮的六〇年代，不但別無選擇，同時傳統制度必經得起新考驗？二十一世紀的今日，觀察全球不同場域及國家的資本主義發展模式，究竟應如何加以理解？不論是規範性的——何種模式在哲學與道德上更值得追尋？抑或實證性的——何種模式叫做世人眼中的成功？德國大文豪歌德說：人的最高境界，無異於參悟到原來所有的事實，其實都是理論；面對如此繁複的事實，吾人擁有的理解工具是什麼？理論選擇在哪裡？亞里斯多德言：人生最大的樂趣，是參透人世間的秘密，並從中證明自己的力量；面對現實，得以展現我們自己的理解與詮釋力量，但不是混亂下的意識，或僅在強化鞏固自身不合時宜的「現實信仰」，理論，應該在哪裡？

社會平等與資本主義類型學

Kathleen Thelen——麻省理工學院（MIT）政治學福特教授，德國馬克斯－普朗克（Max-Planck）社會研究所終身兼任研究員，寫的這本《平等式資本主義的勝出》，就是試圖回答「當代的阿圖塞提問」，提供一種相對精準的理論工具，述說著：看似危機重重的資本主義，事實上可能且可以找到一兼顧社會公平的模式，即便它同時推動著自由化；而且就某個程度來說，表面上看似遠離了六〇年代曾稱頌一時的協商式資本主義，但其實論其「平等純度」，未必相遜。Thelen 在這本書中提供的觀察，就算伴隨著自由化，還是有某些資本主義發展模式，可以關照社會平等。然而，如果沒有社會結盟，沒有不同社會力量的共同形成，不可能達成。

這本書，建立於 Thelen 所謂的資本主義類型學（Varieties of Capitalism）——誠然，這個翻譯不無可斟酌之處，或許「資本主義的不同形式、變體」，比較貼切，這與規範性學科經常提及之類型學（Typology）仍有些差異。無妨：在她的分析下，當代的資本主義發展，可以分為三種不同路徑：

• 去管制化（deregulation）——透過制度撤除（institutional displacement），典型如美國，自由放任式國家，社會發展不平等原即為其特徵，透過更多原先緩和之管制方式的移除捨棄，行將走向更不平等的兩極。

• 二元化（dualization）——透過制度漂移（institutional drift），例如德國，曾是為人欽羨的協商式資本主義，或用德國人自己的話來講：社會的市場經濟（soziale Marktwirtschaft），但推動自由化，使之走向更二元－分裂（德文說 Spreizung）的走向，例如核心與邊緣勞工的清楚區隔。

• 社會性鑲嵌式彈性化（socially embedded flexibilization）——透過制度轉型（institutional conversion），典型如丹麥、荷蘭，不能用傳統北歐式社會福利國家來加以描述－所以跟瑞典不同，它實行著更多的彈性化與自由化，但非前面兩種模式下的去管制、二元化，而是一種「社會鑲嵌」的；在此，社會團結仍有可能，而且被視為重要核心目標。

在回顧眾家詮釋與解讀資本主義發展的理論進路之後，無疑的，「社會是否維繫原有的團結？」、「社會暴衝式地往更不平等邁進抑或尚得維持平衡？」，作為作者選擇的觀察向度，Thelen 以勞動市場為貫穿主軸，橫向地分別引入美國、德國、丹麥、瑞典、荷蘭的發展分析，再縱向地以勞資關係、技職教育、勞動市場政策為複數層次，考察在過去數十年來，這三個縱向場域的自由化發展軌跡下，不論何一類型資本主義國家、幾均無從逃避；一方面捕捉「雇主參與策略協調的程度」，二方面試圖總結出社會團結如果尚有機會，究竟該如何促成？這三個觀察場域的選擇極為有意思：勞資關係顯現雙方力的折衝，技職教育展示合作思維下的世代責任，勞動市場政策，不論消極、積極或激勵的，突顯國家框架性與實體介入性政策的「直接間接鑲嵌效果」，分別從不同向度切入，力道與形式各殊，共同描繪著社會團結常被使用的指標：就業率，失業率，所得與收入安全，社會保障廣度與密度等。Thelen 的處理，讓我們微觀蛛絲馬跡，也同樣收錄巨視宏觀，兩相比照，尤能深切。

不同階級、不同政治力量的共構形成

Thelen 的觀察結果其實不令人意外，只是未必許多人承認，就如同個人熟悉的勞動法學上，一句對於一百多年來勞動法制度發展的有名觀察：不同當下的勞動法進展，對於從屬性勞動者的明顯保障進步，無一，中長期看來，不是對資本積累沒有好處，而絕大部分之類此進步，如果沒有資本的某種妥協或甚至合作，諸如「均衡市場競爭條件型的產業層級集體協商」——涵蓋率高的西北歐團體協約，無從成就。這就是後阿圖塞的法國管制學派提出之標準回答：資本積累，還不夠，不只為社會公平故，必須管制資本，資本自己也需要管制，這個才是資本主義成功的祕密所在。如同作者提及的，即便是昔日、至少當代，許多協商式市場經濟的制度安排，無疑是由跨階級結盟所建立，雇主在其中扮演了關鍵角色。社會團結，相對平等，沒有不同政治、或說：不同階級力量的共同形成，至少妥協與被迫合作，無法實現，這並不是左翼政治經濟學很愛說的：工人階級力量證明一切，資本永遠不脫它的剝削本質。後者或許不能說不對，但過度簡化的邏輯，既無法在解釋上提供什麼洞見，也當然無從在未來的形構中，提供什麼「改變的力量與應遵循的道路指引」，因為，弔詭的是：資本仍然獨霸一切？那何來剝削本質下的保障進展？只有工人階級催生這些進步？那為何資本復能繼續獨攬一切？顯然，事情沒那麼簡單。

Thelen 的這本書，就是試圖從宏觀的討論，到具體問題的剖析，告訴著我們，有些資本主義的形式——例如社會性鑲嵌式彈性化，雖然推動著自由化，繼續維持「不錯的」、「有競爭力的」資本積累，同樣得以面對全球化的衝擊挑戰，但卻同時可以兼顧社會團結。不是自由化彈性化都能這般美好，看看去管制化之美國、二元化下之德國，特別是後者，作為協商式資本主義的典範，典型勞動關係（Normalarbeitsverhältnis）作為制度理型的宗主國，用 Thelen 的話來說：「他們對於傳統制度與政策的成功守護」，反而成為今日制度侵蝕和不平等升高的原因。所以說，關鍵在於：不同政治力量的結盟，找尋新的政治、至少新的勞動市場形式，而這可能正是德國所錯失的 - 不禁令人想起八〇年代末期、Ulrich Beck 說的「重新發明政治」

（Erfindung des Politischen），所謂「某些形式的勞動市場的自由化，可以跟高度的社會團結相容，甚至對維繫與保護高度平等有所必要。這解釋了，為何今日最能維持活力和韌性的制度，是那些形式和功能都在新的社會結盟支持下進行重組過，與過去在各個面向都大不相同的制度」、「平等式資本主義的存活，不能仰賴『穩定地再製黃金年代的政治與模式』，而是必須在形式和功能上重建全新的政治支持聯盟」。Thelen 這麼述說著，意圖回到與重尋溫暖成功的過去？不會是好的選擇。

在眾家進路混亂的七嘴八舌中，Thelen 用著極其清晰的冷靜，幫讀者清理勞動市場主軸上不知凡幾的政策工具、作法與實踐，例如：丹麥與荷蘭，那種「供給面團結」（supply-side solidarity）的政策，如何能將資源集中於協助社會最弱勢族群取得和保有好的工作，形成風險共擔，但又必須伴隨集體談判制度和勞動市場制度的「新方向與轉變」；歐陸協調式市場的長期失業率——如德國，為何雖然在過去十多年間下降，但平均起來，仍比自由經濟體（美國）和北歐國家都高得多，而長期失業率的下降，也伴隨著代表「壞工作」的非自願性部分工時就業攀升，例如德國和義大利的非自願性部分工時就業的明顯成長，比方前者的微薄工作者、Minijob，而鄰居荷蘭卻能保持穩定；在瑞典總體的統合主義下，國家層級的集體協商經常朝令夕改，而旁邊的丹麥卻能找到一嶄新而更加穩定的模式；為何荷蘭放棄了一些典型基督教民主模式的主要特徵，而德國的製造業雖然欣欣向榮，不平等卻持續加劇。這些實在精采，讀者絕對應該好好吸收與思索。複雜問題，不能簡單回答，只有堅守意識型態，寧捨理性分析、只要運動前衛者，也僅有不思考如何確實改變現狀者，這些線索與理論視角的交互呈現，才可任加忽略。Thelen 的鋪陳、臚列與參透，總逼著讀者放棄心中可能曾經堅信的那些「政治經濟信仰」。

資本主義、社會排除、未來在哪裡？

一九八〇年代以降，所謂排除命題（Exklusionsthese）：市場改革，經濟變遷，惡化了社會不平等，是催使代議及參與民主淪亡的重要原因之一，例如法國社會學家 Robert Castel 的「社會區塊論」：整合區、受傷區、排除區，而落入後兩區之人們，對於社會問題就可能有愈來愈偏激之傾向，原先的政治決定模式、參與及代議式民主，鴻溝將日益擴大，最終造成的弔詭是：只有政治才能解決問題，但人們將不再信任政治。Castel 在二〇〇九年的新作《不確定因素的提升——個人地位的勞動保護》（La montée des incertitudes. Travail, protections, statut de l'individu）中不禁慨歎，今日勞動世界的面貌，無疑叫艱困化、微薄化，甚至是僱傭勞動自己陣營中的次級無產階級化，原因就出在勞動形式的轉型，亦即危機式的改變與淪喪，直指非典型勞動問題。德國社會學家 Claus Offe 同時觀察到：今天是一個傳統制度與過去所認為之理所當然，突然變成可疑的時代，有太多不可預期的困難，不斷滋生，影響卻又無比深遠，從沒有人清楚地知道，接下來將何去何從。

面對這些，Thelen 告訴我們，至少她眼中的荷蘭與丹麥，世人知曉的彈性安全模式（Flexicurity），為人津津樂道的黃金三角：彈性的勞動市場、普遍的福利體系、積極的勞動市場政策，輝映在她所鋪陳的三個觀察場域：勞資關係、技職教育、勞動市場政策，讓讀者領略「社會性鑲嵌式彈性化」模式之迷人，資本積累可以繁榮，社會團結不會被犧牲，荷蘭波德模式（Dutch Polder Model），那種來自不分階級、與海爭地、共同團結面對危機的歷史傳統，也就是Thelen所言之不同政治與階級力量的共同形成，有可能提供另一種思索與努力方向。面對去管制化、二元化，資本主義，即便繼續是資本主義，不是沒有足以關照到社會團結的另類道路。各國，也許都需要找到自己的波德模式。

當然，請別誤會，Thelen也沒有誤會，不是雇主參與協調，便足以保證平等式資本主義的存續。換言之，雇主進行策略性協調的組織與其他能力，固然重要，也是不同資本主義發展模式的核心差異所在，但它不足以保證一切公平。相對的，勞方的高度組織與團結，絕對是必要條件，也如同個人所深信的：爭奪葛蘭西（Antonio Gramsci）所稱之霸權，找尋一得以兼顧資本積累之管制方式，從來不失卻其重要性。這毋寧是葛蘭西所說的「消極革命」：在一顯然不穩定的階級均勢下，將各自不同之利益加以普遍化的過程。換言之，切勿偏狹地理解霸權，誤以為霸權只是在排除不同的階級矛盾，唯獨貫徹統治階級的利益，創造獨大。毋寧應該說：在特定的條件下，霸權無法排除矛盾，但會給它一個新的、動態下的形式。重點不在於描繪或探尋一特定的穩定秩序——不論是自由主義美國或保守主義德國、法國、南歐式的，而在於理解並形塑一種「處理矛盾的特定發展方向」。這個，當然需要跨政治陣營的一起努力，共同尋找，理應對立的階級固不能缺席，Thelen所呼籲與主張的「國家支持」尤不能免——看看德國集體協商之大幅侵蝕，便知如國家怠惰的嚴重後果。吾人需要持續性的，不斷的動員所需之支持，與時俱進，隨時準備建構出新的「社會鑲嵌」形式與實質，資本主義，才能在社會團結的基礎上，繼續往前走，不會陷入足以埋葬它自己的分裂陷阱之中。

瑞典作家 Johan Norberg 在二〇〇一年提出的資本主義宣言，意圖回應一百五十年前，一八四八年馬克思的共產黨宣言，宣稱只有全球化的市場經濟，足以通往與保證人們的幸福安康。個人不是要捍衛資本主義，至少從道德哲學上不是，Thelen 這本《平等式資本主義的勝出》應該也不是，但她至少試圖證明：在這全球化、彈性化、民族競爭國（nationaler Wettbewerbsstaat á la Joachim Hirsch）、或是 Bob Jessop 聲稱之 from KWNS to SWPR：從凱因斯社會福利國民國家到熊彼得工作福利後國民國家體制，在此時代軌跡下，社會團結的犧牲，未必是無可避免的鐵律，發展的不二代價；只要不同的政治力量，願意某種程度的結盟，共同形成，尚有不錯的機會。它雖然複雜，難以一蹴可及，或許複製與學習極為困難，但不是毫無可能。在此前提與論述目標下，Thelen 書中對於「純資本積累」向度，例如各國產業結構與變遷演變，相對較少的著墨與分析，就可視為不算瑕疵的缺憾吧。

對此，研讀 Kathleen Thelen 的這本《平等式資本主義的勝出》，不論對於認識與意識，行動與實踐，都是不錯的開始。

內文簡介

本書檢視了美國、德國、丹麥、瑞典及荷蘭在勞動市場制度上的當代變化，並集中於以下三個領域：勞資關係、技職教育訓練及勞動市場政策。雖然本書確認了自由化趨勢的普遍及共通，但也發現自由化實際上存在著不同的類型，並各自導向差異甚大的分配結果。多數學者認為自由派資本主義就等於不平等，協商式資本主義則等於較高度的社會團結。然而，本研究解釋了為何在戰後發展黃金時期的五、六〇年代，協商式和平等式資本主義的制度能夠相輔相成，現在卻不復如此。和傳統的看法不同，本研究顯示，那些傳統上與協商式資本主義相關的制度雖然被成功捍衛，但卻由於涵蓋率下降和二元化，成為不平等升高的因素。另一方面，本研究也主張某些形式的勞動市場自由化能夠與持續且高度的社會團結完美契合，故此或有保持的必要。

作者簡介

凱薩琳·瑟倫（Kathleen Thelen）是麻省理工學院的政治學福特講座教授，也是德國馬克斯普朗克研究院科隆社會研究所的終生客座研究員。著有《制度如何演化：德國、英國、美國及日本的技能政治經濟學》（暫譯）（How Institutions Evolve: The Political Economy of Skills in Germany, Britain, the United States, and Japan；Cambridge,2004），該著作曾獲得威爾遜獎（Woodrow Wilson Foundation Award）與馬太·杜甘比較社會研究獎（Mattei Dogan Award of the Society for

Comparative Research）。她也寫過大量歷史制度學的著作及制度變遷理論，包括最近的《制度變遷的解釋：模糊性、能動性與權力》（Explaining Institutional Change: Ambiguity, Agency, and Power；Cambridge,2010, 與 James Mahoney 合編）及《不只是延續：先進政治經濟體的制度變遷》（Beyond Continuity: Institutional Change in Advanced Political Economies；2005, 與 Wolfgang Streeck 合編）。瑟倫也在柏林社會科學研究院（Wissenschaftszentrum Berlin für Sozialforschung）、瑞典哥德堡大學、牛津納菲爾德學院、巴黎政治大學和哥本哈根商學院等機構擔任院士或客座教授。她也曾任歐洲研究理事會（Council for European Studies）主席（2002-2006）及社會經濟學進展學會（Society for the Advancement of Socio-Economics）理事長（2008-2009）。她剛結束美國政治學會比較政治部理事長的任期。二〇〇九年，Thelen 獲選進入柏林—布蘭登堡自然與人文科學院。

序言

本書的寫作動機，是出於我在實證及規範性方面，對傳統認為較為平等或「社會式」、常見於歐陸的資本主義類型之存續能力深感興趣。那些往昔用來定義這套替代模式的機制，如今被普遍視為正受到全球化和去工業化的重重壓力所包圍。我想要知道更多關於這些壓力所造成的變遷，以及在新自由主義時代裡存在哪些維繫社會團結的可能性。大量關於福利國家的論著已經告訴我們許多關於社會政策與福利制度的近期發展，因此我決定不繼續在這片犁好的田地上翻土，而是著重於尚未得到福利國家各論著重視，卻在資本主義類型學（varieties of capitalism, VofC）這個相關學術領域佔據中心地位的其他策略安排。具體來說，我探索的是三個制度領域的發展——勞資關係、技職教育訓練（vocational education and training, VET）和勞動市場制度。資本主義類型學的相關論著認為，這些領域能區分歐陸和日本所謂的協商式市場經濟體系（coordinated market economy, CME）以及英美世界的自由放任式市場經濟體系（liberal market economy, LME）。

資本主義類型學從最初就挑戰了一個觀點，即當代市場壓力會導致資本主義走向單一最佳或最有效率的模式。它們最核心的觀點，就是反過來堅持這兩種模式代表了兩種資本主義的不同組織方式；兩者都有獨樹一幟的競爭實力，在面對新張力時也同樣堅韌。對於我們這些擔心協商式市場經濟的制度特色可能會崩潰的人而言，這是個令人安慰的主張，畢竟一般咸認協商式市場經濟可以支持「較溫和」的資本主義形式，而非英美式的「割喉」模式。然而，儘管有這份安慰，我們仍在這裡分析的三大制度領域中觀察到嚴重的緊繃和大幅的變動，這些現象雖不是協商式市場經濟獨有，但在其中尤其明顯。因此這本書所要探討的問題是，這些我們所密切觀察的趨勢，是否正朝向更不平等的自由放任模式趨同匯集？

為了處理這個問題，我加入了一場激烈、但是令人沮喪、沒有結論的論戰。在研究過程中，我逐漸相信為了闡明議題，無論從分析還是實證上，都必須將那些傳統上支撐協商式資本主義的機制，與那些看起來似乎是支持平等式資本主義的機制加以脫鉤。這個區別構成我在本書中提出的替代架構之基礎，用以區分去管制化（deregulation）、二元化（dualization）和我稱之為社會性鑲嵌式彈性化（socially embedded flexibilization）這三條不同的理想型變遷路徑。

本書所提出的論點證實了一些學者的主張，他們關注那些形塑資本主義發展、無所不在的自由化壓力。然而區分不同的變遷路徑，用意即在闡明：疏導這些共通壓力的方式各有不同。不同的社會權力結構會蘊育出不同類型的自由化，而這對我們最終關注的分配結果有著重大意涵。現有解釋變遷的模型認為所有自由化舉措都在犧牲社會團結，而所有捍衛傳統的行動都在維持社會團結，然而某些現象卻逸出了這樣的脈絡；我所提出的架構有助於理解這些「異常」。和傳統觀點明顯相左，我發現因為涵蓋率下降與二元化，對傳統制度與政策的成功守護，反而成為制度侵蝕和不平等升高的原因。相對地，我也發現有些形式的自由化和維繫高度平等完美相容，而且確實可能對維繫與保護高度平等有所必要。

我在此達成的結論是基於制度觀點，強調其所仰賴的政治結盟基礎。在先前的研究中，我發現除非制度本身能積極適應其所鑲嵌的社會、政治和市場脈絡變遷，否則無法長期存續。政治結盟的觀點清楚顯示了，為何關於協商式資本主義和平等式資本主義的制度，在戰後發展黃金時期的五、六〇年代能夠相輔相成，為何如今又不再可行。此一觀點也解釋了為何今日最能維持活力和韌性的制度，是那些形式和功能都在新的社會結盟支持下進行過重組、與過去在各個面向都大不相同的制度。

在寫這本書的途中，我欠下了一大串的人情債，現在終於能好好感謝一路上協助我的人，對我來說可算是深感寬慰。許多機構在我進行本計劃時提供了協助和庇護。在這超過十年的歲月中，馬克斯普朗克研究院社會研究所一直都是我離家時的知識之家，感謝負責研究所的 Jens Beckert 和 Wolfgang Streeck 一直對我敞開大門。我也要感謝 Desmond King 讓我在研究過程中於納菲爾德學院、感謝 Jutta Allmendinger 讓我在柏林社會科學研究院、Bruno Palier 讓我在巴黎社會科學院、Bo Rothstein 讓我在哥德堡大學，以及感謝 John Campbell 和 Ove Petersen 在哥本哈根商學院擔任研究員。還要感謝拉德克里夫研究所；特別是 Barbara Grosz 與 Judith Vichniac，讓我在二〇一〇到二〇一一年間放了一年非常有生產力的假期。

我還要感謝《政治學年度評論》（*Annual Review of Political Science*）允許我使用圖 1.2 和 1.5，還有在本書第一章中，使用我先前撰寫的「資本主義類型學：自由化路徑與社會團結的新政治」（Varieties of Capitalism: Trajectories of Liberalization and the New Politics of Social Solidarity)(*Annual Review of Political Science*, 15 (June 2012), 137-59）一文的文本內容。圖 2.3 來自 Anke Hassel 在《英國勞資關係期刊》（*British Journal of Industrial Relations*）的「自由化的悖論：理解德國政經的二元化與復原」（The Paradox of

Liberalization: Understanding Dualism and the Recovery of the German Political Economy），並經約翰威立出版社（John Wiley & Sons）允許轉載。圖 3.2 經作者 Daniel Volk 允許轉載。圖 4.3 經 W. E. Upjohn Institute for Employment Research 及作者 John Schmitt 允許轉載。圖 4.5 經作者 Werner Eichhorst 允許轉載，感謝 Werner 也提供了繪製本圖所用的資料。最後，感謝 Christian Lyhne Ibsen 提供表 2.5。

這個研究計劃始自我在西北大學的任教期間，我現在仍想念當時的許多同事，特別是 Bruce Carruthers、Fay Cook、Dan Galvin、Edward Gibson、Ann Orloff、Ben Page、Will Reno、Andrew Roberts 和 Hendrik Spruyt。我最想念的是 James Mahoney，無論治學還是做人，他都是傑出的楷模。本書的後續階段則是在我麻省理工政治科學系的新家完成的，我在此有幸在 Richard Locke 優秀的帶領下工作。除了 Richard 以外，我的麻省理工同事 Suzanne Berger 及 Dick Samuels 在知識和制度上都益我良多。除此之外，我也受惠於劍橋廣大的學術社群。和哈佛的同事合作——特別是 Dan Carpenter、Daniel Ziblat 和無與倫比的 Peter Hall——給了我源源不絕的知識養分。

在本研究逐漸成形的過程中，我也得到許多研究所裡各研討會和學術簡報的回饋。感謝耶魯大學、倫敦政經學院、歐洲大學學院（European University Institute）、哈佛大學、芝加哥大學、納菲爾德學院、早稻田大學、巴黎政治學院、馬克斯普朗克研究所、普林斯頓大學、牛津大學、柏林政治經濟學院、華盛頓大學、奧斯陸大學、澳洲國立大學等機構的參加者。本書所提到的各國同事，以及其他許多人都在過去這幾年間閱讀和聆聽過我的主張。他們都跟本書中的任何遺漏和未決的問題無關，但如果沒有他們慷慨的知識和個人支持，我就無法完成這份研究。感謝 Erik Bengtsson、Pablo Beramendi、Marius Busemeyer、Helen Callaghan、John Campbell、Charlotte Cavaille、Pepper Culpepper、Johan Davidsson、Bernhard Ebbinghaus、Werner Eichhorst、Patrick Emmenegger、Lukas Graf、Jacob Hacker、Anke Hassel、Silja Hausermann、Anton Hemerijck、Martin Hiipner、Christian Lyhne Ibsen、Gregory Jackson、Peter Katzenstein、Desmond King、Herbert Kitschelt、Anders Kjellberg、Jette Steen Knudsen、Thomas Kochan、Regina Konle-Seidl、Alexander Kuo、Nicola Lacey、Jonah Levy、Johannes Lindvall、Mikkel Mailand、Philip Manow、Andy Martin、Moira Nelson、Renate Neubaumer、Rita Nikolai、Paul Pierson、Michael Piore、Jonas Pontusson、Justin Powell、Britta Rehder、Bo Rothstein、David Rueda、Mari Sako、Adam Saunders、Steen Scheuer、Gerhard Schnyder、Martin Schroder、Tobias Schulze-Cleven、Martin Seeleib-Kaiser、Heike Solga、John Stephens、Silvia Teuber、Christine Trampusch、Jelle Visser、Margaret Weir、Christa van Wijnbergen 以及 Anne Wren。

能和極其優秀的研究助理共事也是我的榮幸。Jeremy Ferwerda 和 James Conran 不只是協助我做研究，他們的投入讓本計劃的各個面向更為完善。Elissa Berwick 和 Andreas Wiedemann 在寫作的後期提供了關鍵協助。Kate Searle 為我的所有工作提供專業人員協助。劍橋大學出版社的 Margaret Levi 以她的活力與熱情鼓舞我；和她合作這份以及多年來的許多研究都是一件樂事。我也很感激 Lew Bateman 堅定的支池與耐心，還有 Shaun Vigil 在寫作過程中以卓越的技巧為我的原稿提供引導。

這書中大部分的主張都發展自一群非凡學者間的對話，他們也是我的好友。本書中許多核心觀點都是在我與 Bruno Palier 共同授課的那幾年所得到的構想，這些年來我也持續利用著他給我的許多洞見。我在劍橋有一群傑出的同事與朋友，能在過程中不斷地一起閱讀和評論我的研究。我們的「布倫姆斯伯里」小組深入且根本地塑造了我的看法，因此我現在很難區分自己和他們的立場。Torben Iversen 和 David Soskice 擁有超凡的心靈；兩人不但知識宏實，也是絕佳的朋友。Cathie Jo Martin 則絕對是獨一無二的非凡人物和學者。她和我其他女性友人——Jenny Mansbridge、Michele Lamont 及 Susan Eckstein——讓我保持專心和理智。Wolfgang Streeck 一直提供新鮮的點子讓我驚奇並獲得啟發。我想不出有那些同事和好友給我的支持比他們更多。最後，Peter Hall 維繫著這個充滿活力的學術社群，讓各個年齡和層級的學者分享對歐洲政經的興趣。他是一個寶貴的同事；由於他的協助和與他的往來，我在劍橋的生活豐富得難以衡量。

我的大家庭在我進行這份研究的過程中，扮演了比前述任何人都更為重要的角色。老年照護議題讓我重新連繫上久違的兄弟姊妹——Mike 和 Nikki、Mary 和 Russell、Erik 和 Belle 以及 Pat，特別是 Pat 和我共度了兩個緊張但充實的夏天——這讓我感覺更加圓滿。我懷念我的公婆，親愛的阿嬤和阿公在研究的過程中過世。我也要感謝我母親的不斷支持。最重要的是，我的丈夫和孩子也支持我做的一切。感謝我的幸運星，三十年來 Ben Schneider 他一直在幫助我成為更好的人。在寫這本書的時候，我們的孩子 Andy 和 Amelia 從思想獨立的青少年，變成了有趣又認真的成人。雖然他們彼此不同，也和我不同，但他們都讓我的生命充滿無盡的幸福和真實的意義。為了感謝這一切，本書獻給他們。

凱薩琳・瑟倫

於新罕布夏州總督島

第一章

分歧的自由化與社會團結的新政治

Varieties of Liberalization and the New Politics of Social Solidarity

過去數十年來，許多針對富裕民主國家的政治經濟學研究，將西方資本主義分成兩大類型：一是強調「自由放任」、造成社會不均的資本主義模式，主要盛行於以英語為主的盎格魯薩克遜世界；二是多數歐洲國家所採用的、較重視「社會平等」的市場經濟模式*。雖然兩者在二戰後，資本主義發展的黃金年代（即一九五〇年代至七〇年代初期這段時間）似乎同樣可行，但是經濟全球化的潮流，似乎讓歐洲模式陷入麻煩，其中包含國際市場的高度競爭、脫韁野馬般的金融活動、去工業化、工會力量的衰弱、財政危機和高漲的新自由主義意識形態。有些觀察者根據這些趨勢，主張歐洲模式的黃金年代已經結束了，資本主義的模式最終只有一種——殘酷地將市場置於社會團結之上的那種。

雖然我也不免憂心忡忡，但本書的分析將提出充分證據反對「天下將一統於英語世界的自由放任主義」這樣的歷史終結論。我提出一種區別能力更好的新方法，來分析當代富裕民主國家的政治經濟變遷。新架構突破了過去相關學者所仰賴的光譜模式，後者將所有國家放在同一個維度上加以比較，而該維度就是勞資政三方的統合協調能力。我所倡議的新架構，凸顯了被其他框架定義所排除掉的真實案例，也就是全球化下有些國家雖然有能力繼續維持原有的統合協調制度，但卻以犧牲社會團結為代價，另一種情況則是有些國家儘管進行了一定程度的自由化，卻沒有破壞原來高度的社會平等。更重要的是，主

* 資本主義與市場經濟在本書中為可交替使用的詞彙概念。

流觀點認為制度穩定必須仰賴既得利益，滿足產業需求，我反對這項看法，而是主張重視社會平等的資本主義模式若要好好存活，複製過去黃金年代的政治與相關措施並不是有效的做法，而是必須認清楚新時代新選民的制度需求，重新建構社會經濟體系，以贏得廣泛的民意支持。

已有豐富的文獻指出，福利國家近來在福利制度和社會政策上有諸多變化，因此本研究將不會複述這塊領域的發展，而是專注於另外三個制度場域——集體談判制度、職業教育與訓練制度以及勞動市場制度——的近期變遷，這些變遷與本研究的終極關懷，也就是分配正義，有直接的關聯[1]。自由放任式市場經濟（liberal market economies）和協商式市場經濟（coordinated market economies）的傳統區別已經廣為人知，可以言簡意賅地總結：自由放任式市場經濟的勞資關係體系特徵在於去中心化，缺乏協商式的集體薪資談判，以及工會與僱主間呈對立關係。而協商式市場經濟的特色則是薪資形成係透過談判協商，以及工會和強大集中的僱主公會之間為社會夥伴關係。自由放任式市場經濟下，高度分層的教育訓練系統著重於通用（能帶著走的）技能的培養，而協商式市場經濟則更強調為產業與企業培訓專門技能的技職教育訓練系統。最後，自由放任式市場經濟的勞力市場流動性高而就業保障較弱，協商式市場經濟則有較強的就業保障，職業任期也相應較長。

打從一開始，資本主義類型學就挑戰了當代認為市場壓力會導致資本主義匯集出一個最好或最有效模式的主張。它的核心論證堅稱，這兩大類模式所代表的，其實是組織資本主義的不同方式。它們依照不同的邏輯運作，所產生的行動與結果也不同，但面對新的壓力時同樣具有韌性。相對於較早的統合主義理論強調勞工力量這個面向，來解釋關鍵協商機制（比如集中談判）的起源與維繫，資本主義類型學的學者，例如 Hall 和 Soskice（2001），判斷依據則是以僱主組織與利益在自由放任式與協商式市場經濟之間的差異，來解釋兩者皆有的制度韌性。他們推斷對協商式市場經濟而言，由於一直圍繞著勞資協商制度在規劃生產策略，所以制度的存續攸關僱主本身的利益，這是它們與自由放任主義下的政經模式有所區別的地方。這套邏輯應該能讓一些人停止擔心協商式市場經濟的特點即將崩解；畢竟，就普遍觀察的角度看來，比起自由放任式市場經濟的「割喉式」競爭，協商式市場經濟顯然要溫和得多。

這些預測並非未曾遭受挑戰。過去二十年間的經濟動盪已經在政治經濟學研究中引發激烈論戰。有一派人士主張自由化力量勢不可擋，認為過去協商式政經制度的特別之處，已被當代潮流所侵蝕，例如許多銀行在全球金融的大規模變化中，不再扮演過去被視為協商式市場經濟「耐心資本」的基礎角色。他們注意到僱主在其它場域，特別是集體談判，施壓要求更大的彈性，已對薪資議價制度和社會團結產生侵蝕。他們引證了持續性的財政緊張，還有政府不斷遭受壓力而削減支出、鬆綁過去一直保護弱勢勞動者的「嚴苛」勞動市場安排。

這些學者強調不同資本主義國家之間的共通而非差異之處，尤其是自由放任式市場經濟和協商式市場經濟在變遷大方向上的相似性。在這些診斷的背後，是一個僱主利益的觀點，也就是認為所有的僱主都有無限擴張的野心；過去協商式市場經濟之所以如此特出，只是因為（由於各種歷史因素）社會曾有能力，抗拒資本家企圖衝破政治加諸其身上枷鎖的努力。對這派人士來說，全球化與新自由主義再起，伴隨著勞工組織力量的衰弱，都預告著協商式和平等式資本主義的未來岌岌可危。

相反地，典型資本主義類型學觀點的擁護者看見的是自由放任式市場經濟和協商式市場經濟的制度差異仍如楚河漢界般的鮮明，因為這些制度差異具有深厚的歷史根基。因此，這些系統都活過了上個世紀各式各樣（經濟與政治上）的危機，而那些危機的挑戰性並不亞於今日。此陣營的學者沒有把協商式資本主義的制度看成是勞工力量對抗資本的直接產物；他們根據歷史研究指出，許多協商式市場經濟的制度安排，是由勞資結盟所建立，僱主是關鍵的共同建構者。這個陣營的學者，明顯意識到了當代持續的政經變遷，然而為了要反對論戰的另一方，他們堅持這些發展並未破壞區分兩種市場經濟制度的核心邏輯，並且將觀察到的制度變遷，歸類為對協商系統無害的調整或適應，甚至認為變遷是在新環境的挑戰下，穩定該系統的必要措施。

在某些方面，這場論戰變成了典型的爭論杯子是半空還是半滿，有時乾脆是雞同鴨講。自由放任式市場經濟和協商式市場經濟兩個大類在其他地方十分有用，但在探索當代制度變遷的動力時，這樣的涇渭分明反而變成一種障礙。這場爭論形成迄今，主要的問題是缺乏一種範疇性的分析工具來捕捉變遷的意義。這些變遷雖然不見得代表協商制度就此崩解，但確實和協商制度從過去較為團結的模式轉向現今的明顯不均，有著因果關係。鑒於發生在許多先進工業國家裡的變化，同時包含了協商制度的相對穩定和社會團結的日漸低落，故此我們必須正視這個可能性：許多僱主組織——即使仍然可能是協商式市場經濟中一個維持社會團結的必要條件——已經不足以保證制度的永續。在這種情況下，以協商－自由這種單向度光譜為核心的分析方式，將無法掌握那些近期重大變遷的意義。

除此之外，儘管有各種意見分歧，但無論是捍衛或反對資本主義類型學觀點的人，都會同意一個核心要點：保護平等式資本主義最好的方法，是大力捍衛那些傳統上維繫協商式資本主義的制度。本書所呈現的經驗分析將質疑這個基本的傳統智慧。透過探討這三種政經制度的發展分析，我們可以發現，對傳統協議機制的成功守護，經常是侵蝕制度和造成二元化的原因，同時也與不平等的急劇增長有關。相反地，我們也發現在這些領域中，某些國家的自由化型態，並未傷害原有強大的社會團結及高度平等。簡而言之，並非所有保衛協商制度的舉措都能增強團結；而在當今論戰的脈絡中，更違反直覺的或許是，並非所有自由化的舉措都有損社會團結。

因此本書嘗試去理解廣義上支持平等的政經制度類型，這意味著相對平等的職業與收入分配，和提供最脆弱族群較高的經濟安全。同時，我也會論證兩個有助於進一步解讀近期變化的軌跡和其可能影響的新觀念。首先，我主張近期的發展需要更清晰的概念，以澄清兩個在當代爭論中被無謂地混為一談的現象，那就是協商式資本主義和平等式資本主義應加以區分。其次，我提出一個新的框架，用以超越「兩種資本主義之戰」這種常見的二分法，進一步區分由不同政治力帶動、造成不同分配結果的自由化分歧軌跡。

這些分析步驟都產生於對制度調適與變遷的理解，它們和分析經濟制度所依賴的政治結盟有密切的關聯。我也主張制度無法藉由固守原貌或忠實再製它原本在創立時的政治力結構而長期存活。制度周圍的世界會改變，它們的存續仰賴於持續且積極地適應所處的社會、政治和市場脈絡。透過政治結盟的角度觀看當代發展，我的分析也解釋了，為什麼設法保存二戰後黃金年代政治的協商制度，卻往往最容易受到侵蝕而衰弱；而最能保持活力的，是那些重整形式和功能的制度，它們受益於在某方面異於過去的政治結盟的支持協助。下個段落將會一一列出這些論點。

一、資本主義的不同類型與其批評

幾乎所有政治經濟學家都同意勞資關係、技職教育訓練和勞動市場政策是區分不同資本主義模式最重要的根據。然而，對於如何理解我們在這三個領域所觀察到的趨勢，則有著相當大的分歧。有時候這些爭議幾乎純憑經驗，僅立足於對不同變數和指標的側重上。在一些觀點和指標上，傳統的協商式資本主義顯得相當穩定，但從其他角度與指標來看，它們正經歷戲劇性的變化。看看勞資關係制度吧！許多協商式市場經濟下的集體談判策略安排，在面對過去三十年間的新壓力時表現出相當能耐，不像先前的預測會在資方的進攻下崩潰。正式的談判架構，特別是產業層級的談判，表現出可觀的適應性。然而，集體談判的涵蓋範圍（比方說受產業層級的集體契約談判所掌握、屬於這種勞僱關係下的勞工數量）在許多國家都縮減了，而集中型合約的內容幾乎在任何地方都比過去更有彈性。在這些例子中，勞資談判所仰賴的正規制度之穩定，可能會讓人誤以為重要的變遷並未發生。

資本主義類型學的支持者和批評者之間的爭端，必然無法靠更多的數據和更好的指標而得到平息，因為這實際上只會讓論戰兩邊的學者在全然相異的維度上尋找證據。如前面所提到的，資本主義類型學論述最引人注目的一點，就是它強調應以僱主的協商機制為基礎核心特徵，來區分自由放任和協商式市場經濟。關鍵的不同在於，透過合作（協商式市場經濟）與否（自由放任式市場經濟），僱主是否能夠與彼此及勞工進行戰略協調來達成共同利益。沿著這條線索，大量討論穩定與變遷的論述被組織起來，而它們的重點，都環繞著對「僱主如何維持其協商能力」的評估與衡量。舉例來說，基於一份橫跨所有先進民主工業國家、對協商制度各種面向的詳盡統計分析，Hall 和 Gingerich（2009）發現，儘管有些許變化，自由放任式市場經濟和協商式市場經濟之間仍存在巨大鴻溝。

資本主義類型學的批評者似乎對此不甚在意，這未必是因為他們不屑實證分析，而是因為他們完全不關心僱主的協商能力。他們關心的是分配正義，比如收入不平等和其他社會團結的指標。這派人士將他們看見的一切都指為資方對有組織勞工傾巢而出的進襲，無情而無所不包地要求更多彈性。另一種相關批判，則將這些新的不平等歸咎於勞動市場上，局內與局外人——也就是受僱者相對於失業者，或是那些享有福利的「標準」全職勞工相對於各種「非典型」僱傭關係的勞工——之間的界線僵固。

綜觀這些差異，它們顯然根植於全然不同的知識領域和學科傳承。資本主義類型學的框架源自於最關心制度效率的經濟觀點，於是他們會（跟隨著 Streeck）聚焦於「威廉森式」的制度功能論（也就是制度是廠商經由合作達成共同利益的機制）。市場懷疑論者通常來自更偏社會學或政治學的傳統知識，因此他們會做出完全不一樣的評估，也就是制度對提升團結的影響，或者「涂爾幹式」乃至「卡爾．波蘭尼式」的功能論（比如制度做為促進社會凝聚力的機制）[2]。這些差異可以歸為「半空或半滿的玻璃杯」的雞同鴨講，因為企業是有可能透過在某些議題上彼此持續協商來獲益，而即使這些協商機制所涵蓋的勞工

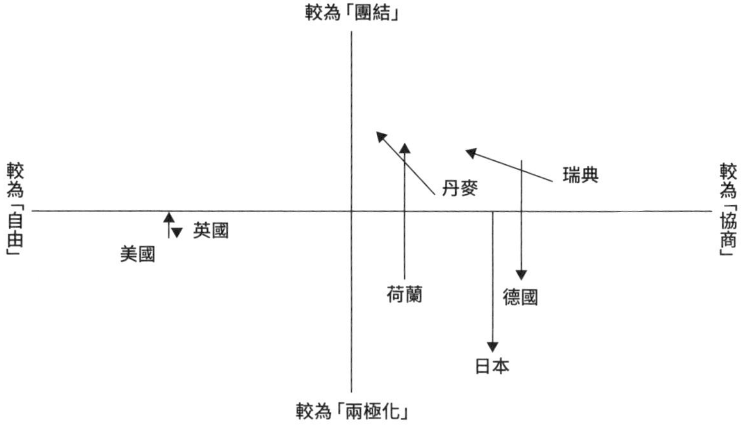

圖 1.1　八〇至兩千年代中後期特定國家的變遷路徑

數量減少，某些受僱者也能從中獲益。在這些情況裡，資本主義類型學的學者會看見僱主保持相當可靠的協商能力，而市場懷疑論者則會強調涵蓋率下降的不平等結果。儘管相當簡化，圖 1.1 還是可以讓我們大略觀看這些變化與爭論[3]。它以上述幾個論著整理的概念為指標，在二維空間上追蹤了一些關鍵國家的相對動態。X 軸捕捉了某些變數的變化，這些變數經常被學者所引用，以區分兩種市場經濟（自由放任式與協商式）在勞動結果上的差異。它建立於一個由三種指標所組成的指數，這三個指標是：全國級僱主團體的力量、勞資協商和薪資談判[4]。相對地，Y 軸追蹤了批評者所著眼的各個層面，特別聚焦在有關不平等的變數上。這個團結／二元化向度所使用的指數結合了三個變數，分別是：(1) 集體談判涵蓋的對象，捕捉了集體談判合約涵蓋的勞工範圍；(2) 以非自願性部分工時受僱者的數目，作為衡量非正式或非典型勞動的指標；以及 (3) 以青年失業率，做為部分族群遭勞動市場完全排除的程度指標[5]。簡言之，X 軸碰觸了僱主投入協商的程度，而Y軸則捕捉了質疑者重視的協商機制涵蓋範圍。

這張圖雖然粗簡，但讓我們更容易看出為何支持和反對雙方在穩定與變遷上的見解有如此大的差距。雖然德國和日本保持穩定，但也沒有免於走向更強烈的二元化。相較之下，儘管有些部分趨於自由化，瑞典和丹麥卻順利維持高度——甚至有些許成長——的社會團結（表現在政策涵蓋率上）。第五章將會細究荷蘭（至少在這段時間內、就這些指標而言）為何逆流而上，使得社會團結大幅提升。[6]

二、解開協商與平等式資本主義之間的纏結

先前段落的觀察質疑了對協商和平等式資本主義兩者關係的傳統理解。不過平心而論，Hall和Soskice的著作原本不是用來解釋平等；相反地，它的目的是解釋經濟專業化的模式差異及相關制度的選擇或互補性。然而許多後續研究都混同了平等分配和協商現象，形成一種將資本主義型態二分為「割喉（自由）式」和「擁抱（協商）式」的慣例。就經驗上來看，這兩個現象（協商與平等式資本主義）在始於戰後五〇年代，被憶為資本主義的黃金年代中，似乎是相當一致的事物。然而，它們仔細分析仍是有差別的，而且在歷史過程中絕非彼此相伴。在多數定義裡，德國的政經體系從十九世紀末起就被視為有強烈的協商傾向，但如同Hilferding（1910）等人所清楚指出，這種資本主義可以進步，也可以極度反動。

不過，在這場爭論的發展中，這些議題多半被忽視了，因此演變成爭吵自由化把協商式市場經濟往自由放任的方向帶得

有多遠——結果就是在單一光譜上尋找每個國家的位置，並將變遷問題貶損成光譜上的活動[7]。比如在 Kitschelt 等人的大作中所區分的三大政經型態裡，協商制度和平等就顯得緊密相關。協商式資本主義特有的國家層級協商制度（上述作者們稱之為「全國級協商式資本主義」）在大部分的平等指標上都獲得高分，而自由放任國家的得分最低，至於像德國這樣的「部門級協商市場經濟」（僅在產業層級進行協調）則位於中間——平等程度不及北歐國家，但比英美系國家來得團結[8]。這份學者用來分類和排序各國案例的模板，在各方面上仿效了過去的統合主義論著，也就是依據統合程度的光譜將各國依序排列；不過最大的不同是，現在主變數由僱主協商，取代了勞工組織與力量（見圖 1.2）。

於是，在他們的論述中，主要的變遷模式遵循了這些傳統解讀所暗示的邏輯。所以當丹麥和瑞典之類的國家在八〇年代全國層級集體談判上遭遇緊張，而往產業層級談判轉變時，許多觀察者便將之歸納為這些國家在產業協商模式上，趨向部門級協商的信號。Kitschelt 等人在書中綜合出了三個「確信的結論」，其中一個是「全國級與部門級協商的市場經濟愈來愈相似」，還有「全國級協商式資本主義」變得愈來愈像「部門級

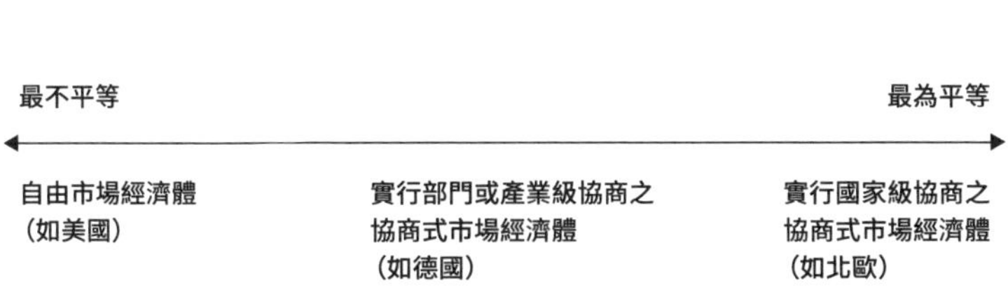

圖 1.2　資本主義的類型與其在黃金年代的平等程度

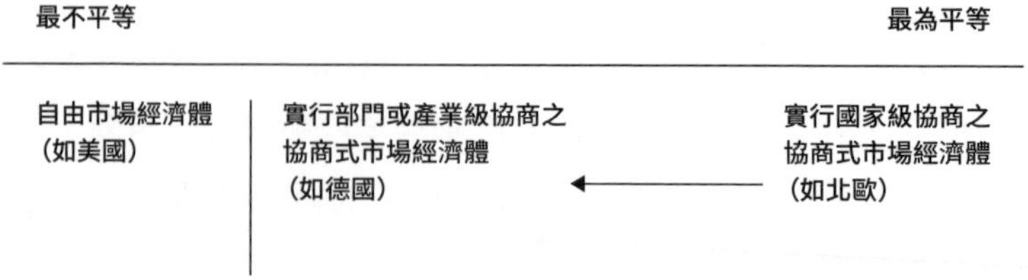

圖 1.3　假說中國家級協商式市場經濟體的變遷方向

協商式資本主義」，雖然兩者都沒有向自由模式轉化的趨勢。這種主張可以用圖 1.3 來呈現。

而在最近，北歐國家恢復了光采，重新被歸類為社會團結與經濟效益上成就卓越的典範；如今像是德國這樣的產業協商系統常被認為是脆弱的，而且正朝較不平等的英美模式變化。這種主張可以用圖 1.4 來呈現。

然而，在二戰後資本主義發展的黃金年代（以及許多學者心目中認定的延伸年代）出現的協商式和平等式資本主義，兩者在概念上雖有密切的關聯，但在更長遠的歷史紀錄中，卻並未指出這兩者必定相伴相生。許多被定義為協商式資本主義的制度可以追溯到工業化的早期，但這些制度顯然不是為了促進平等而設計的。與它們在社會團結上的功效更有關的，是僱主協商的長期演變，以及設置這些協商機制的目的。

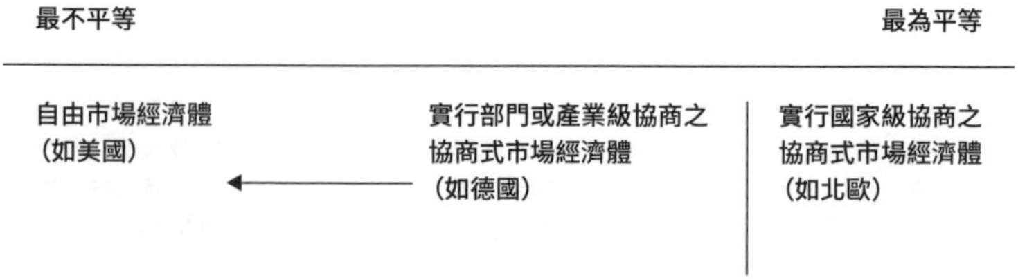

圖 1.4　假說中部門（產業）級協商式市場經濟體的變遷方向

這兩個變數本身都不僅是制度的問題，而是所依靠的政治結盟不一樣；也因為這些結盟，它們才能夠一直造成改變。舉例來說，德國有關勞工訓練的協商機制最初是在手工業部門創立的。被我們認為能提升團結的，其實是這個體系擴展過程中的旁支效應，最先是圍繞著機械產業，接著才變成幾乎所有青年都能享用的國家模式。相反地，在九〇年代的德國，協商式的訓練體系開始萎縮，造成的是學徒體系在依舊保持協商的體系裡開始採用配額制。之前廣泛可得的訓練因為可以讓勞動階級青年，尤其是在製造業裡獲得有保障的高薪工作，所以具有提升團結的效果；但是到了兩千年代，學徒體系的配額現象進一步惡化，引發了新型態的不平等。無法成為學徒的人在勞動市場上遭受了雙重弱勢，不但被分配到明顯次等的訓練，未來工作的成長性也低人一等。整體來說，支持僱主協商的制度能產生多少平等的附帶效應，有部分取決於這些制度的涵蓋範圍。我將這稱作更加分裂（segmentalist）與更加團結（solidaristic）的協商模式對抗，並一直努力讓人們關注於此。

此外，根據協商能力發揮的方向，僱主間的高協商能力也會導致社會團結的不同結果。從歷史來看，在一些當今最團結的國家裡，僱主團體一開始形成的目的，是為了打擊工會，而不是跟他們合作。針對富裕民主國家的政經研究太常把僱主彼此的協商能力，和他們與勞工合作的意願混為一談。然而，即使高層級的僱主團體像 Hilferding 的提醒一樣，對資本主義的政治管理非常有用（甚至不可或缺），但單有協商能力並不會自然而然導致合作。更準確地說，協商式制度無法決定自己被用在何處；這是政治而非制度問題。

這場論戰主要圍繞於僱主是否會拋棄協商制度，以及勞工是否有足夠能力抵擋自由化，不然就是僱主協商對社會團結到底是「善」還是「惡」？解析平等式資本主義和協商式資本主義兩者複雜、非線性的共同演化，能讓我們走出這些語彙上的爭辯，並促使我們更努力思考政治結盟與利益的問題：到底誰在和誰在進行協商，還有其行動目標是什麼？而這些問題的不同答案又驅策著富裕民主國家，步向歧異的變遷路徑。

自由化的多樣性

我和 Peter Hall（2009）曾經共同主張，「自由化」這個被頻繁使用的字眼可能太過籠統，難以用來評估無數歸類於此的發展意義與內涵。丹麥重建彈性安全的方針，和英國首相柴契爾夫人在八〇年代引進英國的某些措施之間，在某些面向上肯定存在親緣關係，而這兩個例子都可以歸類為廣義的自由化。但是這個用詞卻無法提供我們更敏銳精準的分析工具，去進一步掌握這些自由化措施之間的不同內涵。

而分析政治動力最重要的，正是被許多學者收納在自由化這個大標題下，各種政治結盟間的巨大差異。在一些案例裡（比如柴契爾夫人治下的英國），自由化是不同階級利益過度分化所導致的鬥爭結果（也就是勞工組織代表與僱主在新自由主義進擊下，耳熟能詳的生死相搏）[9]。在其他案例中（比如德國），自由化是跨階級結盟聯合，而非勞資雙方分裂的結果。至於在另一些案例裡，自由化則有賴於不分技術高低的勞工進行結盟——特別關鍵的是包括了白領受薪階級，雖然此結盟無疑主導了某些明顯市場取向的政策（比如彈性安全）實施。但在自由化的大標題下，這些迥異的政治動力都被混為一談。

上文的討論指出，我們需要更仔細區分自由化的不同尺度與面向。我在本書中透過捕捉僱主參與策略協商的程度，來評估勞資關係、技職訓練和勞動市場在「協商」趨勢上的發展。在這樣的評估裡，協商程度「高」對勞資關係的意義，關係到集中式薪資談判及連帶的薪資節制，對技職教育訓練體系則會造成鼓勵增加對特定產業、企業取向的技能投資，進而對勞動市場政策形成一個支持並承諾長期僱用、強而有力的勞動保障。

不過，要是我們對這些制度的分配結果有興趣，當然也必須顧及涵蓋率的問題，也就是受這些安排影響的人到底有多少？是只涵蓋了一小撮核心勞工，還是說工會和國家有能力對拒絕參與的企業強加類似的義務和要求？後者正是批判者向來著意之處，而本書中的討論也將涵蓋率的變化趨勢視為不同自由化類型的一個重要單獨面向。

事實上，僱主的協商能力和政策的涵蓋率不一定存在連動。為區分這兩者，我們可以在概念上辨別出三種明顯不同自由化軌跡的理想型[10]。圖 1.5 呈現了這三種軌跡，它們分別呼應了（1）和美國等自由放任式市場經濟關係尤其密切的去管制自由化（deregulatory liberalization）；（2）多半發生在德國這種保守基督教民主國家的二元化自由化（dualizing liberalization）；以及（3）丹麥等北歐國家所採行的鑲嵌式彈性化（embedded flexibilization）。

藉由區分這三種不同的變遷軌跡，我們可以得知，在不同形式的社會結盟下，自由化可以用多種面貌進行與發生，而這對分配及其他結果意義十分重大。此外，我會提出更多細節，指出這三種自由化路徑經常是透過不同的制度變遷過程在進行（再次強調，這裡主要是以理想型態的概念在討論）：去管制是拆除制度（institutional displacement）；二元化是透過制度

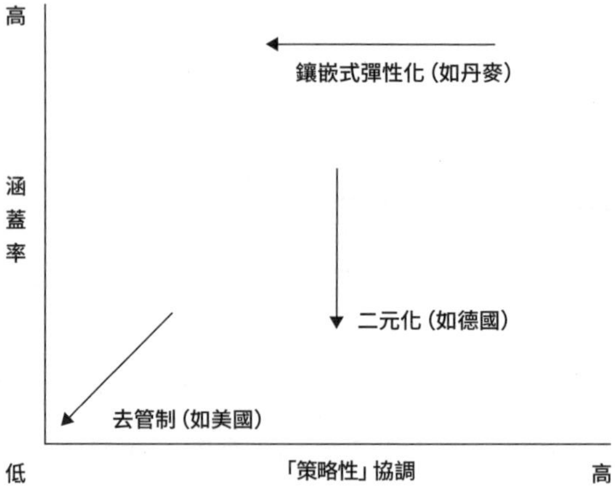

圖 1.5　經修正假說中的變遷路線示意圖

漂移（institutional drift）*；至於鑲嵌式彈性化，則是透過制度轉型（institutional conversion）。

我在此所說的去管制自由化，包括從政治上積極拆解（對立階級其中一方或雙方）的協商能力，和減低政策涵蓋率，隨之而來的是風險大幅個人化。去管制和制度撤除所造成的變遷息息相關，因為在這些案例裡，為了重申市場原則，政府大量拋棄了普遍性的勞動法規與機制。相關案例包括澳洲和紐西蘭，都廢除了強制仲裁制度和由法院主持的勞資協調，或是更近的案例：威斯康辛州削減了公部門工會的集體談判權。自由放任式的市場經濟體系，似乎最常這樣在制度上直接攻擊勞動關係的集體規範，因此這種關聯並不太讓人意外，畢竟歷史告訴我們，如果僱主集團本身缺乏穩定的協商能力，就會盡其所能削弱工會的力量。[11]

* 意指「不是由於現有政策被改變或替換，而是因為在面對社會環境的改變時在政治上無所作為」所導致的轉變。

相對之下，在二元化模式裡，僱主方的協商能力一直很強，但催生出來的政策所涵蓋的企業和工人，數量卻明顯壓縮。不像去管制自由化，二元化並沒有直接打擊傳統制度。確實，這些制度通常具備優秀的韌性，然而其周遭卻衍生出一個缺乏組織和規範的邊陲，導致核心產業之外的企業和勞工，無論在地位或者勞動保護上都處於劣勢地位。二元化有許多模式，比方說，維持對正規員工的強力就業保障，卻放任非典型和臨時僱用的數量不斷增加；或是在成為學徒機會縮減的同時，繼續捍衛傳統的企業培訓制度；不然就是維持集中的談判機制，但所涵蓋的產業部門和勞工卻愈來愈少（族繁不及備載）。

主導去管制的是階級分裂所導致的新自由主義侵襲，推動二元化的，則是核心產業的勞資合作為因應國際競爭壓力而變得益發密切，結果反而犧牲了其他外圍、落後的企業與員工。以德國和法國為例，某些部門裡的勞資合作關係加強，導致集體談判制度受到侵蝕，從而造成勞動市場的二元化。與此路徑有關的變遷模式也同樣清晰。不同於去管制以直接撤除制度的方式進行，二元化常在制度「漂移」[12]的過程發生。就目前來說，過去以製造業為主所發展出來的制度及慣習，無法適用於核心產業以外的部門，此時就經常會發生「制度漂移」。比如說，工會和僱主協會的絕大多數會員都集中在工業部門，於是當工作機會流向服務業部門的時候，服務業部門卻缺乏集體談判制度的保障。

最後，鑲嵌式彈性化是在強力維持全面性的風險集體分擔架構這一脈絡下，引進一些新的彈性模式。此一路徑的制度和政策並不同於「市場懸浮」（market-suspending）體制；後者一直和策略協商有關（也就是鼓勵企業和員工維持長期關係，或保障員工對特定技能的投資），但鑲嵌式彈性化卻是以促進勞動者的流動（容易換工作）而建構起來。然而，鑲嵌式彈性化和純粹去管制最大的分別，是前者的舉措係鑲嵌在 Baccam 和 Locke 所謂「供給面團結（supply-side solidarity）」的政策之中，也就是將資源集中於協助社會最弱勢族群取得和保有好工作，以達成風險集體分擔。這些政策的實施通常牽涉到既有體制——無論是集體談判制度或是勞動市場機制——在機能上的轉換，同時也必須立基於社會結盟的明顯重組上。

即使是一般讀者也會想到，我所標出的三條自由化路線，正呼應了 Gøsta Esping-Andersen 有名的「福利資本主義的三個世界」，稍後會有更詳細的說明。此處浮現一個問題：現有針對資本主義類型的相關論著，對這些領域間的關係有什麼看法？答案是，他們認為政治經濟制度和福利國家措施彼此乃是平行且互補的，少有例外。這門學科的大多數研究者，都將社會政策看做是協商式市場經濟的支柱之一，而這正是它與自由放任體系非常不同的所在特點。舉例來說，他們都認為前者慷慨的失業保險，是對專業而非通用技能的支持性投資，反觀後者則是以資產調查（means-test）做為社會政策的門檻，襯托其高流動性（以及低就業保障）的勞動市場，並鼓勵投資通用而非專業技能。事實上，這樣的連結正足以解釋，為何一般的看法往往主張維持高度平等，需要保護傳統的政經（而不只是福利）制度，還有為何不管正反雙方，都如此一致地把自由化舉措不分青紅皂白，看作是對社會團結的傷害。

這種傳統觀點正是我認為必須徹底擺脫的。將僱主協商能力（資本主義類型學的核心）與平等議題（Esping-Andersen 與其他研究福利國家學者的焦點）區分開來，才有辦法看到傳統單一向度的變遷模型（將協商機制與社會團結含蓄或明確地視為一體）脈絡下所無法觸及甚至想像的組合。比如說，二元化模式抵觸社會平等，但核心產業在我觸及的三個政經領域——勞資關係、技職訓練和勞動市場政策上，仍維持著可觀的協商能力。相反地，鑲嵌式彈性化模式維持著高度平等，但三個制度場域都變得更為自由市場化，有時甚至非常徹底，因為準確來說，他們的前提並不是保護勞工不受市場傷害，而是積極地讓勞工的技能隨著變動的市場狀態進行調整。

在這些變革裡，慷慨的社會政策——也就是強大的福利國家——仍是社會團結新政治的核心所在，只不過社會政策的邏輯和功能都與傳統模式大不相同。福利政策不再扮演傳統論述所認定的補充性角色（社會保險），而是逐漸著重將自由化重新嵌入各種措施，並且集體分擔其所帶來的風險。對此我在結論部分將有更多說明。

同時，圖 1.6 大略呈現了我研究中所關注的這場有關當代政經制度變遷的爭論中，最核心的兩道光譜上，跨國家（以及跨時間）的變動：長期失業（被勞動市場排除最糟的一種）和非自願性部分工時就業（顯示了「壞工作」的普遍程度）。這些國家可以分成三個群組：自由放任式市場經濟、北歐協商式市場經濟和歐陸協商式市場經濟（加上日本）。箭頭顯示了七〇年代末到兩千年代末之間，特定指標的平均變化，而垂直線則指出了群組在近期的平均數值。

我們可以看到這三條變遷路徑和前面的描述大致相符。歐陸協商式市場經濟的長期失業率雖然在過去十多年間下降，但平均來說一直比自由經濟體和北歐國家都高得多。此外，長期失業率的下降也伴隨著代表「壞工作」的非自願性部分工時就業（有時還是戲劇性地）攀升。圖 1.6 也補充了一些常被歸在同一群組的國家之間有趣的差異。比如說，在北歐協商式市場經濟裡，丹麥的長期失業率從八〇年代初起就（從極高的水平）急速

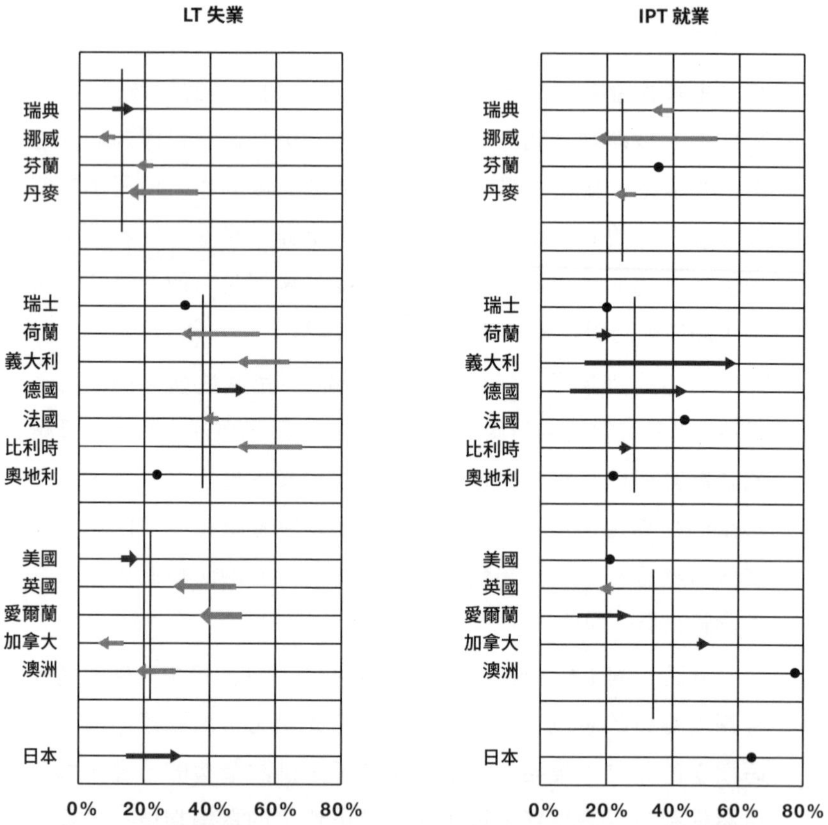

符號說明：

箭頭表示特定指標在第一到第二期之間的平均變化（見下列指標）

黑點表示最近期的數值（如果缺乏之前的資料）

垂直線表示同一群組國家最近期的平均值

測量指標：	第一期	第二期
LT 失業：失業超過 12 個月者的百分比	1979-1981	2008-2010
IPT 就業：非自願性部分工時就業（占總就業的百分比）	1983-1985(a)	2008-2010

圖 1.6　1970 年代末至 2000 年代末，不同國家長期（long-term, LT）失業率和非自願性部分工時（involuntary part-time, IPT）就業的趨勢。

說明：(a) 瑞典 1987；挪威 1989。

來源：OECD 。

下降，但瑞典稍有成長，如今已高出北歐國家的平均值。同時，在基督教民主國家的協商式市場經濟裡，荷蘭的長期失業率快速下降，而德國則一直增加（已經超出歐陸的平均水準）。最後，德國和義大利的非自願性部分工時就業都有明顯成長，而荷蘭則保持穩定（也比較低）。在北歐國家，丹麥和瑞典的非自願性部分工時就業都多少下降一些，不過瑞典還是比丹麥高。

本書中大部分的分析，主要集中在檢驗三個能廣泛代表三大「家族」（如 Esping-Andersen 所標識）不同變遷趨勢的國家：美國代表自由放任式市場經濟，德國代表基督教民主國家，而丹麥則代表社會民主政經制度。不過，由於荷蘭和瑞典採行了與其他家族成員不同的補救政策，正好能額外提供關於政治動能的洞見。因此我的分析會強調瑞典和丹麥（以及德國和荷蘭）這些相似案例間，持久的核心共通點，但也會指出每一組內部的重要差異，以便更仔細解析普遍的跨國模式背後隱含著怎樣的利益與政治結盟。比如說，這些分析會指出，為什麼在瑞典的勞資關係裡，國家層級的大範圍談判經常朝令夕改，而丹麥卻能找到一個嶄新且明顯更加穩定的模式；或是為什麼荷蘭放棄了一些典型基督教民主模式的主要特徵，而德國的製造業雖然欣欣向榮，不平等卻持續加劇。這將協助我們進一步討論變遷政治學。

三、變遷路徑的解讀

該如何說明富裕民主國家在變遷路徑上的差異呢？我在其他研究裡曾針對某些細節，評判過一些有關先進政治經濟體的論著，不過其實稍加瀏覽，就不難從裡頭發現一些深入洞見和明顯差異。在闡述我著重於生產者團體政治和國家角色的另類解釋之前，我會在接下來的段落裡，快速歸納這些論述——包括權力資源理論、二元化理論，以及總體統合主義*與僱主組織理論——的核心觀點及其長短處。

權力資源理論

在有關變遷路徑差異的論點之中，最廣為人知也最有力的，是將變遷歸因於組織性勞工運動的力量。在戰後經濟成長的黃金年代裡，在充分就業的脈絡下，僱主或許會將協商式工資談判一類的制度當作壓抑薪資成長過快的管道。然而，當七〇年代失業率上升、企業可以靠市場法則控制薪資之後，僱主便開始覺得這些制度變得多餘，因此試圖拆解這些他們認為「僵化死板」的東西。權力資源理論就是基於這種現象，主張可以用勞工的抵抗能力，來解釋各國的變遷差異。

許多論點指出，勞工的權力資源有兩個面向，一個是工會的組織架構（通常以工會密度/勞工加入工會的比例來衡量），另一個則是勞工在政治結盟上的相對力量（通常以內閣制政府裡，社會民主黨派或左翼的競選能力來衡量）。權力資源理論的切入點，強而有力地解釋了重大和長期的國際差異，卻沒有解答許多令人好奇的謎題。比方說，荷蘭和德國自八〇年代起，就走上了不同的道路；荷蘭擁抱了某種彈性安全的類型，就業

* 指雇主與勞工雙邊同時高度組織化，並擁有全國性代表組織，勞資雙方（經常加上政府代表）定期就重大生產與勞動議題舉行談判協商，協商結果對各產業所屬之廠商與工會會員具有約束力。

率的成長令人印象深刻，而德國快速走向二元化，失業率繼續升高，沒有社會福利的低薪工作也更為普及。這些差異和勞工的權力資源之間沒有明確的連結，因為兩個國家的工會組織率都在中等水準（並持續下滑），同時也都是由基督教民主政黨長期執政。而且，如同第五章所詳述的，儘管瑞典勞工無論是工會組織率還是左翼主導力，「權力資源」都比丹麥更豐沛，二元化的趨勢卻更嚴重。

其次，權力資源理論經常宣稱，全球化賦予資本更大的流動能力，讓僱主有攻擊的動力去宰制（受限於國內的）工會，但更貼近的實證觀察顯示實情要來得複雜得多。一如前文所提到的，最積極要求重組制度的並非（受全球化衝擊最深的）製造業僱主。根據資本主義類型學一貫的邏輯，這些企業大筆投資的競爭策略，通常要仰賴高生產品質、高技術及勞資和平，而他們在傳統制度上的投資也比低工資、低技術服務部門的僱主高出許多。因此本書不贊成權力資源理論的論點，主張當傳統製造業的利益團體凌駕其他團體的時候，會更傾向出現二元化的趨勢，而非全面性的去管制路線。

二元化理論

資方的偏好並不像一般認為那麼明顯（或一致），這個認知為前述趨勢的另類解釋找到了一個站在勞方的推論。David Rueda（2007）反向解讀權力資源理論，發現與強大勞工運動結盟的社會民主政黨，反倒可能會加劇、而非抑制不平等。Rueda 引用了早期的勞動市場分割理論（labor market segmentation theories），主張當代的市場走向，激化了勞動市場「中堅」（也就是保有工作和試圖維持勞動市場相對特權地位的核心勞工)和「邊緣」(也就是沒有工作或就業不穩定,因此無法享有和中堅勞工相同待遇)的衝突[14]。社會民主政黨和政府的政策方針在過去或許傾向平等主義,但是當今持續的國家財政危機,讓他們在努力捍衛中堅勞工的利益和支持邊緣勞工的主張之間,面對了更為零合的選擇。如果要支持邊緣勞工,則不免會牽涉到傷害中堅勞工利益的階級內重分配。Rueda 的論點是,社會民主政黨處理這個兩難的方式,是以犧牲邊緣勞工為代價,去促進中堅勞工的利益。[15]

這個論點十分重要,它最有力的地方之一就是分拆了勞工階級內部的不同利益,凸顯政策選擇上潛藏的階級內部衝突。就像僱主集團會因為生產體系和策略的不同所造成的結果而自我區分,受僱者(包括準勞工,也就是失業人士)也會基於自己在勞動市場的處境與今後在勞動市場的就業選項所衍生的政策偏好,而產生內部區分。不過,這個主張的因果推論比較沒有說服力。Rueda 提出社會民主政黨為了贏得選舉必須討好核心(中堅勞工)集團,然而,他所記述的中堅勞工和邊緣勞工之間,對政策偏好的差異其實相當小[16]。雖然 Rueda 正確無誤地指出社會民主政黨如今所面臨的兩難更為險峻,但跨國比較研究持續顯示出,在社會民主政黨最強的國家裡,不平等程度終究仍是最低的,不管用什麼指標來衡量。

總體統合主義與僱主組織理論

另一部份研究關注的是企業集團和利益仲裁的統合渠道是否存在。Martin 和 Swank(2004, 2012)提出集中化的商業公會和國家層級的三方談判能夠達到較高的社會團結程度，因為它們有助於讓經濟利益分歧的不同團體取得妥協。尤其在「轉化僱主偏好」方面，比起組織鬆散的狀態，高度組織化的僱主集團願意對國家集體目標投入更大的關注和承諾。透過強調偏好的政治結構，他們發現僱主集團會「發展出共同的政策興趣」，而全國性的僱主公會「更容易固定與政府和勞工領袖會面，讓成員理解到社會政策在促進生產力成長和穩定勞動市場上的益處」。有了這些公會，僱主們不止更容易喜歡、也會一起行動支持各種寬廣的社會目標。[17]

主張統合主義理論的學者一直以來都能提出壓倒性的證據，證明三方談判和社會團結之間的關聯，所以這顯然有些道理。單看一整個世代的政治經濟學者都致力於記住歐洲小國裡幾個偏遠村落的名稱，只因某些重要協定在這些村落裡達成結論，就可以看出統合主義理論仍有很強的力量。然而，隨著時間變動，三方談判的運作方式及結果，已經有了明顯的分歧。丹麥和瑞典都曾經歷過嚴重的經濟衰退和緊繃的分配衝突，這些問題在八、九〇年代格外混亂囂騰[18]。這兩國也經歷了影響深遠的新自由主義時代，當時的「布爾喬亞政府」（有時連社會民主政黨的財政部長都具有新自由主義傾向）引進的政策對傳統模式造成尖銳衝擊。如今丹麥和瑞典的政治已重新穩定，經濟也谷底反彈，鮮少有人記得二十年前一些敏銳的觀察者描述當時的北歐社會民主政權「陷入崩解」，痛苦地寫下「主要的社會民主政黨迅速地……擁抱市場自由主義」的觀察。

類似的觀察也適用於其他具備強力三方談判的（非北歐）國家。有些觀察草率地將荷蘭的就業「奇蹟」（失業率銳減，甚至就業快速成長）歸功於著名的一九八二年瓦森納協議

（Wassenaar Accord）*。然而，這樣的歸因忽略了七、八〇年代席捲荷蘭的各種問題（七〇年代工資指數化所造成的惡性通貨膨脹，以及八〇年代因濫用失能給付以緩和裁員潮，結果導致勞力成本遽增），也可以追溯到統合談判程序引起的政策衝擊。

總體統合主義論著對僱主組織和談判結構的大力強調，有時會模糊化政治操弄與衝突的角色，而後者的力量其實很大，甚至會讓最統合主義的國家在全國性談判上產生脫軌。他們的解釋有時也掩蓋了公會和談判結構的內部政治衝突，因此遺漏了統合式談判在形式和內容上已呈現的大幅轉變。在一九九〇年，瑞典僱主突然退出集中談判，解散全國總商會裡的工資談判小組，這些設計精準的步數目的就是要讓統合式談判走不下去。瑞典的僱主組織近來正用盡全力邊緣化全國性的瑞典工會聯盟（Landsorganisationen, LO），並阻止全國級的協商再次集中化。統合主義理論的邏輯，強調資本家集團具備透過談判諮商的學習意願與能力，以及他們願意擁抱三方談判制度及其所產生、能夠服務廣大社會利益的社會政策——但事實觀察似乎與統合主義理論背道而馳。事實上，許多知名（而且成功）的統合談判案例，是在統治階級的陰影下奉旨成婚的。

---

* 為呼應抗失業和抗通膨的政策，荷蘭的雇主組織和工會在一九八二年達成了瓦森納協議，以減少工時和擴大部分工時僱用等方式來抑制薪資成長，一般認為這份協議降低了失業率並帶來生產和就業上的大幅成長，終結了七〇年代的工資—物價螺旋（wage-price spiral）。國際勞工組織描述瓦森納協定是「一份突破性的協議，為許多歐洲國家日後的社會公約定調。

生產者團體聯盟和國家的角色

新一代的統合主義理論並未遺漏這一點，而一些作者——包括我自己和 Cathie Jo Martin 合作的時候——也因此擁抱了這個與 Skocpol （1995）討論國家能力的傳統來說有點不同，不過相當具補充力的主張。目前爭論的焦點在於，國家在某些關鍵時點，威脅利誘私部門行動者達成同意（至少順服）的能力究竟有多強。這些版本的主張認為，社會團結必須由強大的國家角色來強加於頑抗的資本家，這樣的觀點補充甚至取代了認為可以透過用闡明自身（長期）利益來說服資本家集團的認知。

國家的能力與權力顯然至關重要。我們可以從歷史紀錄得知，在解釋許多協商制度的起源時，國家力量經常扮演關鍵角色，尤其是引導資方、克服它們在集體行動方面問題的國家干預。國家能力在今日也依然重要；如同某些北歐國家（而不是德國），荷蘭政府就擁有非常強力的工具可以引誘被動的資方和頑強的工會服從國家，其中最重要的工具就是政府直接干預工資談判，還有在勞資雙方無法達成共識時強行決定的權力。在整個七〇年代，這份權力不斷地被拿出來使用，而在八〇年代關鍵的全國性談判裡，也持續發揮決定性功能。德國就完全沒有這項工具，因為德國憲法正式明訂了集體談判的自主性，這無疑註定了三方談判的失敗下場。

當然，力量本身是一種相對的概念，所以為了理解我們所關注的這三個場域不同的變遷軌跡，我們確實需要知道：強力是相對誰而言？我的答案簡單來說——而這是我所提出、有關政治結盟的新論述最直接的核心要點，之後將會更仔細說明——是

「面對製造業利益時，具有強大力量的國家」。當今所有富裕民主國家的製造業比重都低於 20%，黃金年代強健而充滿活力的製造業跨階級（勞資）聯盟曾是協商政治的中心，但如今勞工的實力與資方的意願，不管在勞資關係、技職訓練還是勞動市場的各個方面，都無法在整個經濟體的層級上捍衛傳統制度。在那些政治結盟持續主導相關利益組織的場域裡，他們確實證明了自己有能力抵擋全面性的自由化，以及為了自身利益捍衛長久以來的相關制度安排，儘管在過程中，它們經常間接甚至直接造成更嚴重的二元化發展。另外一種可能的情境是，製造業利益不再是主導，而是被緊密交織在涵蓋性更全面的組織裡，此時自由化確實在這三種場域裡施展了手腳，但是所伴隨的風險能夠予以社會化，因為多方利益結盟的組織重心就是用來處理後者。

我對勞資關係、技職訓練和勞動市場政策的趨勢分析一致指出，有兩個變數大大影響了經濟體當中，製造業與其他部分廠商及勞動者間進行利益連結的方式：第一個是利益團體的包容程度。在北歐國家，工會代表和僱主組織十分廣泛而且無所不包，所以兩個階級的組織成員都包含著各式各樣的行動者。反之在大多數歐陸政經體系裡，利益團體組織的成員高度集中在製造業。第二個變數則是國家能力的差異。正如先前段落呈現的討論，三方談判的「成敗」通常決定於國家是否能（用胡蘿蔔和必要時使用鞭子）積極居中斡旋，克服相關的利益團體（工會和僱主協會皆然）內部和彼此之間的分歧。利益團體和國家力量這兩個因素彼此獨立不相干涉；舉例來說，儘管瑞典勞資雙方的組織率都比較高，丹麥政府卻比瑞典政府擁有更多促成全面協議的工具。而雖然荷蘭與德國的組織涵蓋率都低得多，荷蘭政府卻比較有能力強制介入勞資關係，而德國的僱主

表 1.1 影響變遷路線分歧的因素

		生產者結盟的全面性	
		較為全面	較不全面
國家能力	強	丹麥	荷蘭
	弱	瑞典	德國

協調就相當依賴自發性。

將這兩個因素放在一起，我們就可以得到像表 1.1 所呈現的四種廣泛的情境。最佳情境自然是利益團體廣泛而全面，國家也擁有強大的力量協調和保障協議，以排解利益團體內部及彼此之間的分歧（左上角）。最糟糕的情境——走向二元化——則是製造業利益主宰了相關利益團體，國家又無能達成更全面的協議（右下角）。介於中間的情境擁有廣泛全面的利益團體，但國家仲裁協議的能力有限（左下角）。在這種國家（比如瑞典）裡，製造業的利益通常仍是有利的制度否決者（veto players），雖然它們對其他部門的分配結果沒有置喙之地。另一種中間的情境則是傳統（藍領男性）產業的利益持續支配著利益團體，但國家擁有強制介入社會夥伴關係的工具（右上角）。這種國家（如荷蘭）的重分配政策可能會出現重大變化，但分配結果相當倚賴在自由化後將市場重新嵌入社會所需要的政策，國家必須願意支持並保證這些政策的實施。

四、社會團結的新政治

接下來的段落將會拆解前文典型論點的邏輯。討論將分成兩個部分，首先是處理利益的變遷，再來是其導致的政治和結盟動力。

超越資本主義的類型、壹：利益問題

利益問題是所有政治研究的核心。如同上文所提到的，資本主義類型學假定，協商式資本主義是在關鍵制度與實踐方面，由勞資雙方的利益匯流而成的。而對利益結果特別重要的是，僱主團體和工會都大幅投資在（1）集中且高度協調（而不是去集中化、非協商式）的集體談判制度；（2）著重專門而非通用技能的教育訓練系統；還有（3）強力的就業保障而非流動的勞動市場。工會支持這些策略安排的理由似乎很明顯，但這門學說也明確主張，這些安排之所以穩定，是因為同樣能夠獲得僱主的支持，儘管雙方的理由可能大不相同。

之後章節所提出的證據能大力支持這些主張，不過只限於雖非全部、卻主要集中在製造業的那些行動者和利益團體。要理解社會團結的新政治，第一步需要確認過去三十年間，政經環境所發生的深刻變化。製造業在五、六〇年代曾是富裕民主國家政經制度的中心。它曾是成長的引擎，在一九六〇到一九七三年間提供了三分之一到一半的工作機會[19]。直到七〇年代石油危機，製造業的支配地位才受到動搖；而後，雖然這些（雖非所有）國家裡的製造業有所回升，但僱用人數再也不曾回歸過去榮景。

這不是因為製造業對這些經濟體不再重要；它當然重要，不過程度已大不相同。但對政治真正重要的是，工業的各種僱用率一直穩定下跌，直到如今的 10% 到 20% 之間。[20]

就業機會移轉至服務業部門——當然也包含了工業本身所衍生的服務需求，打亂了以往的政治動力學，因為這些新興部門的企業和工作者，他們的利益和傳統製造業有相當大的差異。對資方來說，我發現服務業部門的企業並不支持傳統的政策安排，反而積極在各個國家推動薪資差異化和彈性勞動市場。有一部份的理由當然是為了降低支出，但除此之外，勞力的流動性和薪資差異化，對這些新興部門來說扮演了相當重要、有時甚至是正面的角色。相對於傳統製造業的蓬勃仰賴高度的就業穩定性（讓企業和勞工能攤還在專門技能方面的共同投資），高端服務業的勞力流動性，藉由提供工作者誘因和機會去強化自己的人力資本，而促進技能深化。這個觀察和資本主義類型學原本的邏輯一致，也解釋了為何多數協商式國家以往在高端服務業領域會遭遇技能短缺。

與此相關的是，服務業部門重視的是通用而非專門技能。尤其在軟體工程之類的高端職業，能帶著走的技能更加重要。但在零售和餐旅等低技術部門也一樣，能提供基礎通識教育與訓練的優質公立學校系統，在產生僱主期望員工具備的社交和溝通技能上，比起傳統學徒制在某些方面要來得更加稱職。鑒於這些差異，有這麼多服務業部門的僱主團體要求重組（勞資關係、教育和勞動市場方面的）傳統政經制度，也就不令人意外了。

至於就勞方來說，向服務業轉型也讓新的利益脫穎而出。那些在製造業稱霸的年代裡適合男性藍領勞工的制度安排，已經無法適用在我們知道的新族群。比如說，職業婦女的增加就可以歸功於某些自由化，因為既有的證據指出她們在傳統協商體系下並沒有這麼高的就業率。此類研究如 Iversen 和 Rosenbluth（2012），注意到了一個巨大的悖論：「勞動市場保護和團結薪資政策，雖然是為了保護社會弱勢設計，但有可能反倒會產生對婦女不利的效應。」而 Nelson 和 Stephens（2012）最近的研究，顯示了強大的製造業保障和慷慨的長期失業補助均有壓抑婦女就業率的效果。這些政策傳統上都以製造業對專門技能的投資為中心，使得婦女處於劣勢地位，因為僱主必須負擔和孕假有關的支出。只要社會安全網夠結實，流動性高的市場在某些面向上對婦女可能更友善，因為她們的就業紀錄更容易因為家庭因素而中斷。

在技職政策方面也一樣，研究顯示女性在採行傳統企業訓練學徒制的國家裡都處於明顯劣勢，而在偏重由學校教授通用技能的國家裡過得比較好。總之，由於工作可能被母職干擾，僱主會抗拒投資女性接受產業導向的技職訓練。除了受訓的問題之外，通用技能也讓女性有較多彈性，職涯中斷的代價也較低。因此制度改革若朝向以學校為主體、以及針對通用（能帶著走的）技能的教育訓練發展，對改善婦女處境有很大助益——而事實上，她們在這些領域往往也勝過男性。

許多這類主張也同樣適用於認為自己在某些層面從自由化獲益更大的受薪階級、專業及半專業人士。比如說，北歐的護理師在集體談判上對自由化就頗為熱情，因為過去的集中化與薪資壓縮讓他們的薪水無法上漲。此外，受薪階級也常歡迎能夠提升消費選項的自由化[21]。Esping-Andersen 在三十年前（1985）就曾指出，隨著就業組成受經濟潮流影響轉變，白領族群對平等式資本主義的存續將更為重要。我的分析在白領族群的重要性上，證實了 Esping-Andersen 的原創洞見，同時我也指出這些族群並不熱衷於保護傳統上與協商有關的部分制度，原因並不是因為他們在勞動市場沒有面臨危機，而是因為現有的政策安排無法顧及每個族群所面對的不同風險。這些政策包括職涯不連貫造成的社會保險保護不足，以及平衡工作和家庭的需要。正如 Silja Hiiusermann 尚未出版的研究格外強調的，高教育的社會文化精英（專業及半專業人士、服務業的高技術員工）經常是社會民主政黨的核心選民，他們會努力捍衛廣義的福利國家，即便他們擁抱的是另一種強調個人發展、國際化、實力至上和性別平等的勞動市場普及主義。

最後，低技術勞工也經常面臨許多傳統制度不見得能應付的新風險。過往這些勞工顯然受惠於集中談判和相關的薪資壓縮政策，但偏重技術的科技變革和產業轉向服務業，創造了新的取捨，使得薪資均等化和充分就業之間成為兩難。低技術勞工最容易受到這些變化的衝擊，若不是失業就只能接受沒有出路的低薪工作。由於這些群體受到勞動市場快速變遷的影響最大，以穩定職涯為先決條件的傳統政策，比如大量前置投資在特定（產業所需）技能上的訓練制度，就無法適用在這些群體。對他們來說，提供通用技能（特別是基礎認知方面）的技職政策，尤其是那些讓人在整個職業生涯過程能夠獲取各種新技能的多重管道，可能更適合用來幫助他們面對勞動市場上的不確定性。

簡言之，向後工業轉型的就業結構，將面對不同風險的各種新族群推到檯面上。如何估算和處理這些新風險，還有和其他族群所遭遇風險之間的關聯議題，是建立團結的新政治最大的考驗。舊的不安（失業和失去津貼）當然還是很重要，但同時還有一堆新的議題，包括單親家庭、技能在科技的快速變革中過期、容易中斷的職涯路徑，以及婦女出外工作後，工作與家庭之間的需求調和。能夠妥善處理五〇年代風險的制度，現在已經無法悠然因應和當時已經大相逕庭的問題。

之前段落所討論的資本主義類型學和其批評兩者間的交集之處，本質上就是利益的問題。前者有個（未被檢視的）前提假設：傳統製造業的利益由所有僱主共享。在這個假設下，他們忽視了有許多證據指出，協商體系裡的僱主們（尤其是製造業部門以外的僱主）並未傾力保護傳統制度，反而是竭力提倡變革。然而，批評者有時卻忽視了（仍然重要的）核心製造業仍持續支持這些制度的證據，其論證建立在一個同樣不牢固的假說：傳統協商制度符合所有受僱者的利益（而且能處理他們所面對的相關風險）。結果，雙方的觀點都充滿著僅能反映工業部門邏輯的利益交錯。而這也是為什麼，即便雙方學者在許多問題上都莫衷一是，卻殊途同歸地認為對傳統制度的精神捍衛最能夠符合社會團結的利益。

而我的分析就是要挑戰這個普遍被接受的觀點。一方面來說，努力保護傳統的政策安排實際上只會加速侵蝕制度，並透過二元化而加劇社會不公；而另一方面，某些形式的自由化，實際上反而凝聚了社會團結，因為過去在製造業主導的年代裡不被重視但已成為新興的族群，他們的利益問題已經獲得妥善處理。為深入了解這個論點，我們接下來必須探討政治動力的問題。

超越資本主義的類型、貳：政治動力學與政治結盟

五、六〇年代的許多政治抉擇對形塑福利體制類型來說至

關重要，它們對本研究所要探討的政經制度變遷＊之政治脈絡有著深遠影響。最重要的是，那段時期的發展對所有參與者——勞工組織、企業和國家本身——的政治及組織資源，具有巨大的影響力，而且持續至今日。舉個眾所皆知的例子，在社會民主主義國家裡，六〇年代因應勞動市場短缺的模式是動員婦女，而她們進入勞動市場後，進一步提高了擴張公共服務的需求以支持女性就業。女性脫離（無薪給的）家務照護之後，創造出對各式各樣服務的需求，帶動更多婦女投入勞動市場，尤其是快速成長的公共部門。這些發展的結果是，大型而且組織完善的公共部門形成了工會運動中非常重要的第二支柱，足以和製造業工會分庭抗禮[22]。如今在許多這類國家裡，婦女成為勞工運動組織的多數。[23]

相較之下，基督教民主國家因應六〇年代勞動力短缺的方式則是另一番光景。這些國家往往透過政府補助引進外籍勞工的政策來應付勞動市場短缺[24]，而多數女性仍然留在家裡，扮演無薪給照護服務的提供者，以維持傳統男性養家的模式。這意味著公共和服務部門的規模依然不大，讓製造業利益能持續支配生產者團體的政治。在這些國家，工會成員的結構通常反映了五、六〇年代的就業模式，以製造業的男性藍領勞工為主力，服務業比例小（Hassel 2011）。當女性在八、九〇年代大量投入勞動市場時，其脈絡已不再是勞力短缺，而是高失業率。在經濟情勢惡化的結構下，基督教民主國家的女性在此時投入勞動市場，能取得的大多只限於補充家庭收入的次等工作。[25]

總結過去政治決策和現今利益變遷之間互動的各種方式，

＊指勞資關係、技職教育訓練體系、勞動市場政策。

我們可以概括整理出三種政治結盟的模式，正好呼應了前文的三條自由化路徑。

在美國等自由放任的經濟體系裡，即使在戰後經濟成長的黃金年代，製造業的僱主和勞工組織也不曾達成穩定共識。在這些地方，製造業的衰退帶來一種去管制的模式。勞工組織的力量曾有賴於緊縮的勞動市場，有時也依靠國家的支持，因此原本在核心產業十分強大；但是由於缺乏足以讓高技術、高附加價值的製造業能夠撐過七〇年代市場動亂的互補性制度安排，經濟衰退在製造業內引發了激烈衝突，這些現象在在符合資本主義類型學的典型邏輯。接著在衰退的僱主力量結合受惠於廣泛新自由計畫的新興部門的有利環境下，經濟開始朝服務業轉型，隨之而來的是風險個人化的明顯轉向。在這些例子裡，三個制度場域的去管制，大大提升了不均的程度。

第二種模式，也就是二元化，盛行於工會利益和生產者團體政治仍為強有力製造業部門所把持的國家。日本和德國是其中的典型案例，他們的公共政策依舊圍繞著製造業的利益而制定。資本主義類型學主張，工業部門的廠商及其員工會合力起來，為了自己的利益去捍衛傳統的政策和措施。然而，和其主張有所差異的是，強而有力的製造業跨階級結盟，過去曾經是黃金年代協商政治的中心，如今卻不再握有整體政經制度的領導地位。製造業的僱主們不再大聲疾呼要求全面自由化，也無法被期待能夠阻止核心產業以外的自由化。實際上，出口導向的企業反而因為邊陲部門管制較少、能享有價格低廉的服務和低額的稅率而雙重獲利[26]。工會或許會抗拒這些發展，但由於他們並未植根於這些受影響的產業，所以事實上無法對抗這股潮流。

最後，第三種模式則是以北歐國家為代表的鑲嵌式彈性化。

這些國家的製造業利益在所有利益團體中的支配力較低。部分肇因於此，傳統的政策安排實際承受了很可觀的變化，而我們將會看到，這些變化經常離一般定義下的協商體制有段距離。然而，新興的利益團體（大部分是服務業部門的勞工，包括上文提到的婦女和低技術勞工）若能妥善組織化並且被納編至制度性決策管道，就能夠為日後組成更全面性的、有時看似不可能的改革結盟打下基礎。

在這些案例中，公共政策反映了「社會投資」的邏輯，也就是擁抱一些自由化的元素，但依然反對「任何工作都是好工作」的主張，堅持用社會政策創造「高品質工作」。因此，雖然全面性的利益結盟對鑲嵌式彈性化似乎是個重要前提，但國家在促成和支持改革聯盟這件事上，扮演了非常重要的角色。事實上，這條變遷路線上的自由化類型需要國家更加積極參與，儘管引導公共政策的目標在某些面向改變甚鉅，特別是為強化就業（而非工作）安全而對教育訓練進行投資的措施。[27]

鑲嵌式彈性化不同於那些奠定協商式資本主義的傳統政策安排，尤其是在將自由化改革鑲嵌在用來保護最弱勢群體的制度與政策這方面[28]。新的重分配邏輯以積極參與取代被動支持，用其倡議者的話來說就是「準備而非補救」。雖然僱主團體的高度組織化有助於 Hilferding 所指出的理由，但仍不夠充分；關鍵反而如同權力資源理論所指出的，在於勞方的團結和協調，還有國家積極支持能夠將風險集體分擔的政策。此外，如第五章所特別呈現的荷蘭和瑞典，因為有關鑲嵌式彈性化的政策安排，常會依賴利益不同或有時矛盾的行動者之間所達成的「模糊共識」，選擇這條道路需要大幅度重新建構政策，來「擾動固有結盟模式，激發新興既得利益及政治結盟」。如果新結構能夠存活，那麼所產生的制度安排，就能夠調和社會民主政黨的藍領核心，與包括婦女及服務業從業人員在內的新興族群之間的利益，也就是 Ahlquist 和 Levi（2013）所說的「命運共同體」。

五、以下章節安排

接下來三個章節，將會針對資本主義類型學所強調的三個制度場域，也就是勞資關係（第二章）、技職教育（第三章）和勞動市場政策（第四章）進行制度穩定與變遷的政治分析，以探索前文提出的命題假設。在每個場域，我都會比較一個典型的自由放任式市場經濟體（美國）和從八〇年代以來分道揚鑣的兩個重要協商式市場經濟體（德國與丹麥）。這些章節會分別檢視造成本章所標示的三條變遷路徑背後的政治動力和政治結果。第五章則會進一步檢視荷蘭和瑞典的例子，延伸說明我的主張。荷蘭的例子可以和德國做鮮明的對比，因為荷蘭雖是基督教民主國家，卻偏離了一般歐陸模式，採取某種和北歐大致相似的彈性化路線。瑞典則能襯托丹麥的例子，因為瑞典正是一個總體統合主義的例子（擁有強力全面的工會和高度組織化的僱主團體），但他們所面臨的二元化趨勢，卻和歐陸國家的主流模式有若干相似之處。第六章則會總結我對先進資本主義與當代社會團結的新政治之研究分析與意涵。

註釋

1. 在集體談判上，可參考諸如 Michael Wallerstein （1999）等人對集中化和薪資平等的階級分析。在技能訓練的部分，請見 Streeck（1991）和 Acemoglu（1998）；在勞動市場政策和不平等的方面，請見近期的經濟合作暨發展組織（以下統稱 OECD）報告（例如 OECD 2008、2011a）。

2. 我在這方面受惠於 Wolfgang Streeck（2009）。

3. 我在本議題方面受惠於 Martin Höpner（2007）。在 Höpner 的著作中，他從「分散」和「管制」的自由化之間，汲取出一種不同但相關的區分方式。

4. 所有資料都由 Duane Swank 提供。全國級僱主協會的力量則是基於 Golden-Wallerstein-Lange 的指數（分數從 0-4）；勞資協調基於由 Kenworthy 和 Hicks 設計的指數；而工資協調則基於 Kenworthy 的五點指數，指數範圍包括公司內部協調（1）到拘束性的聯邦層級談判（5）。

5. 全部基於 OECD 的資料。

6. 如同在第五章探討的，由於中間偏右政府的撙節政策，許多過去在荷蘭的收益於兩千年代中期受到嚴重的侵蝕。

7. 這個基於連續體的變化概念，無疑在某個程度上是反映資本主義類型學框架所圍繞的二分法函數。然而，這個函數也顯示出許多論述組織自由化批判的方式（但我也從一個明顯的例外汲取了很多核心觀察，請見 Höpner 的作品）。

8. 不過我要立刻補充，Pontusson 在多數的其他著作中都提到了歐陸和北歐的協商式市場經濟間（在類型而非程度上）的強烈區別。他的分別有部分是根據長期失業率的持續差異，基督教民主主義的協商體系在這個向度上，表現總是比北歐式協商體系和自由放任經濟來得更差。

9. 大部分但不是全部，有部分企業因為擔心引起一線工人的反彈，並不支持柴契爾早期對付工會的舉動。

10. 感謝科隆 Max Planck 研究所的同事，向我指出區分各種不同自由化類型的重要性，尤其是 Martin Höpner 和 Wolfgang Streeck。

11. 相關的例子包括美國的「開放工廠運動」和英國反對打壓工會代表的抗爭。

12. 這裡採取 Hacker 和 Pierson 的用法，漂移意指「不是由於現有政策被改變或替換，而是因為在面對社會環境的改變時在政治上無所作為」所導致的轉變。

13. 感謝 Christian Ibsen（2012）讓我注意到「供給面團結」的概念；他經由比較瑞典和丹麥來闡述這個主題。

14. Rueda 的主張某種程度上讓一九八〇年代主流經濟學對某些國家裡非自願性失業盛行的論點再次流行起來，這些論點認為工會讓離職成本上漲——比如說，有關僱用（尋才、廣告等）、開除（包括遣散費和法律規定的保障），還有訓練的成本，某種程度上有利於受僱中的勞工，但會增加求職者進入勞動市場的困難（特別參見力持此觀點的 Lindbeck and Snower 的著作）。但另一方面，Rueda 的主張也和六、七〇年代左傾經濟學家的市場區隔理論有著親緣關係。

15. Rueda 認為有兩個條件會讓社會民主國家進行推動對邊緣勞工友善的政策。一個是當中堅勞工遭遇淪為邊緣的威脅（比如失業），另一個則與利益中介的統合機制有關。統合機制能夠鬆動工會對中堅勞工的保護，強迫他們（以及社會民主政黨）必須顧及邊緣勞工的利益。不過對於後者，Rueda 的證據其實很模稜兩可。

16. Rueda 觀察到，中堅和邊緣選民對積極勞動市場政策的偏好程度差異，只有兩個百分點的差距；42% 的中堅和 44% 的邊緣勞工表示願意繳更多的稅金來刺激就業。而在消極勞動市場政策上，兩邊的差異更小（大約一個百分點），僅有略高於 30% 的中堅和 31% 的邊緣勞工不同意福利國家的成本太高。從 Rueda 提供的三個指標來看，最大的差異是在就業保障上，但這裡所說的落差也不過僅有五個百分點（58%：63%，同意工作保障非常重要）

17. Martin 和 Swank 關於企業團體或三方協商何者更為重要的討論有些含糊不清——當然，兩者實際上幾乎不可分割，因為強大的企業組織是三方協商的先決條件。因此，既然本書的第一部分探討了企業團體的起源，第二部分將會著重統合協商來解釋當今的發展結果。

18. Lundberg and Petersen （2012） 指出丹麥在八、九〇年代存在嚴重的衝突——不只是僱主與工會、中間偏右的政府對抗勞工運動，還有社會民主黨內部的衝突。在瑞典，一九九〇年代的改革也讓工會及僱主團體之間產生了巨大的衝突，而社會民主黨也發生了「巨大的內部動亂」。

19. 農業部門就業人口占高比例（超過 30%）的國家是例外——也就是希臘、愛爾蘭和土耳其（西班牙及葡萄牙緊追在後）。日本和美國的工業部門就業比例為偏低（分別為 33.4% 和 34.7%）。德國、盧森堡、比利時和奧地利則偏高，工業部門就業占比都超過 40%（德國高達 47.8%）。

20. 在英國，製造業的勞動人口早從一九六一年就開始下滑。

21. 當然，除非以消費者選擇之名引進的改革，會導入威脅專業集團對市場的壟斷或其版圖的競爭形式。如果是這樣的話，專業人士就會反對。

22. 我和 Cathie Jo Martin 稍早的合作研究（Martin 和 Thelen 2007），便觀察到公部門規模和團結程度之間，存在強烈的相關。

23. 這裡概述的不同模式對選舉所造成的影響，尤可參考 Huber 和

Stephens（2000）。

24. 儘管假設只是短暫停留，外籍移工通常還是會滯留。許多國家的製造業工會都盡力吸收他們加入勞工運動組織，以抵擋市場緊縮後薪資下滑的壓力。在成功的案例裡，第一、甚至第二代移民在工作上多半相當適應（比如反映在參加工會的比例上），儘管他們融入社會的情況不佳。

25. Iversen 和 Rosenbluth（2010）發現傳統家庭結構持續愈久，女性就對政治就愈保守，也愈反對對男性中堅勞工加稅的政策。

26. 感謝 Martin Höpner 向我指出這點。

27. 對《經濟學人》這類擁抱自由放任主義的新聞雜誌來說，需要國家大力支持的自由化型態是個互相矛盾的概念。他們的編輯在大力恭維北歐國家是新的「超級模式」的同時，對於這些國家的大政府如何打造成功的資本主義大感不解（對經濟學人來說，成功的資本主義與自由放任式市場經濟是同義詞）（參見《經濟學人》2013 年 2 月 2 日號）。

28. 鑲嵌式彈性化令人想起 John Ruggie（1982）的「鑲嵌式自由主義」概念，也就是從二戰以後，民主國家在擁抱貿易和財政自由的同時，也用福利政策保護國內競爭的失敗者）。我在此感謝指出這一點的匿名審稿人。

第二章

勞資關係制度

Industrial Relations Institutions

首先，讓我們透過檢視過去二十年間勞資關係的發展，來分析不同的變遷路徑。在這塊領域裡，學者們重視的指標各有不同，因此對於傳統策略安排的相對穩定度，常得到南轅北轍的結論。有些學者預期，這些安排至少會在協商式市場經濟裡維持穩定。他們主張，即便自由放任體制下的僱主會致力追求去管制，但協商體制下的僱主仍會支持傳統安排，因為後者的競爭策略仰賴高度的勞工合作、薪資調節（wage moderation）及和平的廠內關係，而這一切正是協商式談判的相關制度與實踐所要守護和保衛的對象。

相對地，他們的批評者則堅持，比起英美世界的同行，協商式市場經濟體的僱主並沒有更支持這些安排（至少就工會方面），反倒是尋求各種機會，好逃離勞工組織和國家加諸於他們的管制。這些批評者堅稱，全球化使得力量的天秤背離了勞工，鼓勵且加強了廠商提升彈性、降低開銷的能力。對他們來說，舉世都朝著同一個方向、也就是新自由主義變遷，要是有人發現制度變遷的步伐上有著什麼差異，那都是因為勞工的抵抗成功，而不是因為資方的偏好有別。

有幾個關於勞資關係穩定和變遷的關鍵指標，可以做為評估這些主張的依據。表 **2.1** 和 **2.2** 記錄了各國在一九七〇到二〇一〇年間，集體談判層級和談判協商程度這兩個常見指標的變化[1]。兩者都證明，北歐國家顯然都在進行正式的去中心化，奧地利等其他「統合主義」國家也一樣。相較之下，歐陸基督教民主國家所呈現的圖像就比較多樣，兩個方向的變動皆具；但兩個指標也都顯示，正式談判架構在同一時期內，整體上還是

表 2.1　工資協調程度

	1970	2010	變幅
丹麥	5	4	-1
芬蘭	5	3	-2
挪威	5	4	-1
瑞典	5	4	-1
奧地利	5	4	-1
比利時	4	5	+1
法國	2	2	不變
德國	3	4	+1
義大利	2	3	+1
荷蘭	3	4	+1
瑞士	4	3	-1
澳洲	3	2	-1
加拿大	1	1	不變
美國	1	1	不變
英國	3	1	-2
日本	5	4	-1

說明：以 Kenworthy 的五等分級為基礎。

5= 經濟體層級談判

4= 具模式設定的產業層級混合經濟體層級談判

3= 無模式或非常規模式設定的產業層級談判

2= 產 - 企業層級談判，產業協議強制力低

1= 以上皆非，僅有零碎，通常是公司層級的談判

來源：Jelle Visser（http://www.uva-aias.net/208）

表 2.2　協調層級

	1970	2010	變幅
丹麥	5	3	-2
芬蘭	5	3	-2
挪威	4	3	-1
瑞典	5	3	-2
奧地利	3	3	不變
比利時	4	4	-1
法國	3	2	-1
德國	3	3	不變
義大利	3	3	不變
荷蘭	3	3	不變
瑞士	3	3	不變
澳洲	4	2	-2
加拿大	1	1	不變
美國	1	1	不變
英國	3	1	-2
日本	1	1	不變

說明：

5= 國家或中央層級

4= 國家或中央層級，加上額外的部門 / 地區層級或公司層級

3= 部門或產業層級

2= 部門或產業層級，加上額外的地區性或公司層級

1= 地區性或公司層級

來源：Jelle Visser（http://www.uva-aias.net/208）

較為穩定[2]。最後，雖然自由放任體制原本就已經非常去中心化，但如果它們曾展現過一點集中化或者協調性，也在這段時期內變得更加去中心化了。

不過要是改為關注談判涵蓋率和工會密度的趨勢，就會看到有點差異的圖像（表 2.3 和 2.4）。在這些指標上，北歐國家的談判涵蓋率從七〇年代以來就呈現淨成長（表 2.3），但所有自由放任派國家在這段時期的談判涵蓋率，則都處於（有時甚至是戲劇性的）下降狀態。至於歐陸基督教民主國家，則又再次顯現出多樣的結果；奧地利、比利時、法國和荷蘭都有所提升，但德國、義大利和瑞士都下降。工會密度的變化趨勢也與此相近（表 2.4）。北歐的工會密度幾乎一致上升，而歐陸基督教民主國家和自由放任市場經濟體則幾乎一致（並且常是戲劇性地）下降。

綜觀這些趨勢後，我們可以看出三種不同的模式：（1）正式制度去中心化，但談判成果仍涵蓋廣泛，工會的力量也很強大（大部分北歐國家）；（2）正式制度穩定，但工會成員同時減少——且雖不是必然，但經常伴隨著談判成果的涵蓋率縮小，這通常發生在歐陸基督教民主國家；以及（3）自由放任市場經濟國家裡，正式制度去中心化，工會組織率和談判涵蓋率都同時下滑。

無論是資本主義類型學還是自由化理論，和這幅圖像都不完全相符。和前者不符的是，不僅在自由放任類型的國家中，就連過去以協商式市場經濟為主的北歐諸國，也產生了顯著且正式的去中心化。但也跟後者所推論的不同，不只多數歐陸協商式市場經濟國家的正式制度一直維持穩定，北歐諸國在談判制度去中心化的同時，涵蓋率和工會組織率也依然維持很高的

表 2.3　集體談判涵蓋率

	1970	2010	變幅
丹麥	80	85*	+6%
芬蘭	73	90***	+23%
挪威	65	74**	+14%
瑞典	84	91	+8%
奧地利	95	99	+4%
比利時	85	96	+13%
法國	70	92**	+31%
德國	85	61	-28%
義大利	85	85	不變
荷蘭	76	84	+11%
瑞士	50	49	-2%
澳洲	90	45*	-50%
加拿大	34	32***	-7%
美國	30	13	-56%
英國	73	31	-58%
日本	32	16**	-50%

說明：談判（或工會）涵蓋率是指工資談判協議所涵蓋的受雇者，相對於所有就業中、有權利參與談判的受薪人口之比例。某些沒有權利參與談判的部門之工作人口，並沒有被計算在母數內。

* 所用資料 2007 年（可得最近資料）

** 所用資料來自 2008 年

*** 所用資料來自 2009 年

來源：Jelle Visser（http://www.uva-aias.net/208）

表 2.4　工會密度

	1970	2010	變幅
丹麥	60.5	68,5	+14%
芬蘭	51.3	70	+36%
挪威	56.8	54.8	-4%
瑞典	67.7	68.9	+2%
奧地利	62.8	28.4	-55%
比利時	42.1	50.6	+20%
法國	21.7	7.9	-64%
德國	32	18.6	-42%
義大利	37	35.5	-4%
荷蘭	36.5	19.3	-49%
瑞士	28.9	17.2	-40%
澳洲	44.2	18	-59%
加拿大	31	30	-3%
美國	27.4	11.4	-58%
英國	44.8	27.1	-40%
日本	35.1	18.4	-48%

說明：工會密度 = 工會成員占受薪就業人口中的淨比例。

來源：Jelle Visser（http://www.uva-aias.net/208）

水準。看見這幅關於穩定和變遷的複雜圖像後，我們需要細究僱主的顯著利益，以及分析推動這些看似矛盾結果的政治動力，才能評判這場理論之爭。

上述檢視反映了第一章介紹的模式，揭示了勞資關係上三條不同的自由化路徑。美國的勞資關係就像去管制自由化的標準案例，呈現出工會的瓦解，以及已經相當殘破的集體談判制度進一步的分崩離析。由勞資代表談判以解決問題的制度從一開始就不曾穩定，又在八〇年代國家的支持下，被僱主的傾力攻擊所毀壞。殘留下來的已經不是有力的集體談判架構，而是個別工人在僱主觸犯勞動法令時，可供求助的法律選項。簡而言之，這股趨勢的走向是將風險個人化，這個系統的救濟方法通常只能透過法院去伸張個人而非集體的勞動權利。

德國的模式則又有不同之處。在這裡，談判制度與慣例依然活躍地普及於製造業；一如資本主義類型學的邏輯所預測，製造業僱主持續大力支持協商制度。我們並未看見衝突，反而是勞資之間為了維持出口部門的強大競爭力而不斷加強合作。不過，在核心工業之外，這套體系就難以紮根；就業機會逐漸朝（工會力量較弱的）服務部門轉移，侵蝕了集體談判的涵蓋率（向二元化漂移）。和 Hacker 與 Pierson（2010a）所定義的漂移邏輯一致，構成變遷的要素並未直接攻擊傳統制度，而是在面對強大侵蝕力量的時候，排拒那些企圖支撐傳統架構的改革，因而促成了變遷。

最後，丹麥也無法逃避自由化的壓力，但這些壓力造就了不同的發展。在七〇到八〇年代初，丹麥的勞資關係相當緊張，使得全國級的團結工資談判失靈，正式制度也走向去中心化，從全國降到產業層級。更進一步的去中心化尾隨而至，因此有關薪資的談判，如今幾乎都在勞動場域的層級進行。然而，這些自由化舉措，都鑲嵌在一套著重於風險集體化，而非個人化的談判架構裡。這樣的結果可歸功於全面且廣布於經濟體的工會組織，但國家也扮演了相當關鍵的角色，協助設下工資彈性的底線，還有促進全國級談判重新定位，以處理新興族群所面對的新型態風險。

接下來的段落將詳細分析這三個國家在過去四十年間的發展，以清楚呈現變遷的政治動力。

一、美國的勞資關係：簡單純粹的去管制化

美國是一個簡單純粹的去管制典範。在過去三十年間，美國的工會崩潰，勞僱關係的集體規範也急遽弱化。在法定最低工資持續下降和風險私人化的背景下，工資談判整體朝個人化發展，在風險保障方面，則主要是靠法院執行那些規範個人聘僱合約的法律（比如反歧視法）。勞工組織和集體談判的崩潰在美國造成了劇烈的影響，因為許多美國的福利政策傳統上都透過勞資關係在實踐，而在其他地方則是由國家向所有公民提供。因此，集體談判的衰落不僅牽涉到工資設定個人化，也關係到其他福利的喪失。

美國勞資關係中的去管制化在兩個相關方面進展特別快速，其一源於個別廠商進行規避工會的策略，之後更演變成對工會談判權的合力逼退。美國僱主在七〇年代的國際市場上面對更強的競爭時，逮到了規避工會和打擊組織化運動的機會，而這些機會就藏在勞動法裡頭。他們受到國家的大力鼓動，美國政府特別是在雷根總統時代，營造了一個對勞工組織抱持敵意的

政治和法律情勢，加速了美國勞資關係大規模的去管制。

從某個角度來說，這個結果醞釀甚久。在十九世紀時，美國廠商和職業工會（craft unions）為了管理權而鬥爭，掏空了勞資之間的和諧穩定，而在其他地方，這樣的穩定和諧支持著以高技術工人和高工資為核心的產業戰略。在多數協商式市場經濟裡，工會在工業時代早期就放棄了管理和控制工廠，以交換工會被認可，而在英美等自由放任體系裡，職業工會一直與僱主在超越技術的層級上交戰[3]。美國勞工組織的力量依地區不同有很大的差異，所以位在工會核心地帶的廠商，其產品常在全國市場處於競爭劣勢，而工會的作為也因此被僱主認為是導致競爭力惡化的「破壞性扭曲」。由於無法維持一個可以討論技能與訓練如何強化的協商機制，也無法控制薪資競爭，僱主們便週期性地聯合起來倡議「公平競爭」（level playing field）——也就是擊垮職業工會的力量。

如果說美國廠商在經歷這些攸關管理權的戰役後，有哪邊走得比其他自由放任市場經濟體中的同行更遠的話，那就是他們致力於降低對技術工人的依賴。美國製造業得益於較大的國內市場，在二〇年代就已經走向以半技術和非技術勞工為主力的大量生產策略。在這樣的背景下，生產力的提升是依靠機械化、提高分工程度（「泰勒化」）以及由領班主導，朝無止盡的生產理性化和削減成本前進的「驅動」系統。在一九三五年華格納法案（Wagner Act）通過時，這個機械化進程早已大幅推進，「在工會穩固、集體談判權得到保障之前，美國的勞工組織運動面對的是理性得更加徹底的工廠環境。在高度科層化的國內勞動市場裡，工會戰略只能圍繞著狹隘的工作控制（job control）＊上打轉」。如此回顧就不難看出，為何這套策略安

＊指勞工有權利參與影響自己工作環境的決策。

排無法穩定施行。華格納法案讓工會地位獲得重大提升，讓他們能和廠商平起平坐，建立和執行保障工人的規則（比如國內勞動市場的年資升遷制度），幫助勞工對抗負責驅動前述惡劣系統的苛刻工頭。然而，新政下的勞資關係體系並未訴求利益交集，也未訴求國家層級下的持續性階級或權力改組，唯一可以期待的是資方會「以務實的態度適應工會組織化」。更重要的是，華格納法案並沒有協助或是特別鼓勵組織工會。只是提供員工選擇組織化的機會；正如 Goldfield（1987）所指出：「它明確的目的是確認員工是否想要有工會，並保障他們表達的權利。」

藉著將勞動權定調為個人權利，而非集體權利，法律與政治經濟地景高度契合。在這樣的脈絡下，產業利益未能協調，資本家對國家缺乏信任，同時工會僅關注狹隘的私利與自願主義。[4] 不像工會涵蓋率常常超過工會組織率的協商式體系，美國勞動權制度化的方式意味著加入工會和享有集體談判的成果幾乎不可分離。一系列的事件從根本上保證了，像三、四〇年代那樣勢頭鋒健的勞工組織運動，只能是一股「脆弱的巨大力量」，因為它乃是建立在「一個短命的協定，而不是長久的階級力量重整」。即使華格納法案將勞工力量整合進生產體系，但針對勞動條件的集體規範，仍像十九世紀一樣，容易受競爭壓力和商業利益的聯合反撲而四分五裂。

事實上榮景並沒有維持多久。一九三五到一九四七年之間，華格納法案和相關制度（特別是全國勞資關係委員會，NLRB）確實支持工會組織。然而一九四七年的塔夫特—哈特利法案（Taft-Hartley Act）標示了此一情勢的初次反轉。這項在工會激烈反對下所通過的法案，禁止了未經工會同意的野貓罷工（wildcat strike）、認定只准僱傭工會會員的「封閉工廠」條款（closed shop）違法、認定工會必須為危及生產負擔損害賠償。塔夫特—哈特利法案還廢止了授權書制度（card checks）及其他可資證明工會已取得多數支持的機制，讓工會立案（union certification）更顯困難。一九四七年後，唯一能夠獲得全國勞資關係委員會認證的路線就是選舉投票，而在塔夫特—哈特利法案後，僱主也明文享有在投票中反動員的權利。雖然觀察者一般認為美國勞工運動的衰弱是從雷根時期開始，但事實上從一九五四年之後就一路往下滑，也就是說，在戰後資本主義黃金年代的巔峰時期開始衰弱。根據勞工統計局（Bureau of Labor Statistics）的數據，工會密度在一九五四年達到了 25.4% 的巔峰，然後便穩定下滑至二〇一二年的勉強超過 10%。

七、八〇年代美國勞資關係的去管制化

問題的關鍵在於，美國和德國、瑞典等協商式市場經濟體不一樣，即使在戰後資本主義成長的高峰，核心製造業的工會組織和僱主之間也從不曾建立過穩定的妥協。七八〇年代並未真正反轉先前制度的穩定狀態，只是揭露了既有的協議架構是建立在非常脆弱的基礎上。和過去一樣，工會參差不齊的存在只是加劇、而沒有和緩廠商之間的競爭。工會成員的工資溢價（union wage premium）從六〇年代後期的 19%，上漲到七〇年代後期的 30%。在欣欣向榮的五〇年代，有工會的工廠可以靠提升生產力弭平工資溢價，但到了七〇年代中晚期，很少資方可以靠提升生產力，就消弭他們眼前 20 到 30% 的工資和員工福利差異。已成立工會的公司走向公開反工會的態度，不過是時間早晚的問題。

比起一九〇〇年代初期「開放工廠（open shop）」的反工會運動，七〇年代的國際壓力在鼓動僱主們打擊勞工組織上，扮演的角色尤有過之。在紡織等低技術產業，還有機械、電子和汽車這些中等技術產業，美國一直在丟失疆土，有工會的廠商因此大力推動「公平競爭」運動，透過廢除僵硬且昂貴的工作控制制度來應對環境。受到日本的成功經驗啟發，許多公司實驗了一些工作場域的改革，包括放寬職位分類（job classification）、減少具體的工作分配規則、增加主管（同時減少資深員工）決定升職和調職的空間[5]。這些改革不可避免地引起和工會之間的衝突，因為執行的過程勢必要針對工作規範重新談判，而這原本是屬於工會的權利。和其他產業工會（industrial union）具主導性的國家相較，美國顯得非常突兀，因為在其他國家提升彈性的舉措中，沒有一個牽涉到任何一種對工會談判權的侵犯。事實上，許多協商式市場經濟體的僱主在進行工作重整（work reorganization）的過程根本是一路暢通，因為這正符合勞工組織一直在追求的工作人性化目標。

相反地，美國的僱主認為競爭力問題的關鍵在於僵化的工作規則，因而對工會談判權大舉揮兵。塔夫特—哈特利法案裡實質建立了僱主透過在工會推動會員登記投票運動（union registration drive）時進行反動員，實行個人可以不參加工會的策略可能性，而這些策略在七〇年代便臻於完善。如同 Bruce Western（1997）所指出的一樣，「不當勞動行為日漸頻繁、工會立案選舉前的審核愈拖愈長、專職打壓工會的管理顧問人數不斷成長，這些趨勢都表明了僱主為抵制工會化所投入的大量精力。」六〇年代後期開始戲劇性增加的解除工會立案選舉正反映了這些趨勢。除了遷廠到工會化程度較低落的南方這種常用策略，七〇年代的美國廠商還能利用一門絕無僅有，被某個觀察者稱做「精密的工會規避產業」來留在原處。

反工會的管理顧問公司在五〇年代就已十分活躍，但七〇年代對這些服務的需求可說是爆炸性地成長。在一九六二年，全國勞資關係委員會監督的工會選舉近半（46.1%）都獲得了批准（代表資方未積極阻撓），但到了一九七七年只剩下 8.6%。從全國勞資關係委員會的資料，Schmitt 和 Zipperer（2009）整理出在七、八〇年代之交，各工會選戰期間的非法解僱比例急速上升。在六〇年代到七〇年代初，工會選戰時期的非法解僱僅有 8%，而在雷根時代早期，這個數字飆升到了 31%，此後多半維持在 20% 以上。Western 完整比較富裕民主國家的工會組織趨勢後，主張從比較性觀點來看，美國的特殊之處在於制度架構提供了「僱主抵制工會的獨特條件」。他特別指明，去中心的無記名秘密投票和僱主的反競選行動，這兩者尤其不利於工會組織[6]。Richard Freeman（2007）以此為調查依據，作出「如果工人們在二〇〇五年有得到他們想要的工會代表，如今的整體工會組織率就能有 58% 左右」的結論。

這些個別的策略十分有效，讓那些五、六〇年代剛建立起部分協商機制的少數部門又走向去中心化。八〇年代，煤炭、鋼鐵、橡膠和運輸等產業的模範契約談判（pattern bargaining）終於崩解。而在汽車工業，隨著供應商大規模退出產業級協議，還有日本前來設廠的廠商也抵制工會化，協商制也跟著下降。而在工會設法存在的公司，廠商則尋求與全美汽車工人聯合會（United Automobile Workers）另訂契約。至於在整體工業界，公司若不是退出主協議（master agreement），就是另談公司級協議或直接消滅工會，使得複數僱主談判逐步減少。

除了個別的工會規避策略和去中心化，廠商也一致阻撓勞動法令朝支持工會的方向改革。在民主黨上台的一九七七年，美國勞工聯合會暨產業工會聯合會（American Federation of Labor and Congress of Industrial Organizations, AFLCIO）曾提議訂立旨在解決企業大肆採用工會規避策略的措施。具體來說，這些主張包括「加速代表權投票、針對數量飛漲的不當勞動行為提高對僱主的罰款、允許工會進入工作場所宣揚理念以對抗僱主打壓工會的策略，以及給予全國勞動關係委員會處理『拒絕談判』的額外權力，同時擴大全國勞動關係委員會的規模，並且改善地方行政法官裁定的審查流程」。僱主們一起用請願書淹沒了國會，要求投票反對這項立法，法案差一點就在冗長辯論中死去。

在第一章中，我主張過僱主的協調能力並不必然有增進社會團結的效果，而是取決於使用這些協調能力的目的。資本主義類型學的論著，有效讓人注意到自由放任式市場經濟體的僱主之間缺乏協調，不過具體來說，這裡指的是威廉森式的協調能力低落。但我們不該因為這些觀察而減少關注美國企業在政治領域所定期投入的大量協調能力。就像僱主們在二十世紀初聯合擊敗了職業工會一樣，七〇年代以來我們也觀察到企業的組織和力量顯著地擴張，也就是新自由主義在美國的全面進擊（尤見於 Hacker and Pierson 2010c）。這兩個現象並非毫無關聯，因為一旦僱主之間在市場上沒有穩定協調的能力，就會有很大誘因去阻止工會取得這種能力。

因此，八〇年代的美國僱主就像一個世紀前的開放工廠運動一樣，為推動更明確的議題——捍衛廠商自治權與重申「管理特權」而聯合起來。吉米·卡特總統的勞動法案改革失利便是商業圓桌會議（Business Roundtable）的傑作，這個組織成立於一九七二年，致力於透過協助公司否定工會立案選舉和破壞罷工，以及成立泛商業的政治行動委員會，以將工會一一驅逐出產業部門。David Vogel（1983）稱商業圓桌會議是「美國高級布爾喬亞階級意識抬頭最清晰的象徵」。圓桌會議不只是遊說集團，更致力在管理高層間提倡狹隘產業利益的集體意識，並「非常成功地對傳統上無序的商業機構施加一點點紀律或『階級團結』」。這些發展證實了 Martin 和 Swank（2012）的一個主要看法，就是「僱主是社會性動物，並且……在群集中發展他們的政策偏好」，同時也強調其結果可以增進、也能削弱社會團結。

一九七七這年，具體來說是因為勞動法令改革遭受挫敗，而成為美國勞資關係的重要轉捩點。四年後上台的隆納·雷根在總統任內更加鼓勵僱主們採取工會規避策略。堅定投入去管制和反工會使命的雷根總統回應空中交通管制員罷工的方式，是宣布行動違法，並以解僱威脅工人回到工作崗位。為了貫徹威脅，雷根總統明白宣布勞工組織休想指望政府的支持。與之相反的是，政府投入了十足的力量來對付勞工組織。這些行動後來也受到全國勞動關係委員會的任命支持，這些任命確保工會立案的進度遭受拖延，反工會策略也不會遭到積極起訴。

去管制的衝擊

有支長期學術研究已經確立了在談判涵蓋率和集中化，以及工資不均這兩方面之間存在著反比關係（尤見於 Wallerstein 1999）。美國工資不均的程度早已超越了大部分的協商式市場經濟體，甚至是其他自由放任式市場經濟體，工會組織率下降在八〇年代以來不平等的惡化裡也扮演了重要角色[7]。從前 10% 和倒數 10% 收入者的比值來看，美國男性的薪資差距在一九七三至二〇一〇年之間，提升了51%，而女性則提升了50%（按OECD數據）。在美國，由技術類別造成的薪資差異增長幅度，比起其他富裕民主國家來得更高，其中最重要的原因是高等教育帶來的薪資溢價，在這段期間上漲了兩倍之多。儘管八〇年代就業市場發生過緊縮，低薪勞工的實質收入還是持續下滑。如同Katz（1994）所寫的：「在九〇年代初期，男性高中新鮮畢業生和輟學生的實質時薪，比起二十年前低了20%」。

一九八一年起，聯邦最低工資的實質價值開始穩定衰退，讓工會涵蓋率降低的影響更形惡化。這個發展當然和工會敗退有關，如同Hacker和Pierson（2010b）指出，勞工組織是平衡企業力量的秤砣，也是「唯一專注於各種有關中等收入者的廣泛經濟議題的大型（利益組織）團體」[8]。對美國這樣說白了是欠缺廣泛全面集體談判的國家而言，法定最低工資至關重要，因為這可以提供國內收入最低的勞工最基本的保護。

法定最低工資最早是由一九三八年的公平勞動標準法（Fair Labor Standards Act）引入美國，並透過修正該法實現名目薪資提升，因此最低工資的實質價值端賴政府主動調整它的水平來彌補通貨膨脹，或者就像Shierholz（2009）的評論一樣：「領最低工資的勞工是真的得等國會立法幫他們加薪」。他在二〇〇九年寫下這段話，指出當時最低工資的實質價值大約比六〇年代的高峰值低了20%。而國會最後一次調漲是在二〇〇七年，並分成三個階段執行。在二〇〇九年，領最低工資的美國正職勞工，每年帶回家的收入差不多是一萬五千美金，遠低於一戶三口之家的貧窮門檻。

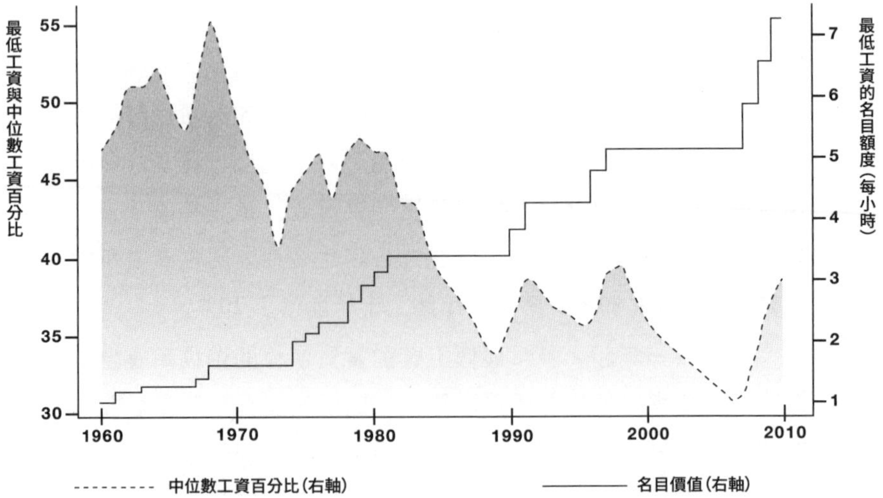

圖 2.1　最低工資對中位數工資的百分比，及聯邦最低工資的名目價值，1960-2010 年。

來源：stats.oecd.org 及美國勞工部（http://www.dol.gov/whd/rninwagelchart.htm）。

經濟學研究的普遍共識是，最低工資的下跌顯然促進了八〇年代財富分配底端的不平等增長（50/10 比率，也就是財富位居 50% 和倒數 10% 人員之間的收入比值）。圖 2.1 標示了美國聯邦最低工資的變化趨勢 - 包括名目價值（實線，右軸）以及與薪資中位數的百分比（虛線，左軸）。如其所示，最低工資的價值，在八〇年代從薪資中位數的 45%，暴跌到 35% 以下，卻沒有任何增加其名目價值的動作。九〇年代初，最低工資提高了兩次，帶來些許舒緩，但一九九六年比爾·柯林頓連任總統之後的調整，又再度放任最低工資的價值下沉。綜觀下來，一九七八年以來的模式便是最低工資的實質價值不斷受蝕，只能靠國會不定期修法矯正。這些調整或許稍微提高了最低工資相對於中位數薪資的價值，但從長期的路徑看來仍是劇烈下跌。

此外，由於缺乏工會代表，美國低薪勞工也特別容易成為「工資小偷」的受害者。二〇〇八年一份對國內大城市（芝加哥、洛杉磯和紐約市）低薪勞工進行的調查，顯示這些勞工中，有 26% 的人上週所領薪水低於最低工資，還有 76% 的人依法應領加班費卻沒有領到。[9] 連政府也承認，對勞動基準的執法就算湊合起來，也只能說勉勉強強。二〇〇九年三月，政府審計辦公室（Government Accountability Office, GAO）發表了一份標題嚴肅的報告：「工資與工時不符之申訴接受及調查程序，使低薪勞工成為工資小偷的受害者」。[10] 美國最低勞動基準的執法主要依靠個人主動提出申請（吹哨者）。然而，低薪勞工們通常缺乏訴諸法律的資源，而且也不意外地對於挑戰僱主會有所猶豫。缺乏工會的集體代表也因此導致了風險的個人化。

除了低薪和中等薪資收入者之間差距的擴大之外，財富分配的上層（90/50 比率，也就是前 10% 的高收入和中間收入之間的差距）還存在另一條更大的鴻溝。繼八〇年代底層薪資急遽崩潰之後，中等收入者和最低百分位的差距到了九〇年代呈平坦化，這反映了上述的最低工資調整。而相反地，90/50 之間的鴻溝卻持續擴大。就算忽略極端富裕者財富驚人的增長（尤見於 Piketry 和 Saez 2003），財富分配的上層也在九〇到兩千年代間，遠遠拋開了中等收入者。圖 2.2 就追蹤了 90/50、50/10 和 90/10 三個比值的變化，清楚地呈現出，原本在七〇年代經濟危機以前就已高於其他先進工業國家的工資差距，在那之後一直繼續穩定擴大。這使得美國的整體工資差距程度，和各國相比格外突出，最頂端 10% 的勞工薪資是底層的整整五倍。相較之下，這個數字在二〇〇八年的瑞典是 2.2 倍，在德國是 3.3 倍，

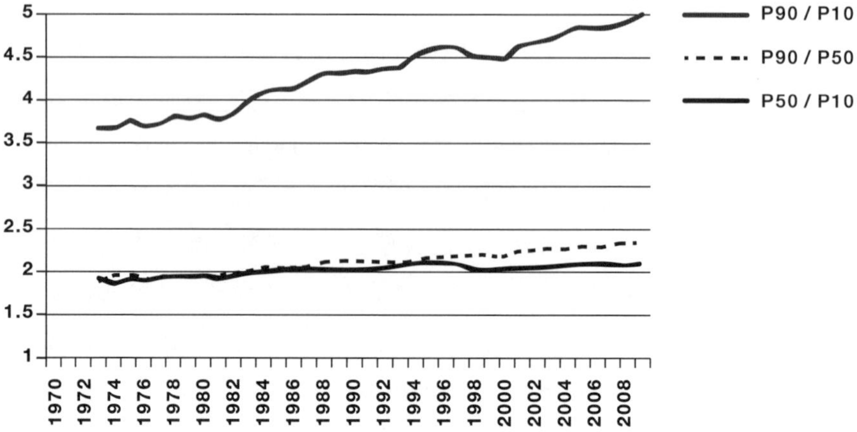

圖 2.2　美國的收入離散率（稅前及移轉），1970-2008 年。

來源：OECD Stat 資料庫 。

在英國則是 3.6 倍。

經濟學家在解釋這些趨勢時，傾向著重於科技變遷在各方面「讓勞動市場對中間管理職、辦公室和高薪生產性工作（二十世紀中葉的中間階級工作）的需求降低」。Autor 等人 (2008) 有一份重要的分析更明確指出，技術導向的科技變遷會惡化分配，因為資通訊科技（ICT）能協助教育程度高的勞工進行抽象性工作，但會取代從事例行性工作、教育程度一般的勞工。對教育與技職政策更完整的分析將在第三章進行，在這裡只需注意談判去中心化和工會崩潰同樣也擴大了財富分配上層的工資差距。五〇年代的製造業勞工曾經普遍擁有自宅和較高（常常是靠借貸）的消費能力，算得上是穩定的中間階級，但製造業潰敗以及工會權利受到的打擊，重傷了許多薪水優渥、工作穩定的藍領勞工原本擁有的工資與福利。私部門工會弱化也掏空了許多中間階級勞工的談判實力，許多家庭的健康照護和高等教育成本都提高了。

簡短回顧一下第一章的理論之爭，不管資本主義類型學還是批判自由化的學者，都引用美國的勞資關係發展作為佐證，畢竟美國的情況完全符合他們的論證架構。僱主一開始就缺乏具戰略價值的協商能力，而工資差距和就業流動性則促成了我們在此觀察到的職訓薪資溢價。但這也和自由化理論一致，因為工會權利受損毫無疑問是由於僱主所發動的新自由主義之戰。此外，和第一章討論到的其他理論背景不同，美國的案例似乎有著多重成因：權力資源不足、缺乏盡責的「左派」政黨、缺乏統合性的利益調解，都導致了同一個走向。而在近來的研究中，美國則成了重要的極端案例，成為讓我們可以區分去管制和二元化，以及區分去管制和鑲嵌式彈性化的參照點。但要辨明這些差異，還有評價資本主義類型學的學者和批評者宣稱的因果關係，就需要評估與上述兩種理論所持主張相異，最好同時違反兩者的國家發展。德國和丹麥的狀況就提供了這樣的機會。

二、德國的勞資關係：朝二元化漂移

表面上，德國的勞資關係看起來為資本主義類型學理論提供了明確的支持。這是一個典型的協商式市場經濟體，七〇年代陷入危機時，廠商為維持高技術和高品質的產品，而採取大筆投資的競爭策略。和資本主義類型學的邏輯一致，當時國際市場的競爭加劇很可能讓製造業部門的勞資雙方更加合作，從而支撐起協商式的工資談判、以及廠商級勞資合作等傳統制度與實務。許多觀察者因此有了充分的理由，將部分德國當前強力的經濟表現歸功於出口部門一直維持著堅強的社會夥伴關係。

矛盾的是，製造業緊密的勞資合作在許多方面反而加深了核心產業之外遭受的侵蝕；在這些產業裡，工會和傳統的談判制度從來未能真正紮根。兩者的勞資關係最晚自九〇年代中期就愈見分歧，在穩定的核心產業裡，傳統制度和社會夥伴關係仍然屹立不搖，但在以服務業為主的新興邊陲產業中，較弱勢的工會與僱主的鬥爭，使得雙方在勞資關係上的利益和工業截然不同。這兩個無法交集的體系可說是彼此互為映照——製造業一直保持著穩定，跨階級合作愈增緊密，同時以服務業為主的其他領域則是衝突與日俱增，談判涵蓋率又低。我會在以下段落依序瀏覽這兩者。

核心製造業的穩固

大部分自由化論著所環繞的論點是，全球化讓僱主有理由和機會逃離過去「僵硬」的集中化談判安排。他們有尋求改變的強烈動機，因為國際市場上激烈的競爭令他們不得不盡一切手段壓低勞動和其他生產成本。同時，全球化也和資本流動性的提升有關，這讓資方有機會為了這些需要，依自己方便撥弄力量的天秤，而工會因為受限於國內，只得用退讓的方式回應廠商出走或倒閉的威脅。

但德國受全球化影響最深的的產業並不符合這個設想。眾所皆知，製造業的存續端靠出口，但出口產業是德國傳統體制最健全的領域。多年來，製造業的僱主們都毫無保留地捍衛著產業級的集體談判，這樣他們就能讓工資談判和相關衝突遠離工作場域。他們一直強調德國需要有能力執行相關政策的強大產業工會；而他們支持全產業級談判的理由，也是因為有助於維持勞動市場的秩序和可預測性。

德國的製造業廠商深明與強大統一的談判對象交易的好處。這解釋了為什麼他們對二〇一〇年勞動法院（Labor Court）的裁定反應冷淡。該裁定讓新興的競爭工會有權與占主導地位的產業工會並行運作。這顯然偏離了過去多半維持「一家公司一個工會」原則的法院判決。金屬工業的最大工會 IG Metall 一直都和偏保守、規模較小的基督教民主主義金屬工人工會（Christian Democratic Metalworkers' Union）糾纏不休。因此，該裁定本可能會被認為是在邀請僱主們利用這場競爭，來逼較大、較強硬的 IG Metall 退讓。然而，金屬產業僱主協會（Gesamtmetall）的常務理事 Ulrich Brocker 卻毫不領情地批評法院判決結果。他主張「如果工會間的競爭不斷挑戰廠內的和平，我們就會失去支部門協議（branch agreement）所帶來的最大優勢」。德國僱主協會總會（The National Association of German Employers [Bundesvereinigung der Deutschen Arbeitgeberverbände]）的主席 Dieter Hundt 也公開對工會分裂和競爭表示擔憂，並以英國為例警告這對工業可能造成的傷害。德國的全國性工會聯盟和中央的僱主協會都同聲譴責了法院的判決，主張集體談判的自主性和支部門協議一直是國家產業競爭力的核心支柱。

製造業的合作關係在工廠內部更是緊密，大型廠商尤其如此，職工委員會（works council）發揮了強有力的共同管理功能，要是沒有他們的積極合作，生產很快就會陷入停滯[12]。這個層級的工會代表能和僱主共享公司成功的豐碩利益，而雙方都會極力避免足以損害公司在國際市場地位的衝突。這份共享利益反映在九〇年代以來，公司層級的「就業與競爭力協議」（betriebliche Bündnisse zur Beschäftigungs- und Wettbewerbssicherung）不斷增加。這些協議要求資方保障員工的工作，以此交換作業彈性，特別是工時上的彈性（Hassel and Rehder 2001）[13]。連二〇〇八年金融危機時期的出口市場崩潰也沒有摧毀這些協議；事實上，多數的勞資雙方都把危機看作是更新彼此諾言的機會。比如說，在最低迷的時期中，戴姆勒汽車（Daimler）就保障了其德國境內最大工廠所有員工的工作將維持到二〇一九年。西門子同樣承諾其德國境內十二萬八千名員工的工作至少能持續到二〇一三年。

過去的研究讓我們知道，緊密的局部合作有時會讓產業級的協商變得複雜[14]。但是，職工委員會龐大的法定權利也同時支撐著產業級的工資談判，因為德國的僱主們最重視的就是把分配議題從工廠排除。也因為勞工在廠房層級擁有高度有效「暫停工作」的實力，廠商便偏愛產業層級的談判交易。相較於瑞典和丹麥的僱主不懈且成功地推行工資形成（wage formation）的去中心化（稍後探討），德國製造業的僱主並未放棄產業層級的談判，包括嚴格限制僱主該如何在個別員工之間分配加薪的工資級距（wage scales）[15]。 實際上，二〇〇二年以後，金屬工業的薪資談判在某些方面變得更具協調性，因為僱主協會同意了工會一直以來的要求，統一藍白領勞工的薪資級距。這個發展和北歐正好相反，當地從九〇年代以來，個別地區對於當地甚至個人層級的加薪分配擁有更大的裁量權。

近期的金融危機最能展現德國工業部門堅強的社會夥伴關係。危機的跡象一出現，IG Metall 和金屬產業僱主協會就共同要求政府立法延長現行的短工津貼（Kurzarbeit：暫時性工時下降的津貼）給付期，以避免裁員[16]。這讓短工時勞工能獲得補助的時期，從六個月延長至十八個月。二〇〇九年的工資談判又繼續補充這些發展，議題圍繞著廠商在政府工資補助金額之上應該另加多少。其中最慷慨的是化工業的談判協議，增加後的補助額可達淨正常薪資的93%，不過金屬工業也談判出接近的結果。

隔年，產業界仍感覺得到危機的影響， IG Metall因為不願提出任何加薪要求而登上頭條：一個「願意妥協」的工會。該工會將焦點改而聚集在就業保障和技職訓練，為一輪不尋常的共識談判鋪路。經濟的回彈快得出乎意料，讓僱主有餘裕自行提起之前延宕的加薪，以回報勞工對公司利益所做的犧牲。戴姆勒的勞資關係總監 Wilfried Porth 把此舉定調為對勞工協助公司度過危機的回報：「德國員工的奉獻是戴姆勒能迅速恢復的重要原因。」。

總而言之，德國主要出口廠商對傳統制度和社會夥伴關係的持續投入令人驚訝。製造業的僱主沒有趁機攻擊傳統的勞資關係安排，而是從既有的談判架構中尋找彈性，與強大的職工委員會維持結實的合作關係，甚至同意產業工會一直要求的藍白領薪資級距統一。德國社會夥伴的合作在近期危機中受到廣泛讚賞。基督教民主聯盟的勞動部長 Ursula von der Leyen 便誇口：「社會夥伴的合作無間在這場危機中拯救了許多工作」。

然而，廠商之所以能一直與強勢工會在產業和工廠層級妥協，在許多方面都是因為有核心工業之外更有彈性的勞資關係在支撐（參見第四章）。那些能夠穩定工廠和公司層級就業的地區級協議，經常伴隨著某些之前由公司提供的服務——從食堂到清潔——被外包給廉價供應商。同樣的，保障核心技術勞工的就業，也意味著更常使用臨時派遣公司來處理非技術性工作。在多數國家，使用臨時派遣工集中在服務業，但在德國卻是製造業用得更普遍，34.8%的臨時工作用於製造業，相對之下，只有15.5%用在服務業。以賓士汽車在韋爾特的員工組成為例，約有10%的人力是臨時工；在另一家汽車工廠，比例則將近三分之一（29%）。自二〇〇三年起，德國的勞動法就允許派遣工在要派公司裡無限期延伸其工作，而將近一半在大廠商工作的派遣工，都會藉由續約而長年工作。大量使用派遣工讓廠商在應付生產波動時有所緩衝，並省下不少人事成本，因為派遣工的薪資平均比正職員工低了25%到30%[17]。也就是說，核心勞工的穩定就業和邊緣勞工的彈性就業，其實是硬幣的兩面。

在邊緣漂移

德國的談判涵蓋率維持得遠比美國等自由放任式市場經濟要好得多，將近70%的勞工依然受到工會契約的涵蓋[18]，這和美國差不多10%的涵蓋率簡直是天壤之別。不過德國仍確實存在侵蝕的跡象，核心製造業之外盛行的是另一套勞資關係模式。在服務業，工會組織率約在10%到20%之譜（相較之下製造業則維持或超過50%），而且即便這些部門的就業人口在成長，工會組織率也沒有跟上，反而經常下跌。德國主要的服務業工會在二〇〇〇年合併成單一的聯合服務行業工會（United Services Sector Union, ver.di），正反映了這股跌勢。所有五個參與合併的工會在九〇年代都經歷了會員數下滑，下滑幅度從白領勞工工會（Deutsche Angestellten Gewerkschaft, DAG）的18%，到零售銀行保險工會（Gewerkschaft Handel, Banken und Versicherungen, HBV）的36%。因此這次合併有部分是為了共用資源和避免成本高昂的管轄權衝突（jurisdictional conflicts）。

在德國這樣的環境裡，僱主組織對談判涵蓋率的重要性遠勝工會成員，高階的僱主組織足以抵銷弱小工會的存在[19]。銀行業就是這樣的例子；即使工會一方的組織率不高（私人銀行大約是 14%），但整個銀行業集中在屈指可數的主導者之間，他們共僱用 90% 到 95% 的從業人員，而他們仍願意與彼此和與工會協商，以防國家插手。結果是，即便工會組織率不高，德國西部的涵蓋率仍有 85%（東部則有 59%）。私人銀行僱主協會（Arbeitgeberverband des privaten Bankgewerbes, AGV Banken）的集體談判負責人口吻和製造業的代表差不多，他強調，全面性的部門規模集體談判的好處是能確保競爭限度，「每家大銀行無疑都如此期望」。

然而，銀行業是服務業中的例外而非常態，因為其他部門的廠商不是缺乏組織，就（更常）是另有需求。在資通訊科技等高技術產業裡，並不存在統一的集體談判機制。有些工作者受部門級契約保護，有些則是公司級契約，但許多人根本身處這些機制之外。而低技術產業（如零售和餐旅），部門的分界比較清楚，也存在產業級的談判架構。對這些行業來說，集體談判涵蓋率的下降多半是因為廠商退出僱主協會，或是從一開始就沒加入過。

能擴展勞方利益集體代表權的傳統機制，在組織不良的部門裡無能為力。一直以來，德國的勞動法有個特色，是允許政府利用「拘束力一般化宣告」（allgemeinverbindlichkeitserklärung, AVE），在特定情況下可將集體談判的涵蓋性擴及無工會組織的廠商。只要產業裡至少有 50% 的員工在受產業契約涵蓋的廠商工作，契約任一方都可以向政府請願，要求宣告其條文具有普遍約束力（也就是能約束非會員廠商）[20]。在過去引用這個規定沒有什麼困難，但現在製造業以外的關鍵產業的僱主們卻反對動用延伸條款[21]。舉例來說，零售業的集體談判向來都會被宣告為一體適用，但從二〇〇〇年開始，德國零售商協會（Handelsverband Deutschland, HDE）就以不同意他們認為過時的工資級距和工時安排為由，阻擋延伸條款。在另一個低薪部門餐旅業，少數幾個談判地區則接受了約束力一般化宣告使用在契約架構，但不接受使用在工資的部分，而餐旅業是德國工資最低的行業之一。

這項趨勢固然部分反映了服務業廠商的利益，但核心產業以外的集體談判萎縮，部分也是受那些享受廉價服務業的製造業僱主鼓動所致。約束力一般化宣告的申請必須得到公平委員會（parity committee）的同意，該委員會由請願產業之外的工會和僱主協會各三名代表所組成。工會一般都會支持使用延伸條款，不然就會毫無涵蓋。但委員會的僱主代表——毫無例外的，裡頭必定有來自產業界的代表——如今卻積極限制延伸條款的使用，他們認為延伸條款限制了廠商選擇是否加入契約的自由[22]。但引人注意的是，有一個領域是僱主們亟欲進行集體契約談判的，那就是派遣工。在德國的勞動法裡，為同一廠商從事相同工作的勞工，應享有相同的薪水，除非他們受到不同契約所涵蓋。由於製造業特別依賴臨時工，因此僱主一直渴望能和各工會分別達成協議。這解釋了為什麼即使工會組織率特別低（據估算大約只有5%到16%），這些非典型工作者的涵蓋率卻高達百分之百。

德國的勞資關係模式可以被歸類為二元化的範例，這種模式的特徵是在（依然重要的）核心經濟內具備強大的涵蓋率和集體代表制，而伴隨著特定區域和特定部門的策略安排而興起的「補丁行業」（Flickenteppich），則具有「一大片缺乏最低標準約束、不受薪資設定規定的領域」。我們在製造業觀察到廠商之間的協調，以及工會與僱主間的合作都明顯增強，這和資本主義類型學的邏輯一致。雖然資本主義類型學認為，這些合作的反饋都能積極正向地穩定既有體制，但嚴格來說，這些合作早已產生了動搖社會的強烈副作用——那就是讓受這些安排涵蓋和保護的勞工，以及沒有享受到的勞工之間的差異更形惡化。

集體談判的涵蓋率受到侵蝕，對德國近年來低薪部門的持續成長，扮演了重要角色。OECD 對低薪勞工的定義是收入低於中位數三分之二的人；在一九九五到二〇〇八年間，他們的數目從四百四十萬提升到超過六百五十萬，成長將近 50%。德國低薪全職勞工佔所有全職受僱者的比例，從一九九三年的 13.8% 提升到二〇〇三年的 17.3%。根據聯邦就業局（Federal Employment Agency）的統計，到二〇一〇年為止，低薪部門佔全職僱員的比例已經超過了 20%。要比較的話，德國遠遠超過了北歐國家（如丹麥的 8.5%）和荷蘭等基督教民主國家（17.6%），與英國（21.7%）、美國（25%）等自由放任式市場經濟體的水準相同。

在德國，二元化大部分是因為制度漂移，是人們的就業從（工會強大的）製造業向（工會弱小的）服務業轉移而逐步發生的「自然」結果。就像一開始說的，工會會員大體上仍反映了六〇年代的就業結構，以製造業為根據地，在服務業中代表性很低。[23] 在僱主一方，這些趨勢雖不那麼明顯但也差不多，製造業以外的組織程度都很低。如圖 2.3 所示，比起核心製造業的工資，服務業的勞動報酬一直穩定下滑，尤其是自八〇年代以降。

德國勞資關係的二元化展示了漂移而成的變遷模式：不像美國，德國的工會組織和傳統的談判制度並未直接受到打擊。變

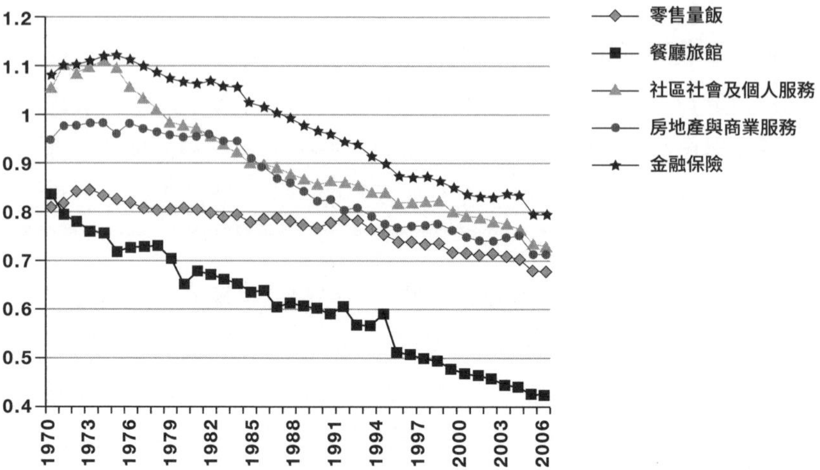

圖 2.3　服務業時薪占製造業工資的比例。

來源：Hassel（2012: 15）。

遷發生的過程更為安靜漸次：由於工會孱弱的部門就業比例增加，集體談判的涵蓋率就「自然」縮水了。然而，漂移既然是一種政治現象，當然也有不太良性的疏忽成分，因為政治行動者也積極抗拒改革，而這些改革原本可以調整制度以因應政經脈絡上觀察到的變遷。德國近來對引入（原本沒有的）法定最低工資的爭議就反映了這一回事[24]。代表組織不良低技術勞工的德國餐飲工會（Gewerkschaft Nahrung-Genuss-Gaststätten, NGG）十多年來一直支持引進法定最低工資。二〇〇四年，德國新成立（也更全面）的服務部門工會 ver.di 亦表示贊成。而全國性的僱主總會——德國僱主聯合會（BDA）和德國工業總會（BDI）——則極力反對這些提議。不過直到最近，他們都不孤單，實力強大的 IG Metall 起初也擔心法定最低工資會對他們部門的工資造成下行壓力，因而反對這方面的立法。到了二〇〇六年，IG Metall 轉而強力支持全國工會代表大會上提出的解決方案，但其他製造業工會，特別是化工工會（IGBCE）仍堅持疑慮。

在反對最低工資立法上，德國的僱主們主張他們的態度並不是要打擊工會權利或傳統的勞資關係，而是在捍衛既有安排的精神，特別是明文寫在德國憲法裡神聖的集體談判自主原則——工資自治（Tarifautonomie）：「國家不應插手工資之形成……任何政府干涉……皆會損害集體談判自主及危害工資形成的傳統體制。」這個主張得到了一直戮力反對這類立法的自由民主黨（Freie Demokratische Partei, FDP）的共鳴。有些工會偏愛與社會夥伴進行最低工資談判，並擔心法定最低工資傷及他們的權力及特權，最後以更差的解決方案收場。他們也被這個說法所拉攏。

他們不斷爭論法定最低工資是否有其需要，而且要是真的有，到底誰會參與設定。這解釋了為何儘管先前的調查顯示絕大多數（86%）德國人都支持這個概念，但之前基督教民主聯盟的總理安格拉·梅克爾（Angela Merkel）提議訂立法定最低工資時卻未能成功。 德國僱主聯合會的主席 Dieter Hundt 斷然拒絕了梅克爾的提議，他的回應是：「我們不需要任何進一步的管制。」但勞工組織代表的回應也同樣慎重。ver.di 的主席 Frank Bsirske 和德國工會聯合會的主席 Michael Sommer 對整體概念表示樂見，但其他工會的主席則對細節表示擔憂。化工工會 IGBCE 的主席便指責基督教民主聯盟的提議是場「鬧劇」，而營建業工會 IG Bau 的主席則批評該項倡議「違背憲法」。[25] 然而，這些工會在二〇一三年又支持社會民主黨所提議，每小時 8.5 歐元的統一法定最低工資。

許多受最低工資立法影響的工作都是部分工時，這些工作也缺少標準的津貼福利。這些所謂的「微工作」（mini-jobs）

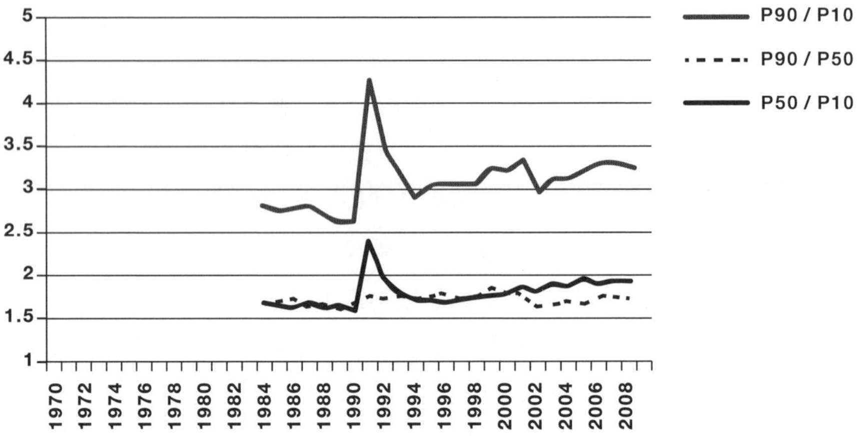

圖 2.4　德國的收入離散狀態（稅前及移轉前），1984-2008。

來源：OECD Stat 資料庫 。

（將在第四章細論）佔了德國新興低薪部門的一大部分。然而，如圖 2.4 所示，潛伏於德國勞資關係中的二元化也顯現在全職勞工的薪酬趨勢之上。忽略兩德統一時期的波動不計，我們可以看見 90/50（高收入對中間收入）這一組的比例從一九九二以來就一直很穩定，而 50/10（中間收入對低收入）這一組自九〇年代末以來，就從 1.7 上升到逼近 2.0。就算整體收入差距的程度不如美國的戲劇化，德國為防範低技術勞工的工資落後所做的努力，也不怎麼有效。收入倒數 10% 階層的財富減少（仍是相對於中位數），顯然與本段落所述低工資、低技術勞工不再受集體談判涵蓋的趨勢有關。財富分配中高階層的工資差異相較之下就穩定得多，部分或許是因為如前所述，領頭部門的藍白領工資級距連動，但也無疑是因為白領員工的組織率比高技術藍領勞工來得低的結果。

因此，一直以來助長著侵蝕德國集體談判的政治，比起新自由主義大肆進擊論的典型看法，要來得要更加複雜。一直以來，製造業工會之所以能成功（為自己）捍衛許多傳統模式的核心安排，其中一個主要原因正如資本主義類型學所強調的，是製造業的僱主們持續支持這些對他們在世界出口市場保持成功至關重要的策略安排。問題在於，主宰德國製造業的堅韌跨階級政治結盟，雖然在黃金年代曾是國內協商政治的核心，但目前已經沒有（僱主的）意願和（勞工的）能力去領導整個經濟體。

而變遷的政治並未如預期一樣依循我們在美國看到的，以新自由主義對傳統制度的打擊展開。相反地，儘管改革能夠處理工會涵蓋率正在遭受的侵蝕，他們仍全力阻礙改革的發生——而這正符合漂移的邏輯。他們對工資自治原則的捍衛勝於一切，不讓國家介入。結果，制度便在漂移中發生變遷；之所以如此，原因正是就業已經從勞工組織的工業要塞，轉移到其他傳統體制從未生根的領域，尤其是服務部門。

三、丹麥的勞資關係：鑲嵌式彈性化

丹麥勞資關係的趨勢在某些方面是德國的鏡像，也就是在正式制度上明確地去中心化，同時維持著高度的集體談判涵蓋率。七〇年代的統合主義文獻常提到丹麥高度集中的談判安排，還有縮小各部門內部和各部門之間工資差距的團結工資政策；但到了七〇年代末期和八〇年代，協商性的產業級談判就取代了全國級談判，隨之而來的組織變化也將工資談判帶往去中心化方向。如今丹麥有 85% 的私部門員工，領的薪水是由公司級的契約所設定，而大部分產業級契約只設定最低的工資樓地板，許多案例還完全沒有薪資條款。因此，丹麥的工資設定比起德國那些有組織的部門來得更為去中心化，而德國的產業級談判雖然會列出（通常是很詳細的）工資級距以決定如何調薪，區域性談判卻顯得鬆散、不正式。

過去二十年來丹麥勞資關係的趨勢只能歸類為自由化。在工資差距方面，雖然原本的不平等程度極低，但也在一九九〇到二〇〇八年之間提升了不少。集體談判制度的變化是由僱主們積極促成，而他們改造丹麥勞資關係的行動，一開始是受到出口部門技術勞工工會的教唆，還有八〇年代致力推行新自由主義的資產階級政府的支持，但這些變遷與英美式的去管制和德式的二元化都有所區別。美國的工資個人化，是與工會崩潰及集體談判衰弱攜手並至，而丹麥仍保持著很高的涵蓋率，工會也在仍具高協調性的程序架構內，負責工資彈性化條件與程度的談判。協商式談判限制了因公司獲利能力所導致的工資差距（因而壓迫廠商必須提升生產力），但也允許因教育程度和對人力資本的投資而有所差異。統合主義的政策和行動者並未因薪資去中心化而被拆解，而是轉向新功能，承擔起訓練和親職假等議題，以處理新風險和照顧新族群（包含日漸成長於核心製造業以外的就業者）。

儘管歐洲大部分統合主義國家的特色是強調共識與合作，丹麥勞資關係過去數十年間的改變還是有著相當多爭議和衝突。相比德國在二元化中朝更不平等的方向漂移，丹麥的變遷——雖然最終將社會撐向更高程度的團結——卻有更多公開的衝突。團結工資談判於八〇年代崩潰，顯示出公私部門之間巨大的落差，也讓技術與非技術勞工之間的斷層重新裂開。在那段時期，談判相關安排的改變拉升了勞資衝突，也讓勞動組織和政府之間燃起了「暴戾的爭端」。

德國的改變是漸次到來，沒有大型的衝突，之所以會如此是因為輸家，也就是那些核心產業之外非技術、未組織的勞工，缺乏組織和代表。而在丹麥，談判的改造過程則相對混亂艱辛，因為這些輸家組織緊密，勇於反擊。雖然無法阻止團結工資談判制度崩壞，低技術勞工的代表仍成功抗拒那些會導致他們的獨立組織被併入技術勞工主導的產業工會之倡議。低技術勞工工會在全國總工會，也就是丹麥工會聯合會（Landsorganisationen, LO）裡一直維持著影響力，並且與在相同組織內影響力日增的白領勞動者共同設定願景，將傳統安排的功能轉向新的目標和方向。這種轉變是基於一種政治交換，以接受工資形成去中心化為代價，來交換一系列無關工資的議題進程。結果產生了重新導向，集體談判從過去著重追求不同職業的薪資平等，轉向以供給面團結和保障所有勞工都有同樣的機會獲得好工作為目標。

丹麥勞資關係的危機和轉變

丹麥的集體談判在五、六〇年代和瑞典一樣十分集中，圍繞著在各部門內外均提倡工資平等的「團結工資政策」進行。丹麥的低技術勞工擁有獨立的工會[26]，而且事實上，從五〇到八〇年代之間，丹麥一般性勞工連線（Specialarbejderforbundet i Danmark, SiD）乃是全國最大的工會。SiD 以及同樣代表低技術員工的全國女性工會（Kvindeligt Arbejderforbund i Danmark, KAD），在全國工會聯合會裡發揮其影響力，全力推動要求對低薪族群提供額外加薪的協議。丹麥勞工的工資離散率因此明顯下降－在一九六三到一九七七年間，體力勞動者的工資離散率下降了54%，而白領勞工的離散率則在一九七二至一九八〇年間下降了26%。

丹麥的工資團結政策普遍被認為促成了七〇年代大量的經濟問題。六〇年代供不應求的勞動市場加劇了對製造業技術勞工的需求競爭，造成了明顯的工資漂移，因為丹麥的僱主們無法——也幾乎無意——阻止高收入級距的勞工在協議期間內得到更頻繁的加薪。然而集中化談判會緊跟著為低技術勞工加薪，結果造成即使失業率在一九七三年石油危機後有所提升，工資卻仍扶搖直上。這些發展造成丹麥飆高的通膨率，財政赤字也在整個七〇年代一路飆升到GDP的9%。

這些動力在工運內部的諸多戰線上，引爆了緊張的分配衝突：在享有和缺乏庇護的產業勞工之間、在技術與非技術勞工之間、在工運和僱主組織之間、在工會與左右翼政府之間，都爆發了衝突。七〇年代末的公部門預算削減，讓公部門勞工蒙受「相對工資的快速惡化」，因而發起了一連串示威和野貓罷工，但製造業的私部門工會卻鼓掌叫好，認為這是重建丹麥競爭力的必要之舉。因此七〇年代「見證了非勞力性的公部門僱員在（體力）勞工右傾的同時走上基進路線」。

丹麥七〇年代的勞資關係，和統合式談判能促進妥協及共識的想像正好相反，衝突的程度無以復加。每五場談判裡，有四場是靠國會強行制定工資的解決方案，才得以打破僵局。丹麥工會聯合會和政府之間儘管進行了大量廣泛的磋商，卻還是一再衝突，而政府愈加仰賴法定收入和限制性的高利息政策，來遏止通貨膨脹及匯率炒作行為。社會民主黨則日益分裂，左翼倒向公部門及低技術勞工（並且捍衛全國工會聯合會有關工資團結及生活成本指數化的政策），右翼則與高技術勞工站在一塊，特別是製造業，強烈抵制提高公部門工資。[27]

持續的經濟動亂和看似無解的政治僵局讓社會民主黨在一九八二年喪失執政權，由堅定的新自由主義改革者 Poul Schlüter 帶領中間偏右的聯合政府接手。Schlüter 在總體經濟和勞動市場政策上，做了幾個大幅改變，試圖穩定經濟，但也擺明了是要削減工會影響力和成員。在工會猛烈的反彈聲浪中，政府為積極對抗赤字和通膨，實施了嚴格的撙節計畫，社會夥伴間的協商因而被迫中止。其中最重要的變化包括將丹麥克朗釘住德國馬克、資本市場自由化、暫停根據生活成本指數化支付薪資和大部分公共性轉移，並以這些為核心制定一系列縮減公共支出的政策。

在 Schlüter 政府的頭幾年任期中，勞資關係非常動盪，因為僱主與技術勞工工會的政治結盟共同打造去中心化的談判機制，將原本全國級的談判降低至產業層級，此舉受到低技術勞工工會的頑強對抗。新政權一直等到一九八七年的《聯合宣言》才得以鞏固，該宣言常被認為是丹麥統合主義和共識建立的凱歌。這場和解標示了先前衝突與混亂的終結，但並不能掩飾其中確實有贏家和輸家。如同 Due 等人所提醒，主要的低技術勞工工會（一般性勞工連線 SiD）「激烈反對」全國級談判的終結。由於集體談判降至產業層級，兩大低技術勞工工會（一般性勞工連線和女性勞工工會）被區分到不同的談判領域，稀釋了他們的影響力。雖然這些工會有能力抗拒被產業工會完全吸收，但全國級工資談判制度的沒落，無疑代表一般性勞工連線就像丹麥工會聯合會一樣，「被貶為較不重要的角色」。[28]

資方的組織變化更加鞏固了這個發展，大體上防止了局勢恢復原狀。在一九九一年，金屬工業的僱主協會和其他不受保護產業的僱主協會合併，新的協會稱為丹麥工總（Dansk Industri, DI），囊括了整個工業部門[29]。工會多少被迫要適應相關的變化，以免影響力進一步下滑，因此到了一九九二年，不受保護的部門組成了工業僱員共同組織（CO-industri），做為工業部門藍白領工會的統一談判陣線。這些發展——工資團結崩解和談判制度重組——徹底終結了丹麥工會聯合會和丹麥僱主聯合會有能力統籌工資設定的時代。

新崛起的丹麥工總其中一個明確目標就是透過「一公司一契約」的形式，使談判更為理性，並將工資談判分散至公司層級，阻止工資團結重新回歸。丹麥傳統上有兩套並存的工資體制，分別是正規薪資（normal pay）和最低薪資（minimum pay）體制。在正規薪資契約裡，工資是在產業層級設定，並在更低的層級沒有任何彈性（也就是沒有地區級談判）。相反地，最低工資契約只設定不可打破的薪資樓地板，至於樓地板之上的規範則交予地區談判。實務層面上，多數勞工的收入都高於最低敘薪，所以受用工資樓地板的僅有一小撮剛入行的非技術員工。對於大部分勞工來說，最低工資和他們毫無關係，而他們的工資成長也全由公司級談判決定。

金屬工業一直都存在著最低工資契約，但該模式在丹麥工總領導之下廣泛普及。如表 2.5 所示，一九八九年後，正規薪資體制涵蓋的勞工數量下降，而使用最低薪資的勞工數量則成長了。在一九八九年，丹麥工會聯合會／僱主聯合會（DA）所轄領域的勞工有 34% 屬於正規工資體制，但二〇一〇年已經縮減到剩下 15%。[31] 此外，也有愈來愈多的集中契約不再設定最低工資。在這些所謂的無數字協議（figureless agreement）下，產業級契約完全沒有薪資條款，僅列出協議談判中應遵守的原則。如同表 2.5 所標示一樣，丹麥工會聯合會和僱主聯合會所轄領域

表 2.5　（丹麥工會／雇主聯合會所轄領域內）各種工資體制所涵蓋的員工比例

	1989	1991	1993	1995	1997	2000	2004	2007	2010
正規工資／normalløn	34	19	16	16	16	15	16	17	15
最低工資／minimalløn	32	37	13	12	21	23	27	57*	54
最低薪資協議／midstebetaling	30	40	67	61	46	42	35		
不定型協議／uden lønsat	4	4	4	11	17	20	22	26	31

* 說明：二〇〇四年後，最低工資和最低薪資協議被併為同一個分類。
來源：丹麥雇主聯合會，勞動市場關係部，2005；2013。[30]

的員工，在一九八九年僅有4%使用這類契約，到了二〇一〇年，比例已經增長到三分之一。

對比八〇年代從全國級轉向產業級契約時「紛擾的制度重組和政治衝突」，後續的去中心化無論在廠商還是個人層面都進行得更為安靜，「沒有太多盛大場面和徒勞忙亂」。

國家的角色與丹麥工會聯合會的再起

儘管工資談判愈來愈轉向個別企業，協商式的產業層級談判在丹麥仍有了重要的新功能。一九八八年丹麥勞資關係大危機時期，發生了一場關鍵的政治重組。當時製造業的僱主和工會主導了勞資談判，並達成一項決定整體經濟步調的協定，但低技術勞工無預警地動員起來，在地區層級對抗這份協定，並以明顯多數（56%）在認可投票（ratification vote）中否決該協定。以主要工業部門的社會夥伴協議為基礎的重要方案遭到否決，加上隨後的大罷工[32]，使得剛穩定下來的體制突然面臨危機。

這個問題部分源於資方協商代表從僱主聯合會變成工業部門的工總，所造成的齟齬[33]。一些大公司和屬於僱主聯合會的分會（如運輸、營造和服務等）抱怨，工業部門拖沓的談判進度導致他們的內部談判延宕。他們的領袖也對在集體談判中被降格至「觀察席」而不快。受到牽扯而與工會發生摩擦的商業／貿易業尤為惱火。

至於勞方也一樣，一些從屬丹麥工會聯合會的非製造業工會，對於自己的契約內容和條款是由工業所決定而大為不滿，因為兩者的成員基礎在各方面都差異甚大。他們譏諷地指出，那些在丹麥僱主聯合會下曾追求去中心化談判的僱主協會，一面對丹麥工總就繳械投降了。如同丹麥工會聯合會主席 Hans Jensen 的評論：「丹麥模式曾是個效率卓越的優秀模式。但是，支持這個模式的前提是社會夥伴在各自的部門裡進行各自的談判。如果決策過程失去……民主，這套體制就會崩塌。僱主聯合會應該謹記這件事。」勞方的其他問題則是來自從正規工資過渡到最低工資體制（也就是說公司級的工資形成有了更多空間）。從經驗上看來，在甫上路的最低工資體制下，產業級談判中主要談判夥伴所訂出的工資漲幅，大約會是預期漲幅的四分之一，剩下的則交由地區談判處理。但一九九八年的產業談判在模範協議中所提出的數字，卻讓許多丹麥工會聯合會的從屬工會成員大失所望。對製造業外的低技術勞工而言，這份薪資漲幅尤其微薄，因為工資團結的時代結束後，他們再也無法享有契約期內的不定期加薪，後者是為追上產業界的工資漂移。[34]

總之，丹麥工總和工業僱員共同組織而來的去中心化（但模式化的）談判背景，排擠了丹麥工會聯合會和僱主聯合會，也使得眾工會需要面臨一場龐大的挑戰，也就是「在工資和工時談判都被下放的時候，要如何在產業級協議中提供成員可見的好處」。丹麥工會聯合會解決這個困境的方式，是轉向處理非薪資議題。在下一個（一九九九）會期中，丹麥工會聯合會明顯將職訓當作新戰略的中心。這次從分配議題轉向供給面議題的轉變，和金屬工業工會（Dansk Metal）與一般性勞工工會（和女性勞工工會合併後成為3F）之間的交易有關。和八〇年代一樣，高技術金屬勞工可從地區層級談判中獲利，因為這些協議能讓他們得益於較高的技術溢價，而且不會被低技術勞工的工資補貼所造成的通膨拖累。同時，低技術工會「認為團結的技術供應（skills provision）是對抗全球化和低技術工作外移的壁壘」。換句話說，工資形成及工時的去中心化，顯然被用來交換「集體談判的範圍擴張」，在主要契約中加入工資之外的「其他保障形式」。

這項轉型可說是經國家之手促成，一開始是以立法方式結束一九九八年的衝突。不像德國的國家力量被禁止介入集體談判，丹麥政府有很大的權力來強行解決，手段包括連結不同產業的協議、強制進行直接表決（up or down vote），如果這些都失敗，還能以直接立法的方式來執行協定。政府在一九九八年直接施行的解決方案，告別了傳統（普遍）採納社會夥伴間所達成協議條件的做法。這個方案對丹麥工會聯合會來說格外優惠，他們代表製造業以外的族群利益，特別是婦女。在嘗試拯救談判合約及抵擋政府介入的（失敗）談判中，丹麥工會聯合會要求更多固定假日和更多親職假。政府的方案讓所有勞工增加一天休假，還有——對於以女性為主的公部門格外明顯的——多放兩天親職假（契約期間總共為三天），對公司造成的額外成本部分從稅務減免來抵銷，這讓國家每年要多花四億丹麥克朗。

國家之後的行動用了更多法定權力在集體談判中鼓勵並補助進一步的提案。在這個無法制衡丹麥工總主導工資的時代，這些作法讓丹麥工會聯合會和僱主聯合會找到了新的角色。雖然這些新契約一般仍會先用在領頭的製造業，但丹麥工會聯合會在制度上所維持的影響力，讓他們持續代表低技術勞工的分量，並保證在丹麥工總的場子裡所得到的任何非薪資議題的戰果，都能利及經濟體其他成員。這類非薪資議題的其中一個例子，是關於在集體談判中，將工作能力較差的員工派去從事所謂的輕工作（light jobs）。以前，資深勞工等群體受到各種法律條文所涵蓋，不過「只有在過去十年，各種『輕工作』安排才被加入集體協議」。除了這些以外，一份二〇一二年的協議也允許資深勞工將部分退休金轉用為減少工時（也就是年資假）。

另一個新加入集體談判中的議題則是技職訓練（這和勞動市場的關聯會在第四章討論）。既有的法規允許任何工作九個月的員工，都有兩週的無薪訓練假。不過，二〇〇七年的一份協議建立了一個共同管理的技能發展基金（kompetenceudviklingsfonden），以在訓練假中提供支薪。勞工可以請假受訓，並且得以長於兩週。如果該訓練是公司技能培訓計畫的一部分，勞工可以獲得全薪；如果不是，則能拿到85%的薪水。二〇一二年的後續協議則允許勞工「存下」三年的訓練週，累積六週的訓練假。另一個安排則是裁員前多出兩週的預警期做為訓練，這段時間的薪水由基金支付。

這些訓練協議是一系列休假方案的一部份，由九〇年代以來關鍵部門的社會夥伴所談判得出。它們雖然以法定權益為基礎，不過得加上集體談判達成的規章，才足以讓原本有限度的津貼成長到足以在休假中涵蓋勞工大部分的正常工資。大部分這些提議都要求簽署各方對共同經營的基金繳納資金，來為新的津貼籌資，這些發展讓廠商無法逃離產業協議。以訓練協議來說，廠商就被要求每年為每位員工存入一筆基金專款（一開始是35歐元），來支付任何有九個月以上年資員工的額外訓練。這些協議讓工會在社會政策中承擔了新的角色，同時因為共同管理基金，也和僱主建立了新型態的長期合作關係。[35]

這也讓丹麥的集體談判與國家的社會政策並行，同時有了補充的效用。比如說，附加年金（supplementary pensions ）對收入較高但職涯不連貫的專業人士，就特別有吸引力。事實上，Christine Trampusch（2007）就以丹麥為例，說明以集體談判津貼補償福利政策緊縮，在艱困的時期仍有辦法維持社會團結。當然，這些舉措是否能提升團結，很大程度上取決於集體談判的涵蓋率到底有多全面。像是在涵蓋率低落到只能涵蓋（有特權的）核心勞工的德國，用集體談判津貼取代法定權益的作法更可能加劇而非緩和不平等。Trampusch（2007）也同樣發現，集體談判津貼最能在丹麥、法國和荷蘭這些涵蓋率高，而絕非德國這種涵蓋率較低的國家，提升社會的團結。

丹麥現行的集體談判在其他面向上不止於補償，還彌補了國家力量的撤出。事實上，在兩千年代以來最突出的非工資議題中，令人印象深刻的是它們經常涉及非傳統的勞工族群，比如婦女和白領專業人士，而且涵蓋了新的風險樣態，例如在科技快速變革的時期維持技能，還有家庭與工作的平衡。比方說，二○○四年談判的主要議題就是親職假。女性政治人物的跨黨派聯盟要求社會夥伴在集體談判時處理這個題目，並強烈暗示如果沒有做到，就要針對此議題立法。已經享有這些安排的金屬工業勞工（以男性為主）痛斥這是政治介入集體談判的自由，不過（女性為主的）業務及辦公人員工會（Handelsog Kontorfunktionærernes Forbund i Danmark, HK）倒是大力贊同。最後，集體談判得出的協定是「有關分娩的產假和育嬰假，全薪期從十四週增加到二十週（男女皆適用）……以及為女性增加四週的『孕假』」。這份協議也允許雙親為十五歲以下子女就醫，得享有一週的全薪假。支應親職假的基金一開始分屬於各個部門——工業一個，其它丹麥僱主聯合會轄下的部門一個。但不久後這些不同基金就被合併來弭平女性僱員較多和較少的部門之間的差異。這造成資源重分配效果：從製造業流向服務業，以及從傳統的男性藍領流向女性和服務業員工。

鑲嵌式彈性化

先前段落中所描述的工資形成發展，顯然讓丹麥的勞資關係往自由化的方向前進。但我們在此觀察到的自由化類型，和美式去管制還有德式二元化都有所不同。不像美國，丹麥工會仍有強大影響力，只是他們的組織目標已經和先前不同[36]。也不像德國，丹麥核心產業之外的族群組織完善，而且一直透過丹麥工會聯合會在全國層級發揮可觀的影響力。德國的工會密度完全以男性藍領勞工為重心，所以當製造業就業減少時，工會會員也跟著減少。而丹麥工會除了製造業外，在服務業中，特別是女性勞動者之間也極有分量。在一九六六年，丹麥的婦女組織率是 53%，從大部分歐陸國家的角度來看簡直令人羨慕。到了九〇年代末期，婦女的組織率已經成長到與男性相仿（88%）。至於勞工運動組織中的女性比例，丹麥工會聯合會的女性成員也在一九五五年到一九九九年之間，從 20% 提升到將近一半。到了二〇〇八年，丹麥婦女已經成為勞工運動組織中的多數；反觀德國，女性工會運動者仍僅有男性的一半。還有，丹麥工會裡白領員工的比例從一九七〇年到九〇年代早期也一直穩定增加，讓業務及辦公人員工會取代一般性勞工連線，成為丹麥工會聯合會裡最大的工會。丹麥的高技術白領員工也有完善的組織，而且不像瑞典（見第五章），這些群體中的工會增長並沒有傷害丹麥工會聯合會，還加入了全國性的聯盟。[37]

丹麥工會聯合會裡不同族群的利益不只不是鐵板一塊，他們的內部衝突有時也會浮上檯面，變成我們看到的政治齟齬。國家力量是其中的關鍵角色，政府不只在勞資之間居中斡旋，也盡力在受自由化影響有別的勞動者之間維持連結。相較於德國的憲法徹底禁止國家介入集體談判的「自由」，丹麥的國家擁有更多解決問題的工具。丹麥仲裁院（Danish Mediation Institute）享有連動各產業協議的大權，而且以政府介入為要脅，通常也足以促成不同談判單位間的相對高度協調。[38]

這些連結可以提前制止分裂，有助於維持全國級行動者，特別是丹麥工會聯合會的影響力。儘管工資議價去中心化不斷蔓延，工資依舊維持相對平等，顯示了這些效益，以及工會（包括低技術部門）強大的代表能力。

圖 2.5 檢視了丹麥過去三十年間工資離散率的變化趨勢。忽

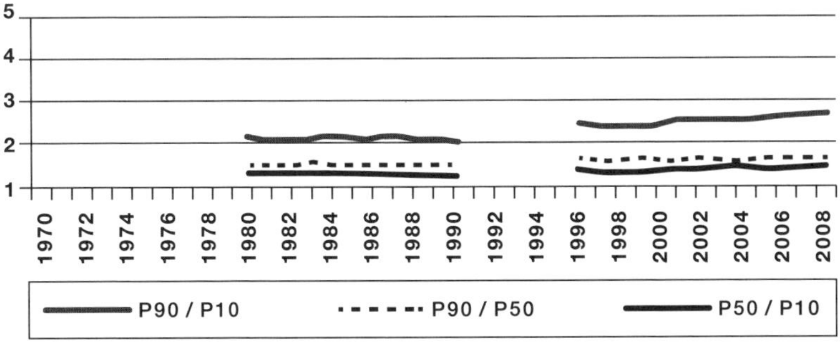

圖 2.5　丹麥的收入離散率（稅前及移轉前），1980-2008。

來源：OECD Stat 資料庫 。

略趨勢線斷層（無法取得資料的年份）的話，我們可以看見，在談判去中心化開始的一九八一年到九〇年代末之間，工資變得更加離散，儘管和德國以及（特別是）美國相較之下相當輕微，50/10（中間收入：低收入）和 90/50（高收入：中間收入）的比值在兩千年代仍持續增長。和德國底層之間的比較特別具啟發性。德國的 50/10 比值在一九九〇到二〇〇八年間成長了 23%，從 1.57 增加到 1.93；而丹麥在這段時間提升得較少（約 14%），而且到了二〇〇八年才抵達德國一九九〇年的 1.57。

丹麥中位數和倒數 10% 間的工資離散率成長較低，是因為整體的工會組織程度較高，以及勞方一直有全面的組織，這兩者都緩解了像德國那樣的二元化戰略。除此和薪資議題之外，國家在促進談判加入新的非工資議題上扮演了關鍵的角色，這些議題同時能處理收入光譜兩端的工會族群所面對的風險並照顧他們的利益。先前段落所提到的集體協議，包括退休金、教育、訓練和親職假在內，都是由國家所提出，以法定權益為基礎，再由集體談判協議來完成。有關這些議題的協議不只鼓勵勞資靠他們共同管理的基金維持合作，也在受自由化影響各異的族群間創造了共同利益。舉例來說，雙薪家庭和婦女都能得利於親職假，不管他們是白領專業人士還是旅館清潔人員。訓練假同樣能幫助勞工投資自己的人力資本，無論他們的立足點為何。

簡而言之，持續性的高度工會化，以及跨部門和跨高低技術群體的組織連結，對自由化所必然造成的離心力量產生了組織性的抵消力量。而統合談判的內容，在經政府介入予以重新定位之後，脫離了七、八〇年代分裂公私部門勞工（還有高低技術勞工）的工資議題，因而有助於挽回全國工會聯盟的地位。

四、勞資關係的自由化路徑

勞資關係制度的變遷路徑，在美國、德國和丹麥展示出三種不同的自由化。在美國，集體談判一直和穩定的跨階級聯盟不太有關係，而是建立在一組脆弱的權力平衡上，此平衡被雙重力量所沖垮：一是七、八〇年代的經濟動亂，另一者則是商業利益的強大聯盟所意圖的全面性去管制。結果就是工會組織潰決，集體談判的涵蓋率持續下跌。

相較之下，德國傳統的談判安排有更高的韌性。核心製造業裡強大的僱主協會和工會的支持，讓正規談判能一直保持高度集中。因此自由化在德國是逐步推進；不是透過直接攻擊傳統的談判安排，而是透過制度漂移。隨著在穩定談判結構外運作的廠商增加，以及愈來愈多的勞工不被集體協議的結果所涵蓋，既有的策略安排便逐漸喪失效力。

最後，丹麥則呈現了第三種模式——鑲嵌式彈性化。在這個模式裡，正式結構經歷了相當深刻的改變，薪資談判的去中心化認真說來也更勝於德國。在勞工和僱主之間、代表不同族群的工會之間、勞工組織和各派政府之間，這些重組產生了重大的衝突和紛爭。最後，非技術勞工的代表無法捍衛圍繞著工資平等化的傳統安排，但國家的介入協助了全國性勞工和企業組織，以更全面的協議將產業緊緊嵌合為一。傳統的談判結構並未廢止，而是轉向新的目標，從設定工資變成涵括更為廣泛議題的局部協調者。

註釋

1. 以下四個表格以 Jelle Visser 所收集的資料為基礎。愛爾蘭和紐西蘭被排除是因為 Visser 未收集到這裡所考量的四個指標（愛爾蘭缺乏所有年份的談判涵蓋率；紐西蘭缺乏二〇〇〇年後的談判涵蓋率）。

2. 亦見 Karlson（2010）。基於綜合幾個指標（工資設定集中度、聯盟介入工資設定的程度、政府介入工資設定的程度）所得的指數，他發現一些過去統合主義最盛行的國家 - 特別是瑞典、丹麥和荷蘭 - 連同屬於自由市場體制的英國，一起經歷了最大幅度的去中心化。而根據相同的指標，Karlson 也發現歐陸模式的變化顯得較少。

3. 更完整的分析請見 Thelen（2004）。

4. 如同美國勞工聯盟早期的領導者之一 Adolph Strasser 在一八八三年有名的發言：「我們沒有終極的目標。我們得日復一日地生活。我們的鬥爭是為了眼前的目標......我們都是實在的人。」

5. 這些議題主導了七〇末到八〇初的談判，而工會多半落敗。根據世界大型企業聯合會（the Conference Board）在一九八三年所做的調查，63% 的廠商在最近一次談判中從勞方手中取得工作規則的讓步。

6. 這些模式一直持續到近期。Brofenbrenner（2009: 10）檢視一九九九到二〇〇三年之間的發展後發現，由全國勞資關係委員會所監督的工會代表選舉，有 96% 遭僱主發動反工會競選，其中有四分之三係僱用管理顧問來協助。更甚者，他發現「有 57% 的選舉遭僱主威脅關閉工廠、34% 的選舉有勞工遭解僱，還有 47% 的選舉遭威脅減少工資和福利。在三分之二的選舉中，員工至少每週一次被迫和主管進行一對一的反工會面談。有 63% 的選舉，僱主要求主管進行一對一面談，審問員工或者其他人支持哪邊，並有 54% 用這些面談來威脅勞工。」他還發現就算是工會贏得選舉，有 **52%** 的工會「一年後還是沒有集體契約，而 **37%** 在投票兩年後依舊沒有。」

7. 在接下來的內容中，我會著重於工資不平等，但如果看整體報酬（也就是說，包括福利津貼）時，這個圖像會更突出。Pierce（2001）發現一九八一到一九九七年間，整體報酬不平等上升的程度比工資不平等還多，特別是健保覆蓋率的下降。他猜測「面對實質工資下降，低薪勞工選擇以較低附加津貼的形式，承擔更嚴重的薪酬下降」。

8. 當然，勞工的政治力量降低的意涵比起最低工資要來得更深遠，對各種政策（例如稅務政策和社會福利）的打擊效應，也會對不均程度產生深層作用。

9. 作者們也發現了非法反工會行動的證據。比如說，曾經申訴或嘗試成立工會的員工裡有超過 **40%** 都遭受過非法的報復，向僱主通報嚴重工傷的勞工也有一半受到非法的報復。

10. http://www.gao.gov/new.items/do9458t.pdf，及紐約時報 http://www.nytimes.com/209/o3/25/washingtonh5wage.htrn。

11. 全國勞資關係委員會當然可以自主行動。但是直到最近為止，五人委員會都因為共和黨拒不同意歐巴馬的任命而不足法定最低人數。

12. 除了透過職工委員會達成工廠層級的共同管理，大公司的勞工也在公司層級擁有監事會議代表。公司層級的共同管理常被認為有爭議，因為一些僱主協會領導人會在這個層級要求收縮勞工權利。不過，謹慎的研究顯示出，德國的經理人實際上對公司層級的共同管理並未持負面看法，而且也沒有改變的意願。

13. 二〇〇四年通過一項重要的產業級協議，也就是佛茨海姆協議，特別允許了開放條款（opening clauses）—允許工會和廠商的個別協議內容，偏離產業級契約的條款，以提供地方談判者更大的空間進行交易。

14. 可參見 Thelen and van Wijnbergen（2003）等。地方行動者無法執行產業領袖所要求的功能時，狀況就會趨於複雜。舉例來說，一九九五年資方發動的關廠就因為金屬業僱主聯合會（Gesamtmetall）轄下廠商的抵制而崩潰，這些公司不願在虛弱的經濟剛復甦時冒險與職工委員會起齟齬。而二〇〇三年叛逃的則是勞工領袖，當時 IG Metall 為了德東勞工發起的罷工，就受德西強大的職工委員會的抵制而崩潰，因為後者擔心持續中斷生產會影響廠商的競爭力。

15. 地區級談判沒有嚴格的規範，因此產業級的加薪就適用於產業層級所談判出的約定薪資級距（也就是說不包含地區級的工資漂流）。

16. 短工時工作政策將在第四章詳細討論。

17. 根據 Eichhorst and Marx（2012a）的統計，金屬工業的員工中有 4% 是臨時工，但在低技術勞工中，特別是在中大型廠商，這一比例要高出到 30% 到 50%。

18. 超過 50% 受到產業級契約涵蓋，另外 20% 受公司級契約涵蓋，而後者通常是直接照抄產業談判的協議。

19. 在德國，廠商所聘僱的勞工無論是否加入工會，都屬於和僱主協會談判的另一方，均受協議契約所涵蓋。

20. 受延伸條款涵蓋的領域和產業之完整清單，請見 Verzeichnis der für allgemeinverbindlich erklärten Tarifverträge Stand 1. Januar 2011。

21. 一般化宣告的數量或多或少正在下跌，從一九九一年有 5.4% 的契約被宣告一般化，到現在只剩 1.5%，而且多數都不涵蓋工資，僅是架構性協議。

22. 政府確實有可能不經平準委員會表明認可就行動。一九九六年通過的派駐勞工法（posted workers law, Entsendegesetz），就是設計來防範特定產業因外國廠商在德國市場內的行為而降低工資。根據該法，既有產業契約中的最低工資 - 涵蓋了至少部門內 50% 的勞動力 - 可以被宣告對整個部門（不只是德國公司，也包含在德國活動的外國公司）具有約束力。這條法律一直涵蓋營建業，也被營建相關部門，如電力業、相關手工業、油漆和大樓清潔服務等產業所援用。該法也涵蓋了郵務部門一小段時間，直到此適用在二〇一〇年被宣告違憲（Vogel 2009a）。最近新增的產業是照護和臨時工，但能被用這種方式涵蓋的部門數量非常受限於法條文字，不太有機會再擴增。

23. 在一九八一年，58% 的工會成員是藍領勞工，在二〇〇二年，這個比例還是超過一半 (51.1%)。白領成員的比例雖有成長（從一九八一年的 24.2% 到二〇〇二年的 32.5%），但仍落後於這些部門的就業成長。

24. 在我寫這本書時，基督教民主黨和社會民主黨正在就組成「大聯合政府」進行磋商。社會民主黨主要的要求之一，就是設立全國性的 8.5 歐元法定最低工資。

25. 此議題也在基督教民主聯盟（CDU）內引發激辯（Spiegel 2009）。二〇〇九年，政府通過禁止「不道德低薪」的立法。最初的《最低工作條件設定法案》（Gesetz Uber die Festsetzung von Mindestarbeitsbedingungen, MiArbG）可以追溯到一九五二年，雖然該法案其實並未被援用過。然而，缺乏組織的部門裡堪稱貧窮的薪資，讓此議題重新回到檯面。修訂後（二〇〇九年四月）的法條允許政府根據專家委員會提供的建議，為這些部門設定工資樓地板。雖然這個過程說得好聽一點也是遲緩拖沓。工會、僱主協會或邦政府都可以要求適用該法，而這些要求會先被給一個由七名「中立的」專家所組成的委員會，由他們決定這個手段是否必要。如果他們同意，那麼勞工與社會事務部會就會召集相關工會和僱主協會代表組成第二個委員會，來決定工資的水準。可能援用該法的領域包括客服中心和餐旅業，不過至今仍尚未被援用。

26. 這是丹麥職業工會勝利的遺產，意味著非技術勞工必須建立自己的組織。

27. Anthonson 等人（2010）主張，這些發展讓社會民主黨和丹麥工會聯合會過去的緊密關係產生了嫌隙，卻也在日後縮短了社會民主黨和其他中間黨派之間的距離，矛盾地促成了更為全面的合約。

28. 一般性勞工連線和另一個非技術勞工的工會——女性勞工工會之後協力合作，在二〇〇三年合併成 3F。

29. 儘管丹麥僱主聯合會已經沒落，丹麥工總後來靠著吸收更多僱主協會繼續成長，而且現在更囊括許多服務業部門廠商，超越了服務業和製造業的傳統分野。事實上，工總現在已經支配了僱主聯合會的執行委員會，甚至可以決定僱主聯合會如何使用其正式權力（如否決協議和要求關廠的權力）。

30. 最低工資談判「經常以『薪資加總（pay-sum）談判』的形式展開……工會代表會與資方就他 / 她所代表的勞工群體的薪資漲幅之加總數額進行談判」，但「談成的結果則由管理層（或主管）分配給員工；個別勞工的薪資漲幅可能差異會很大」，也就是根據個人表現或條件。

31. 仍然使用正規薪資制度的產業計有運輸、食品加工、紡織、清潔、餐廳 / 旅館和美髮業（感謝 Christian Ibsen 的澄清）。

32. 這場罷工持續了十一天，並直接涉及五分之一的丹麥勞工。另外有更多是受到間接的影響。

33. 拉扯的原因之一是丹麥工總和其對應工會「工業僱員共同組織」在一九九五年簽署了三年的的協議，而其他丹麥僱主聯合會和丹麥工會聯合會的附屬團體簽署的則是兩年的協議。丹麥工總很熱衷地想要將這些協議予以同步化，部分是時機的關係，但也牽涉了實際議題，因為工業部門在一九九七年沒有進行談判，導致退休金提撥落後其他部門。

34. 非技術工會的成員也反對變更有關提早退休規定的提議（見第四章）。

35. 感謝 Christian Ibsen 為我指出這點。

36. 不過仍有徵兆顯露出將來的問題。丹麥的組織率總共是 67.2%，逼近一九八五年的水準（69.8%），但低於一九九五年的巔峰 73.1%。但是，特別是在中間偏右的政府在二〇〇二年改革失業保險體制之後，丹麥所謂的另類（主要是黃色）工會 * 就節節增加，如果排除這些工會的成員，組織率就會下降到 59.1%。

37. 在瑞典，藍領和白領工會的分歧更為尖銳。丹麥在五〇年代就建立過一次白領聯盟，不過後來就一直停滯，在工會運動中掌握的規模僅有今天的 16% 左右。整體來說，丹麥工會聯合會比瑞典更成功地超越了傳統藍領的基本盤，在吸收新興族群方面也將觸角從低階辦公室人員延伸到其他白領族群。

38. 特別參見 Christian Lyhne Ibsen（2013）對丹麥國家調解之重要性的探討。

---

* 黃色工會意指收納了來自不同專業領域的受雇者與自僱者，不同於傳統工會有清楚的職業劃分與對應的雇主集團，因此黃色工會無法為其會員與雇主進行談判，收費也較低廉。

第三章

技職教育訓練

Vocational Education and Training

資本主義類型學論著的第二塊重要領域是技能形成；技職教育訓練是足以區分自由放任式市場經濟體與協商式市場經濟體的諸多互補性制度之一，前者的教育訓練體系以鼓勵獲取通用技能為主，而後者則提供高度產業或企業導向的技能訓練。這些差異的重要性不只在於經濟層面，也和本書關注的核心利益的政治及分配結果有關。在自由放任式市場經濟體中，教育階層化通常反映並加強了經濟上的不平等。而相反地，協商式市場經濟體裡發展完善的技職跑道，傳統上能讓勞動階級的青年有機會得到穩定而且薪資相對優渥的工作，尤其是製造業的工作。

朝新興「知識經濟」轉型，對兩種模式均帶來前所未有的重大挑戰。低技術製造業工作外包和生產及服務的自動化，轉變了這些政經體制所需要的能力和技術。相關變遷所牽涉的不只是從狹隘的職業導向技能，轉向更廣泛、更分析性的通用技能，訓練內容的更替也比過去更為快速許多。

我仍會從本研究焦點的三個案例在跨國架構中的定位著手。雖然技職教育訓練類型研究很少，不過 Busemeyer 和 Trampusch（2012）提出的分類方式可以當作一個非常有用的起點。他們從訓練制度的差異分出兩個向度，其一是對技職訓練的公共投入程度，所依據的是國家支持技職教育「成為高等學術教育的有效替代選項」的程度，並藉之促進學歷較差的青年融入教育和職場。其二則是私部門公司直接涉入初始技職教育訓練（initial vocational education and training, IVET）的程度。該論著用這個向度捕捉了訓練系統是以學校還是以廠商為基礎這種一貫的區別方法。依循這兩個向度來分類不同國家，就得到了表 3.1 所描繪的類型。

此處一個非常熟悉的模式再度出現：英美國家都聚集在左下象限（自由放任式訓練體制），這些國家對技職教育的公共投入程度低，廠商也不太參與。公立學校提供通識教育，青年要在畢業之後，而且大多是進入職場之後才獲得職場技能（如果有的話）。相對地，日本則是另一種我稱之為「分割主義」體制的案例：和自由放任式體制一樣，國家對技職教育的介入並不深，但因為以公司為基礎的職涯和長期僱傭關係，讓廠商在技能形成中扮演了更重要的角色。多數北歐國家則聚集在左上象限，他們的特色是對技職教育的高度公共支持，但廠商的介入相對較少。這些國家的典型特徵是「綜合」學校不會在中學就將學子分入技職體系，而是透過公立技職學校來支持技職訓練。最後，大部分的歐陸國家則集中在右上角——對技職訓練的高度公共投入加上廠商大力參與。這些國家在中學階段就進行分軌，引導青年進入技職或學術體系。在所有案例裡，廠商們都在技職訓練的供應上扮演了核心角色，這些訓練大多伴隨

表 3.1　技職教育訓練體制的類型

		廠商對初始技職教育訓練的參與程度	
		低	**高**
對技職教育訓練的公共投入程度	**強**	**集體主義，國家支持** 芬蘭、挪威、瑞典、法國	**集體主義，廠商資助** 德國、奧地利、瑞士、荷蘭、丹麥
	弱	**自由主義** 美國、英國	**分割主義** 日本

來源：稍微修改自 Busemeyer and Trampusch (2011: 12)。

著校內（school-based）訓練的成分。

回到這裡所探討的三個國家。美國在教育訓練方面一直重規疊矩地吻合自由放任模式，雖然其高等教育舉世欽羨，但技職教育卻幾乎沒有基礎建設，初等和中等公立學校的品質也參差不齊。相反地，丹麥和德國就符合與協商式市場經濟長期掛鉤的集體主義技職體制。在這方面，丹麥和北歐國家就有所不同，後者的主流技職教育是校內訓練。丹麥和德國一樣，初始技職教育訓練結合了校內訓練和廠內實習。而且在這兩國，社會夥伴（僱主協會和工會）在國家級的技職教育規劃和管理上，均扮演關鍵角色。

Busemeyer and Trampusch 關注的焦點是初始技職訓練，以及該焦點下的集體主義體制，而非成人或進修技職教育訓練（continuing vocational education and training, CVET）。他們提出了該訓練體制的四個關鍵爭論點：（1）誰控制訓練的內容和品質（監控議題）、（2）誰提供技能形成（校內和廠內訓練的平衡）、（3）誰為技能形成付費（廠商與國家的平衡）以及（4）技職教育和通識教育間的關係（兩個領域之間的滲透性）。

就我們目前的討論，以及環顧更多國家的話，有兩個問題似乎更為重要：一個是關於（給青年的）初級和（給成年人的）進修技職教育訓練之間的關係。在以前，最成功的技職教育體系，都與產業或企業導向技能的大量前期投資有關（也就是高品質的學徒制）。這些投資的成本一般都由廠商和勞工分擔，而投資成果也在勞工為廠商或產業服務的（長期）職涯中共享。然而，在科技快速變化以及就業轉向服務業的背景下，成人教育和進修技職訓練的角色重要性益增，因為能夠幫助勞工的技能不致過時，並且萬一碰到失業（特別是最脆弱的族群）時，可以讓轉職變得較容易。

第二，優質的訓練由誰掌控，變成了愈來愈普遍而且重要的問題[1]。是私部門壟斷了技職訓練，還是國家直接影響學徒制的供應額度？（特別參見 Busemeyer and Iversen 2012）技職訓練是廣泛易得，還是因為財政資源或其他因素而限量供應？在新興的知識經濟中，就業機會取決於人力資本的稟賦，因此獲得各級訓練的機會對經濟平等和社會團結就影響甚鉅。

我們在教育訓練政策上觀察到和勞資關係驚人相似的變遷路徑。在美國，教育政策的趨勢說實在只讓不平等更形惡化。六〇年代有些倡議試著想建立一些基礎機制，讓勞工階級青年可以獲取職業技能。這些倡議在九〇年代又再度浮出檯面。然而這些計劃的失敗，只強化了技能形成最好交付市場的觀念。國家因而撤除絕大多數由政府資助的訓練，採取了一條更不加干涉的「人人上大學」（college for all）路線，著重於提升各類高等教育的入學率。入學率雖然提升了，但學業完成率——特別是低社經族群的完成率——卻非常低。儘管存在著進修技職教育訓練和成人教育的機會，提供的卻是品質參差的社區大學，而且和未來就業前景的關聯也很鬆散。

相對地，德國的特色則是普遍且運作良好的學徒制體系。這個國家裡所有的行動者都集結起來，努力調整傳統體制去適應前述的新挑戰，訓練內容的不斷重組讓已經很優質的初始技職教育體系更加精進。然而，成功適應新科技和市場挑戰也增加了廠商提供學徒訓練的成本。因為德國經濟幾乎只靠私部門來支撐學徒制，這些發展導致訓練需要配給，而由於訓練機會和日後職業生涯的制度性二元化，新的不平等便隨之而生。此外，最近的重組顯然沒有解決德國一直以來在提供成人進修技職教育方面不足的弱點。在德國，幾乎只有已經就業而且廠商出於公司考量、準備進一步投資的勞工，才有獲得進修技職教育訓練的機會。相反地，勞工少有機會主動更新自己的技術，而讓低技術失業勞工接受訓練，提升重返勞動市場的機會所需的基礎建設，更是非常匱乏。

最後，丹麥因應經濟和科技變遷的辦法，是讓一些相關方面的訓練大幅自由化。丹麥過去二十年的改革就像德國一樣，拓寬了技能的內容。但也執行了一些德國強烈排斥的改革，在獲取技能的過程中引入新的彈性。讓訓練更容易取得的政策，包括將取得認證的過程模組化，並積極消除傳統上的各種分界，例如初始和進修技職教育之間、藍白領訓練之間、技術與低技術勞工受訓機會之間、以及對就業和失業者所提供訓練之間的界線。丹麥的體制自有其問題，但在這個案例中，國家積極地參與推動和資助非常廣泛的訓練工作。不像德國的訓練幾乎由廠商自願提供、且高度集中於向青年提供的學徒訓練，丹麥擁有制度完善、資金充裕的進修技職教育和成人教育體系，能提供終身的技能發展機會，也為勞動市場的邊緣族群開闢了重返職場的多重途徑。

一、美國的教育訓練

美國以優越的高等教育著稱，但品質低劣的技職教育訓練體系也同樣惡名遠播。我在另一本書曾探討過，美國的學徒制度因為某些原因，在二〇年代前就已告枯萎，只殘留在以營建業為主的少數行業裡；剩下由廠商資助的技能形成，主要都是（現在也還是）短期的在職訓練。不像一些協商式市場經濟體，美國在中學階段並沒有獨立的技職體系。相反地，美國的高中課程原則上都是在為大學做準備。然而，美國的大學註冊率雖然曾經領先幾乎所有國家，但如今多數先進民主國家已追上這段差距，甚至超越美國。美國現在仍名列前茅的，只剩下高等教育的高度階層化，階層頂端是世界級的菁英私立大學，底端則是品質參差不齊的公立社區大學。世所皆知，收入和教育成就在美國的關係密切——雖然它似乎沒有縮小性別差距——而教育階層化也反映並加強了其國內的經濟階層化。

過去曾有一些公共計劃試圖糾正這些問題，針對勞工階級青年的訓練提供支援，這類計劃現在幾乎全都被棄置。職業訓練曾是六〇年代詹森總統向貧窮宣戰（War on Poverty），以及九〇年代柯林頓政府試圖建設基礎技職教育時的核心策略，這些嘗試均告失敗，而我接下來將解釋原因。從九〇年代開始，教育政策的焦點變成提升公立學校的表現、透過引入教育券制度（「教育選擇權」（school choice））達成教育自由化、縮小成就差距、提升底層青年完成高中學業的人數，以及增加所有人上大學的機會。如我們接下來所見，入學率在過去二十年內大幅提升，但退學率也非常高，尤其是那些弱勢社經地位背景的青年。有鑑於此，美國一些敏銳的教育政策觀察者認為，當代完全圍繞在提升四年制大學入學率的計劃和政策，是一場「殘酷的詐欺」，掩蓋了最弱勢學生在課業上所面臨的根本障礙，而這些障礙才是造成他們挫折，以及有一大部分完全無法獲得任何文憑的主因。

我之前的研究曾分析在其他國家的技職教育正起飛時，美國技職教育卻凋萎的歷史過程。在二十世紀早期，差不多在德國優質的廠內學徒訓練開始制度化的時間點，美國的技職教育制度正被貶為「輸家學園」：美國教育不是為了勞動階級，而是為了中產階級學子的興趣和志向而規劃。公共技職訓練基金枯竭，有野心的青年被鼓勵對技職教育避如疫癘，追求更學術取向的教育，以求在鼓勵通用而非專門技能的勞動市場裡，開啟更多晉升機會。

這和德國形成格外鮮明的對比。在德國，優質的技職教育體制不只倖存下來，而且成長茁壯。政策規劃者不斷升級這套體制，以跟上科技和其他方面的變遷，因此技職路線始終很有吸引力，即便對傾向學術的青年也一樣。反之在美國，戰後時期所有強化技職教育的努力都以失敗告終。我追蹤了這塊政策的三個演進階段——從六、七〇年代結合技職訓練和勞動市場政策的倡議開始，接著是九〇年代嘗試建立一個強大的技職教育制度以解決製造業衰落，最後，注重大學入學率（但不見得重視畢業率），而且和後續就業機會沒什麼聯結的「人人上大學」方針，取代了技職教育。

夾在人力發展和「對貧窮宣戰」之間的訓練政策

戰後第一場針對技職教育改革的持續辯論出現在五〇年代。對多數其他富裕民主國家來說，這是一段非凡的成長時期，但美國的核心工業已經面臨競爭壓力。因此，當歐洲的政策規劃者在設計處理勞動市場嚴重短缺的策略時，美國要解決的則是失業問題，尤其是工業心臟地帶。政策規劃者認為主因是科技變革，而遭受嚴重打擊的地區之民主黨議員開始遊說立法行動，協助失業工人為未來工作機會做準備。伊利諾州的 Paul Douglas 和費城的 Joseph Clark 是地區重建計劃派的領導者，他們的提案得到國家人力資源委員會（National Manpower Council）的支持，該委員會在一九五五年所提出的一份重要報告，主張增加國家對職業訓練的介入。

這不是政府第一次在戰後嘗試進軍這塊領域。實際上，美國根據一九四四年的《軍人權利法案》（GI Bill），對實用職業訓練所投入的補貼已非常可觀。這份計劃最知名的就是鼓勵退伍軍人就讀大學並完成學業，不過事實上大部分老兵都是選擇拿補助接受技職訓練：「一九四四到一九五一年之間，共有兩百一十五萬五千九百八十八名老兵申請大學補貼，而同一時期申請職業訓練或在職訓練計劃的老兵則超過四百五十萬人。」這份計劃非常受大眾歡迎，因為中產階級也同樣受益，而且迎合了愛國情操。甘迺迪總統跟隨相同腳本，將結構性失業的問題納入新的「冷戰下必行之務」（也就是人造衛星挑戰），藉此加強政府對教育訓練的介入。其中一項結果就是一九六二年的《人力資源發展及訓練法案》（Manpower Development and Training Act, MDTA），這是美國第一項聯邦級的重大職業訓練計劃。

然而該法案從來沒有促成大量訓練[2]，其中一個原因是甘迺迪的繼任者詹森開始將更多資金分配給都市貧民。詹森對貧窮宣戰的核心戰術之一是職訓團（Job Corps），他在一九六四年成立該機構向弱勢青年提供支援。職訓團承襲小羅斯福的平民保育團（Civilian Conservation Corps），計劃目標是「藉由技職和學術訓練，協助（十六至二十四歲的）年輕人提升生活品質」（職訓團使命宣言）。其他計劃則是針對成年人的長期失業。比如一九六七年的工作誘因計劃（Work Incentive Program, WIN），就允許受撫養未成年兒童家庭援助（Aid to Families with Dependent Children）所涵蓋的福利領受者，接受職業訓練或預備訓練——不管是聯邦人力資源計劃還是不同來源的制度化訓練。[3]

詹森時期的勞動市場政策將在第四章詳細討論。目前脈絡的重點是，把政府資助、補貼的訓練，以及對貧窮宣戰計劃連結在一起，已經證明註定要失敗。不像以前在退伍軍人或產業勞工身上的嘗試，中產階級不願投資這項針對弱勢族群的計劃，而且他們對稅金被用在這些人身上感到憤怒。事實上，聯邦資助的訓練和福利政策緊密連接，反而讓原本要幫助的對象遭受汙名化。到了七〇年代，公共資助和補貼的訓練喚起了一種負面意象，人們認為該計劃的參與者「比起同樣有資格但沒有參加聯邦計劃的人，其實更缺乏工作意願。」向貧窮宣戰中大多數的訓練計畫，命運都和其他詹森總統立意良善的倡議相同，後來不是被放棄就是以簡化版本跛行上路。

後來有關訓練的措施就放棄了針對性，改為採取更寬廣的途徑。這些措施中最重要的是綜合教育訓練法案（Comprehensive Education and Training Act, CETA）。一九七三年在尼克森總統任內通過的這項法案，是為了因應美國中產階級的失業率攀升，因此同時包含了訓練和公職工作兩個部分。尼克森總統放棄了前總統詹森的集中化路線（直接由聯邦支援特定群體），將本計劃組織成對各州的綜合補助款。這項安排達成了期望中縮小政府角色的效果，但去中心化的管理也讓地方政客容易濫用這項計劃當作籠絡的工具。在失業率上升的時期，這項計劃偏離了其訓練部分的宗旨，多半被用來資助各種公共服務項目來拉抬就業率。綜合教育訓練法案於是在七〇年代末期涉及一系列的貪汙醜聞，資金在卡特總統任內被縮編，後來又被繼任的雷根總統完全裁撤。[4]

九〇年代的改革嘗試

雷根時期，小政府的政治修辭大行其道，技職訓練的改革也幾乎從八〇年代的議程裡消失。全國卓越教育委員會（National Commission on Excellence in Education）在一九八三年所發表關於美國技職現況的描述並不樂觀，但這種忽視依然持續著。委員會的報告——光是標題就不太吉利：《危機中的國家》——強調了缺乏技職教育訓練對美國經濟的衝擊。該報告的比較分析指出，德國和日本的經濟已經憑藉強健的製造業出口，從石油危機中恢復，而長期性技能短缺被認為是美國廠商無法跟上腳步的原因之一。美國勞動力技能委員會（Commission on the Skills of the American Workforce）在一九九〇年的後續研究——《美國的抉擇：高技術還是低工資》（America's Choice: High Skills or Low Wages）中，更直接指出美國教育體制的缺陷，特別在職業技能領域。

這份報告揭露美國和歐洲之間，在技能形成和教育上現存且不斷拉大的差距，和德國相比更是特別醒目。Christoph Biichtemann 等人（1993）發現美國只有 50% 的中學畢業生擁有某種高等技術文憑，大多數人只能從工作中得到短暫的訓練。作者們以德國做比較，強調兩個國家的青年在學涯上的各項重大差異。在中學畢業或輟學的第一年內，大部分的美國青年不是在工作（52%）就是在求職（10%）。在德國，大約 80% 的該階段青年都在接受某種類型的訓練。中學教育結束後五年的差距更是巨大，幾乎有 80% 的美國青年此時都已就業，只有 10% 在接受某種教育或訓練。相反地，40% 的德國青年五年後仍在接受某些訓練。這兩種就業模式會在大概十二年後相趨近，但當然德國青年屆時已擁有許多美國青年欠缺的技能。

在雷根的經濟政策下，政府沒有介入解決這些問題的餘地，只能完全信任市場。以結構性失業為理由介入怎麼看都缺乏實際意義，因為這段期間的失業率持續下降——儘管貧窮還是在增長，尤其是因為第二章所提到的，最低工資在雷根總統的兩屆任期內都沒有提升。經濟不斷成長，加上一九九二年民主黨的壓倒性勝利，為改革提供了有利的背景。柯林頓總統在第一個任期內曾提倡以德國為範本建立全國性的學徒制度。柯林頓的勞工部長 Robert Reich 長期推崇德國體制，並且對其非常了解。一九九四年的《建教合作機會法案》（School to Work Opportunities Act, STWOA）和過去的嘗試有著重大區隔。以前的計劃是針對弱勢族群，但建教合作機會法案的支持者則再三強調它是「至今為止最全面、無需資產調查的嘗試，可以幫助所有未完成中學學業的學生，無論他們的經濟背景如何。」這項法案著重於中學生以及高教銜接，它「處理了所有學生的需求，（同時也）『顧及』了『被遺忘的一半』的需要，這些人在高中畢業後不會立刻進入四年制大學就讀。」

Reich 部長把這項立法定調為教育和勞動市場兩者的雙重改革，並專門為了彌合美國勞動市場及教育訓練政策之間長期存在的鴻溝而設計，目的是立即嘉惠不打算升大學的青年，同時讓美國製造業再次偉大。其意圖不但氣勢豪壯，而且正如一敏銳的觀察者所述，法案的大半內容都呼應著一九一七年《史密斯—休斯法案》（Smith-Hughes Act）的論述，也就是美國上一次用學徒制度強化製造業的重大嘗試。兩次改革的支持者都強調既有教育制度無法讓青年為職場做好準備，兩次改革的支持者都強調面對科技變遷和國際競爭壓力時進行改革的急迫性，而且兩個法案都極力加強學校課程和廠商需求之間的連結。

從後見之明看來，這兩項措施都失敗了，但並不是因為沒有盡力。《建教合作機會法案》的施行有《國家職業技能標準法》（National Skill Standards Act）做為配套，該法要求建立全國職業技能標準委員會（也是參照德國制度）來負責確認可採用標準化技能的職務大類，以使訓練更為透明，並讓技能更具可攜性，且能跨越州界。但和一九一七年一樣，建教合作機會法案也因為廠商之間集體行動的問題，還有勞工組織冷淡的反應而擱淺。全國委員會所定技能標準的採用是自發性的，並且頂多只能懇求高等教育機構、僱主、行業公會和工會遵從他們所提出來的建議。和二十世紀初一樣，僱主間仍鬆散得無法執行標準化，而勞工組織則擔心聯邦出資的措施會和他們自己的學徒制計劃互相競爭，或是在反工會氛圍強烈的脈絡下淪為一種管理工具。

除此之外，《建教合作機會法案》也一直無法設定全國性的技能標準化和認證架構。由於教育方面的權限屬於州政府，聯邦政府最多只能指示各州自行制定符合當地背景的建教合作計劃。因此由該法案的聯邦資金所啟動的計劃，在二〇〇一年經費用罄後，能否延續就取決於州政府。雖然有些州繼續堅持，其他州多半都選擇任其結束。和以前一樣，有一大部份的問題出在老師和家長並不關注有志於技職的青年；最被極力動員的重點社群，卻更偏好將資源投入改善中學的整體水準，以及投資有興趣唸大學的學生。因此，柯林頓時期這套雄心遠大的技職導向措施就這麼安靜退場，至今沒有復活的跡象。

九〇年代以來的教育改革：「人人上大學」的承諾與陷阱

六〇年代針對下層階級的政治性計畫，還有九〇年代柯林頓學徒制倡議的失敗，導致這些項目都遭到揚棄，但其它教育政策的元素倖存了下來，雖然重點從強調職業訓練變成了擴大高等教育機會。這個主軸契合了柯林頓政府所擁抱的中間派新民主黨精神。在美國的社會脈絡裡，「教育擁有普遍性的特徵，這是補救性質的職業訓練所缺乏的……（而）中產階級早已非常注重高等教育。」因此當柯林頓總統在一九九四年以新民主黨精神贏得中產階級支持後，教育就成了《中產階級權利法案》*（Middle Class Bill of Rights）這套「無恥花招」中部分的核心元素。

和技職教育不同，高等教育是美國一直以來處於領導地位的領域。四十年前，擁有大學文憑的美國人比任何富裕民主國家都還要多，但如今情況已大不相同。圖 3.1 顯示了在五十五到六十四歲，還有二十五到三十四歲這兩個年齡層之間，擁有大專學歷者的人數比例。過去美國在此的領導地位，顯然已經縮水了；其他國家不只達到了相同水準，而且很多在這個指標上都已經超越美國。

另一件值得注意的事是，近來自由放任式市場經濟體和北歐協商式市場經濟體均處於前段班，而歐陸協商式市場經濟體

* 這項法案係針對家裡有十三歲以下兒童，以及高教學費支出家長的減稅措施。

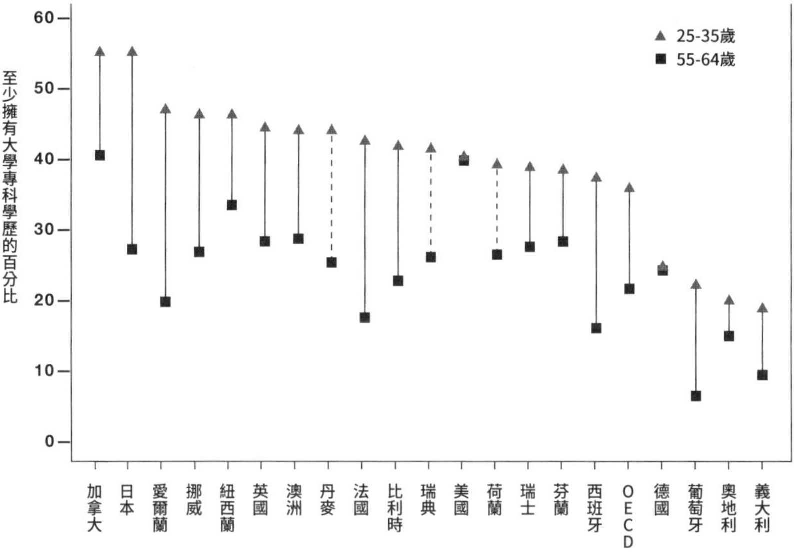

圖 3.1　各世代的大專文憑比例，2009 年

說明：　虛線代表在本分析中最主要的國家。

來源：　OECD（2011C: 30）。

則在這方面繼續落後（日本、法國和比利時則是醒目的例外）。協商式市場經濟體中進步最多的是挪威、丹麥和瑞典，而義大利、德國和奧地利這四十年來都沒有太多變化。

鑒於高階技能在新興的知識經濟中愈來愈重要，美國最近的教育政策便以讓學子準備上大學為目標。美國教育體制下的初等和中等教育嚴重參差不齊（而且許多機構在各方面來說徹底失敗），因此有些改革的重點就是提升弱勢小學和中學的表現。柯林頓總統在這塊領域的許多措施，都是在支持各州為公立學校的內容與表現發展出一套適用標準，包括進行各式各樣的測驗以建立品質指標。柯林頓的下一任總統布希以部份這些措施為鷹架，創立了備受爭議的《有教無類法案》（No Child

Left Behind Act），對學校設定成就目標，並懲罰沒有達到目標的學校。這些增進公立中小學品質的措施（包括歐巴馬總統的《奔向巔峰》（Race to the Top）計劃），都跟「人人上大學」這個圍繞著縮短成就差距、鼓勵學生在高中後追求更高文憑的遠大使命有關。

其實這些計劃在一定程度上非常成功，繼續尋求高等教育的青年空前之多：絕大多數（75%）高中畢業的青年確實都在畢業的兩年內進入大學。當然不同社經地位會有所差別，但即使考慮到這方面，數字乍看之下仍振奮人心。過去三十年間，申請大學的弱勢和低收入學生增加了一倍。在一九八〇年，高等教育新生中低社經地位背景的學生還不到三分之一（32%），到了二〇〇七年已經超過一半（56%）。有些人就讀的是四年制的教育機構，但社區大學在這股趨勢中扮演的角色更為重要。兩年制大學的入學人數佔所有入學人數的比例，在過去四十年間從 20% 提升到 38%。一九六三年到二〇〇六年之間，四年制公私立大學和學院的入學人數幾乎翻倍，但社區大學的入學人數同時期提升了將近七倍。

在沒有任何重要的廠商訓練、大部分公共訓練計劃又都失敗的情況下，社區大學實質上成為了美國當今核心的技職訓練機構[5]。需求增長驅動了社區大學地景的擴展和多樣化，（包括私立社區大學在內）不同類型的機構為不同的地區企業和當地人民提供服務。他們也為健康照護和資通訊科技等高成長產業的中等技能職位提供關鍵的訓練場域。

許多這些機構都採取基本上保證錄取的開放招生策略（open admission policy），這顯然是入學率提升的原因。然而，退學率也相當高，而且都集中在能夠從訓練中得益最多的低社經地位族群。Stephan 等人（2009: 574）指出，進入大學後的八年內取得任何一種文憑的學生只有一半左右，其中公立兩年制大學的畢業率又特別低。二〇〇五年進入兩年制機構的一般生（full-time students），只有 22% 在三年後完成學業。而在職生（part-time students）在三年後的畢業率，可以想見地更低（15.5%），雖然如果把時程拉長，這個數字會提高到 23% 到 42% 之間。[6]

簡而言之，圍繞著「人人上大學」標語所組織的計劃，實現的成果遠不及其願景。大量的美國青年都計劃就讀大學：二〇〇四年時，不打算上大學的高中畢業生還不到 1%，其他人都表示有志於此。雖然有一些只打算取得社區大學學歷，絕大多數（89%）都打算取得文學、藝術與社會科學的學士學位（B.A.），不過最後結果是大多數人轉而選擇兩年制課程。雖然開放招生政策因為提升入學率而被歌頌，Rosenbaum 指出這項政策意外造成高中成績不重要的印象。他的研究顯示，有百分之四十想上大學的學生不認為高中成績和他們的未來有關。這些學生上了大學後會訝異自己被編入補救班，而確實有大約 60% 的人如此，但這些課程並不計入文憑所需學分，因此有許多人感到氣餒並放棄學業。事實上，那些進入任一類大學就讀的低成就畢業生，退學率高達嚇人的 80%。

而且，在美國的低端技能市場，教育和勞動市場前景之間的連結，即使樂觀也只能說是薄弱。不像其它制度較完善的國家，對低社經地位出身的學子來說，美國的技職路線既沒有誘因，也缺乏出路，相信在校努力學習和往後工作前途兩者間沒什麼關係的青年通常是正確的。Rosenbaum 最受矚目的發現，是高中畢業生的僱主對他們的學校成績不感興趣。儘管一直抱怨高中畢業生缺乏基本的讀寫能力，美國的廠商卻對能夠協助分辨學生在高中是否認真念書的指標，表現出驚人的漠不關心。他們幾乎都不要求成績單影本，也認為老師的評分不重要或不可信賴，僅憑在面試求職者時（通常很簡短）所蒐集到的印象。左右他們僱傭決策最重要的因素，**76%** 認為面試「非常重要」，相比之下認為成績單「非常重要」的只有 **18%**[7]。計劃在畢業後進入職場的高中生，理所當然會因此對高中學業漠不在乎。

因此，比起單純缺乏對技職教育訓練的強力支持，美國的技能問題還要再更深層一點。Rosenbaum 也像我認識的其他人一樣，認為美國的學校體系存在著「悲劇性的反諷」，以此來總結美國教育情境。在這個體系裡，平等的理想所意味的是，政策規劃者「對創造一套有力的技職教育體系感到不自在，非得為所有學生提供大學預備課程」；這條路徑未必適合低社經地位出身的學生，因為它無法解決這些學生要在這種體制中成功所實際面臨的問題。

國家撤離與美國教育訓練政策的風險個人化

美國訓練政策的變遷路徑多半和國家不再直接資助訓練，並放棄那些處理社會中最脆弱族群需求的計劃有關。美國政府沒有承擔起責任，而是將一切交付市場解決，甚至連教育政策也不例外。在社區大學的層級，收取高學費的私立學校如今正與公立學校激烈競爭，以承諾畢業後能更順利就職來吸引學生。而在高中層級，公立學校競爭的對象也漸漸不只有私立學校，還要加上數量愈來愈多的特許學校。特許學校使用公共資金，卻不受一般公立學校的規範所管制（比如說多半沒有工會），入學人數在二〇〇〇到二〇一一年之間增加了四倍，到達一百六十萬之譜。

有時候，一些像「為美國而教」（Teach for America, TFA）、「知識就是力量計劃」（Knowledge is Power Program, KIPP）等非營利組織突然崛起於美國教育政策的地景，但這只是凸顯私部門行動者感到不得不追求主流公共政策之外替代選項的迫切程度。這些發展有部分毫無疑問提高了低社經地位青年獲得高等教育、還有之後競爭優良工作的機會。但是同時，如同許多觀察者所言，這類非營利教育組織無法、也沒有意圖去處理長久以來造成成就差距的深層結構問題。

總之，在技職教育訓練領域，美國的重點常常放在確保像是讓學生進大學等表面指標的短期進展，卻不太注意學生是否繼續留在學校或者是否吸收學習。最近的公共政策則強調高中畢業和大學入學，卻沒有注意前置準備，更違論成功畢業，這和我們在勞資關係上觀察到的風險個人化是同樣的模式，稍後在勞動市場政策（第四章）中還會再次遭遇。在像美國這樣原則上所有高中生都能上大學的體制裡，成功失敗都是一己的責任，教育階層化因此持續反映並強化了原先就存在的社經地位不平等。而且因為收入和教育成就首尾相銜，對已經完成高端教育與取得證照的族群來說，向新的知識經濟轉型將會強化他們既有優勢；相反地，正式學歷止於高中（或之前）的族群所擁有的機會結構，多半只有毫無前景的低薪、低福利或無福利工作，而且根本不可能得到進一步的訓練機會。

二、德國的技職教育訓練

相較於美國，德國的技職訓練體系一直被認為是該國政治經濟的冕上寶珠。多數觀察者把德國優質的學徒制模式視為其製造業部門在國際市場競爭力的關鍵因素，不過本章開頭提到的經濟和科技變遷，也同樣對德國造成重大挑戰。學徒制的起源是手工業部門，而工業依舊是德國訓練模式的傳統核心。但是，許多德國新興服務業部門——以及許多工業部門——的職務愈來愈依賴通用而抽象的知識，而不是過去定義著這套模式的產業或企業導向技能[8]。像德國這樣圍繞廠商資助所建立的訓練體系，隨著通用技能的重要性提升，也面臨愈來愈多新課題。

德國體制目前仍深受主要利害關係者的擁戴。事實上，很難想像有另一套政經制度能像技職教育訓練一樣，同時得到包括勞資、社會民主與基督教民主等各大相關派系的認同。過去二十年來德國為因應新科技和市場挑戰，不斷改革並在各方面調適成功；但是儘管表現出顯著而長久的功效，這個模式仍承受著巨大壓力，讓許多長期觀察者開始擔心它的未來。近來最重要的質疑不在於德國學徒制的訓練品質（不但優秀而且一直提升），而是圍繞在工廠內部訓練機會的數量問題。

德國在技職訓練方面主要的變遷模式和勞資關係差不多，都是朝二元化發展。和勞資關係一樣，我們也在訓練政策中觀察到核心產業內部的合作增強，以及讓傳統模式能夠適應新挑戰的強力合作。一部分的適應對策涉及訓練內容擴充的創新，通常也包括了延長訓練時間。這些不斷升級的訓練不僅大大支持了傳統模式，也維持著對德國青年的吸引力。

然而，同樣的措施也提高了廠商的訓練成本，讓廠商的參與程度跟著下降。製造業尤其如此——小廠商已經退出這套體系，而學徒制從未像工業一樣在服務業部門紮根。近年來培訓名額的短缺已經造成學徒制配給化，有些青年可以（像過去一樣）

佔到訓練位缺並接軌長期就業，其他人卻困在各種過渡性項目，不但得不到合適的學徒訓練，也無法穩定就業。此外，和初始職訓（IVET）相反，德國的進修技職教育訓練（CVET）一直都發展不足，未能佔得廠內訓練位缺的青年，也無法指望獲得後續訓練的機會。也就是說，德國訓練市場的早期劣勢會隨時間加乘，那些在職涯一開始沒能取得優質學徒訓練的人，找到的工作也不太有機會發展後續技能。

德國模式的支柱

德國技職訓練體系的基本特色相當容易總結。在德國，技術是透過廠內實習訓練形成，再由學校傳授較為理論的部分。這套體系具有強烈的集體主義特色，僱主提供廣泛訓練，符合由企業、工會和國家組成的委員會所設定的全國性標準，而非只是符合自己需求的狹隘訓練。這些特色讓德國體系不同於訓練主要來自工作而且專門服務公司的自由放任模式，也不同於像北歐一樣偏向校內訓練的模式。此外，也不像日本那樣訓練多在大廠商完成的分割主義模式，小廠商在德國學徒制扮演的角色相當重要。

在德國體系中，是否招聘學徒完全由廠商自主決定，不參與的廠商不會被徵收訓練稅（丹麥則會統一課稅，本章稍後討論）。但是招收學徒的廠商，無論是訓練品質還是內容都需要依循全國一致的標準。據此而生的標準化訓練回應定義明確的職涯輪廓（occupational profile）*，培養了相當豐富的技術勞

* 指個人完整的就業經歷、興趣、價值觀以及需求，技能輪廓指的則是技能、知識以及經驗的總和。

工儲備，催生出德國現今知名的高技術、高附加價值生產體制。勞工組織傳統上扮演的角色不只是管理和監督這個體系，更致力推展技能輪廓。比如說，在七、八〇年代，工會就成功減少了短期的兩年制學徒人數，要求更多職位採取更完善的三年學徒制。

德國這套訓練體系不只得到製造業的全心擁護，而且如前所述，也普遍受到整體社會的喜愛。因此，各個政黨和不同階級一直保持強力合作，為了升級技能輪廓不斷進行改革，並為新興職務創造全新的訓練項目。有許多跡象顯示，傳統模式成功地適應了科技和市場發展對新型技能的需求。不斷的升級和對更寬廣、更理論性技能輪廓的需求，讓訓練的平均長度從八〇年代中期的三十四個月，增加到一九九〇年以來的將近三十七個月。

過去數十年間，大幅改變德國訓練品質和內容的一波波改革，是來自社會夥伴間的共識而非衝突。在一九八四年，即使金屬加工部門工會和僱主組織為了縮短工時而僵持不下，仍順利完成了金屬及電子工業的職能結構重組談判。這次改革將原本分散的四十五個職位，整理成十六個更廣泛、更需要理論訓練的新職位，也引進了一些新式的四十二個月學徒制。二〇〇五年更進一步的改革將這十六個職位中的一部分合併成五種新職位，每一種的訓練都更為廣泛。後來的改變反映了現在即便是勞力工作者，也需要更為抽象性的能力。而同時在發生的，還有第二章所提到那場合併藍白領工資標準的集體談判。

三方組成的聯邦技職教育訓練研究所（Bundesinstitut für Berufsbildung, BIBB）從九〇年代末期以來執行了許多改革，更新了各種有關訓練的法令。這些改革涉及數百個職位的現代化，並在資通訊等領域中創造了數十種全新的職涯輪廓。在二〇〇〇年到二〇〇五年間就更新了七十六種職能，並多出了二十六種新的職能，單是二〇〇四年就有超過三十種，翌年又出現了數十種，這是「一九六九年技職訓練法通過以來最大的現代化進程」。德國學徒體制現在提供的三百四十四種訓練課程中，有四十三種是過去十年內出現的全新職務，還有一百七十一種被重新調整過，以適應科技及勞動市場變遷的現代化。

服務業部門的興起、藍白領工作間——當然還有專門與通用技能間——的界線模糊，為德國帶來特別的挑戰，因為中等教育體系的前提，是學生的早期分流，還有技職與學術雙軌間相對嚴格（但不是無法逾越）的區別[9]。傳統上，製造業會從技職取向的軌道吸收新人。這些學徒來自程度較低的中學（主幹中學 Hauptschule，約在十五歲畢業），和來自另一種中等程度中學（實科中學 Realschule，約在十六歲畢業）的學徒一樣，在小型手工作坊完成學徒訓練後，通常會在較大的廠商就業。這些學生幾乎沒有機會進入銀行、保險、傳播，甚或是許多健康照護等服務業部門成為學徒，這些行業幾乎都從程度較高的中學（文理中學 Gymnasium）招聘新人。

但即使是製造業，廠商現在也要求更高的能力，聘用更多有大學入學資格的學生。根據德國汽車工業研究的泰斗 Ulrich Jürgens 表示，德國的福斯汽車員工有一半都通過了高中會考（學術路線的中學文憑）。工業界廠商同時要和大學及服務業部門競爭，因此他們也努力提升學徒制的吸引力，吸收更有學術傾向的青年。其中一項措施牽涉到和高等教育機構締結新的廠際與勞資合作形式，在高等教育和傳統廠內技職訓練的交集點上，創造混合性的教育機構。這些機構在各州各有不同的名字（比如技職學院或雙軌研習學程）。

這些雙軌研習學程一開始是在六〇年代末期的巴登—符騰堡進行實驗，當時的大公司擔心，新開闢的大學入學管道會讓青年對比較傳統、由廠商資助的訓練減少興趣[10]。戴姆勒—賓士、博世和羅倫茲標準電子企業共同資助了第一所技職學院，成為傳統大學模式的替代選項，透過贊助他們自己的理論訓練，在某種程度上將大學的元素調整並吸收至學徒制體系裡。最近，一些地區現有的應用科技大學（Fachhochschulen）已經開始和當地廠商合作，以他們協助設計的課程為基礎提供雙軌研習學程[11]，參加的廠商可以藉此影響他們對高級技術人員的訓練，投入各式各樣的課程，以及完整控制實習的部分。

雙軌研習學程無法直接申請加入，必須先成為合作廠商僱用的學徒。這類訓練需要在理論取向的課程和提供訓練的廠商實習之間輪調三個月，很受走學術路線的青年（還有家長）歡迎，因為可以同時取得較高的教育文憑（一般是工學或科學學士）和職業認證。不像他們的大學同儕，雙軌研習的受訓生能領到學徒工資，畢業後也常能獲得該廠商的聘僱。對廠商來說，這套系統能維持技職訓練對高學業成就青年的吸引力，僱主也能在提出長期僱用合約以前，先行了解個別學徒。透過這些計劃，廠商能避免因高學術成就青年進入大學而流失人才，也能夠以廠裡的實務經驗補足學生的理論訓練，這樣他們一完成學業就能對公司有所貢獻。雙軌學徒制的絕對數量一直不多，二〇一〇年申請這類計劃的學生僅逾五萬人。但是，這類計劃已經變得愈來愈有吸引力，二〇〇八年的金融危機發生過後更是如此。事實上，如圖 **3.2** 所示，兩千年代雙軌研習課程增長的速度，明顯快過傳統的大學學程。

一九八二年，巴登—符騰堡首先將技職學院承認為邦內高等教育系統的正式機構。從此以後，以此為基礎的模式便往各

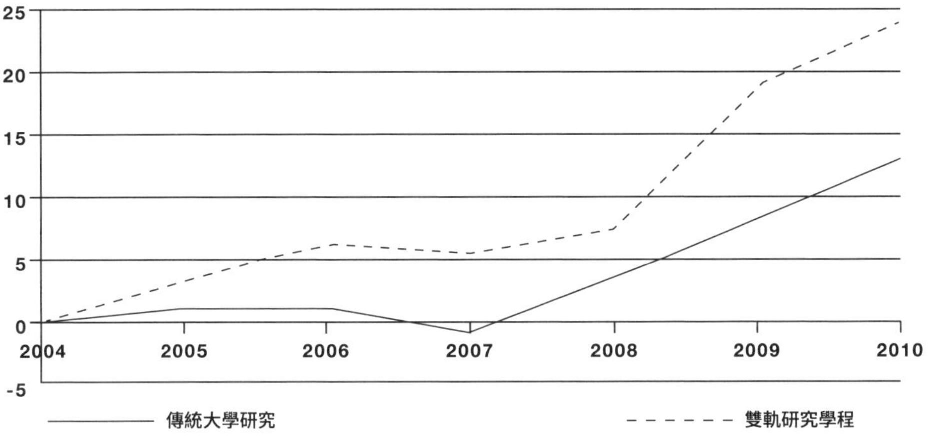

圖 3.2　雙軌研究學程和傳統大學學程的相對成長比較，2004-2010。

說明：　實線：傳統大學研究；虛線：雙軌研究學程。

來源：　Volk（2011），整理自 BIBB AusbildungPlus 2004-2010 Statistisches Bundesamt。

邦開枝散葉，因為有愈來越多的廠商對提供這些研習課程感到興趣[12]。這類機構最突出的領域包括了所謂的MINT學科：數學、電腦科學、自然科學和工程學[13]。其中單單工程學就佔了所有這類研究課程的四分之一。真要說起來，管控學士文憑產生的波隆那進程（Bologna Process）* 也促進了這些課程的誕生，因為在德國的脈絡裡，學士代表的不是文科教育，而是種帶有更強實作取向的學位。

* 波隆那進程是一九九九年歐洲二十九國共同達成的協議，旨在確保各國高等教育能夠相互銜接，並促使其標準相當。

在邊緣漂移

這些發展和創新都展示了一種所有相關族群的共同意志——合力調整傳統體制，讓它跟上新科技和市場趨勢的腳步。各方萬眾一心地前進，努力駁斥德國體系死板僵硬的形象。他們的共識與後者相反：德國訓練的品質不但優良，而且精益求精。因此德國青年對廠商出資的訓練體系需求依舊十分強烈，甚至高成就的青年族群也是如此。在二〇〇八年，大約有 **33%** 具備大學入學資格的高中畢業生，選擇技職教育而非高等教育。二〇一一年，簽下學徒契約的德國青年，比進入大學的還多（五十七萬名學徒 vs. 五十二萬名大學新生）。有 **20%** 的德國大學畢業生擁有雙文憑，他們都是先取得職業認證才上大學。前文中的雙軌研習學程尤具吸引力；一份巴登—符騰堡邦內的研究發現，選擇這些學程的學生，高中會考的成績要比升大學的學生還高。

德國的問題不在於廠商訓練的品質或其吸引力的維持，而是能提供的員額數量不足。廠商提供的學徒位缺數量從九〇年代初就有下降的趨勢，並在不景氣的時期下跌最多。這在青年對廠商訓練的強烈需求，和廠商提供的訓練員額之間造成了週期性的嚴重失衡，其問題嚴重性在各論著中引發激烈爭論[14]。官方統計傾向於學徒位缺的供需幾乎相符，但專家指出這些數字淡化了問題，因為需要學徒位缺，最後卻自願或被分配走入「替代安排」的人不被計算在內。聯邦技職教育訓練研究所的 Joachim Ulrich（2008）根據調查數據，指出供需失衡不但嚴重，而且持續擴大，因此到了二〇〇六年，每一百名尋找學徒位缺的青年，只有七十五個缺額能夠分配。無論如何，不管用什麼方法估算，沒有人能反駁訓練機會的嚴重不足從九〇年代中期就開始，並一直延續到兩千年代。

我在其他地方曾討論過降低的原因，不過有兩個因素是最重要的。第一是製造業的長期衰退，而製造業原本就是德國訓練體制的核心。服務業部門（德國就業成長唯一的真正來源）並未像製造業那麼擁抱傳統的雙軌訓練體制[15]。儘管整個部門的職缺數量整體下滑，金屬和電子產業的學徒比例（即所有員工中的學徒人數）在九〇年代末期到兩千年代初期仍維持相對高比例，每一百個員工中就有十一、十二個學徒。但在初級和次級服務業，這個數字就低得多，每一百名員工中的學徒數量僅有三到五名。

如 Anderson and Hassel（2012）所指出，沒有先天理由讓學徒制無法適用於服務業部門，而且某些行業（特別是銀行業）也證實了此點。然而，他們也指出「有些跡象顯示，校內訓練體系可能更符合服務業廠商的技能需求，從而提高服務業的就業率」。他們引用一份晚近研究，該研究指出教育程度升高和服務業的就業率之間有強烈關聯，他們也引用 Iversen 關於服務業廠商特別依賴「社交技能」的觀點，並且呼應了 Estevez-Abe 關於廠商資助的訓練體系不利於女性的發現。最後他們的結論是「通用技能對服務業經濟至關重要，在這方面校內訓練體系明顯優於廠內訓練體系」。

第二則是訓練本身的成本。如前文所述，驅動學徒制訓練持續升級的的力量，同時也讓廠商付出更高訓練成本。包括歷史上曾是德國學徒制核心的手工業部門在內，小廠商要符合更高的標準和更廣的技能輪廓尤為困難，因此大量退出這個體系[16]。但即使核心製造業的大廠商也感受到壓力，使得訓練走向階層化，有些學徒可以得到三或四年的完整學徒訓練，而其他人只能分到沒那麼完整、只為滿足該廠商自身需求的兩年訓練。工會反對這樣的改變，因為廣泛的訓練和維持高度技能可攜性，對他們才有利。儘管如此，兩年學徒訓練的數量還是一直增加，而且速度比傳統的三、四年制還要快。

德國訓練體制當今最大的問題是優質訓練不易取得，對社經地位較低的族群更是如此。工業、商業、公共服務和自由業都逐漸從前段中學招聘學徒，有些職位（像銀行和資通訊業）實際上都要求高等通用教育的入學資格作為提供訓練契約的前提。那些最受人嚮往的廠商資助學徒訓練（例如前文提到的雙軌研習學程）維持起來非常昂貴，因此只會提供給少數獲選者。在二〇〇四年到二〇一〇年之間，各種雙軌研習學程的供應數量增加了50%，但這些學程所錄取的學生數量只增加了23%。正如Kupfer和Startz（2011）所言：「這顯示了雙軌研習學程的學科內容走向差異化和專門化，但提供的位缺只有少量增加。」

對廠資訓練的激烈競爭嚴重不利於教育後段的青年。如前所述，學徒制在傳統上是一條路徑，即使是後段中學畢業的青年也可以循著它取得穩定且薪資相對優渥的工作。如今中段的實科中學結業（Realschulabschluss）的學生選擇更少，而在大多數邦裡，形勢對後段的主幹中學結業（Hauptschulabschluss）者更為嚴峻。這些學生以前的受訓地點是手工業廠商，但隨著這些廠商漸漸不參與訓練，現在已有整整百分之五十後段教育畢業的青年無法找到任何廠內訓練位缺。主幹中學這條教育路線將走上死路，因此梅克爾總理最近提出了將之廢除、和實科中學合併為單一高級中學（Oberschule）的想法；但巴伐利亞和巴登—符騰堡的小型製造業廠商仍從這條路線在招聘學徒，因此他們極力捍衛主幹中學。這項提議也在梅克爾的基督教民主聯盟內部引起激烈的反彈；黨鞭 Peter Hauk 就發誓「為捍衛這個體系而戰」。

事實上，任何要讓德國高度階層化的中學教育體系更為平等的倡議，幾乎已經成為不能碰的第三軌政治問題（third rail issue）。即使是左派人士也不願意碰觸這個議題，因為教育前段學生的家長會像發瘋似地反對併軌措施。諷刺的是，就像 Edelstei 所指出的，「六、七〇年代的教育普及使得文理中學有更廣大的支持者。」中間階級現在已盤踞前段體系，而這「對社會民主黨的學校政治有特別深遠的影響，因為他們向來支持整合模式，但其部份選民已在這套（既有的三軌）體制中投入甚多。」漢堡最近的一項倡議——由綠黨和保守的基民盟所共同發起——就凸顯了改革的艱難。這份提案是將所有兒童共同就學的時間從四年級延長到六年級，仍然含蓄地為分軌留下足夠空間；然而，中間階級的家長擔心，任何改變都會使他們準備上文理中學的孩子所接受的教育品質打折扣，因此動員起來以公投擊垮了這項提案。[17]

同時，近年在多數邦裡，教育後段出身的學生很難找到優質的廠內學徒訓練機會。德國政府了解此問題後，為等待一般廠內訓練位缺的青年創立了公費「過渡」體系（進階課程系統 Obergangs system）。這套過渡體系並非統一的制度或政策，它包含了各式各樣的措施和項目，「混雜了各種機會，有著不同的目標族群、不同的資助者和不同的責任與目標」。這些項目的共通之處是，它們都明確地不授予任何技職認證，只是參加者等待「真正」廠內學徒訓練開放時的待命航線。德國這套過渡體系一開始只是權宜之計，但其成長速度卻比訓練市場中其他環節更快，因此到了兩千年代中期，過渡體系裡的青年人數就不亞於一般雙軌學徒制。

由此可以看出過渡體系的發展，和德國訓練市場差距的擴大和深化存在著關聯[18]。巴登—符騰堡政府委託的一份研究，指出了最容易走入過渡體系的特定族群，結果並不令人意外——超過 80% 是無法取得主幹中學結業，也就是最低程度畢業證書的青年。此外，擁有該文憑的人有一半進入了這些項目。「移民背景」青年以前多在手工業部門或產業找訓練職缺並就業，如今在過渡體系中的數量也高得不成比例。進入該體系的青年是雙重弱勢，既被分到次級的訓練，日後又在勞動市場上遭受汙名化。[19]

一個明顯可以解決私部門訓練位缺不足的方法，是引進全日制的校內技職教育訓練，來取代廠內訓練，丹麥便是可參考模式[20]。不過，這個選項在德國一直不太受到支持。其他公司內學徒制強大的國家（如奧地利）在七〇年代都提升並擴大校內替代訓練，而德國在七〇年代也出現一場改革運動。改革的支持者主張要讓技職教育更加民主，以及追求將技職訓練整合進公共學校體系；或者至少相對於廠內訓練，要增加學校教育的分量。這些提案受到基民盟和僱主協會的劇烈反對。由於原有的訓練體系普遍被認為運作良好，這些修訂並不受歡迎。改革之戰在十幾年前又重演了一次，僱主組織團結起來對抗國家的過度介入（國有化，Verstaatlichung）和太過「死讀書」的訓練方式（學校化，Verschulung）[21]。他們繪聲繪影地威脅要抵制所有訓練來表達訴求，這打中了德國政策規劃者最大的恐懼，因為他們當時幾乎完全依賴私部門提供訓練。

當時另一個提案，則是試圖引進訓練稅來調整技職訓練的財務負擔，讓沒有提供訓練的廠商幫忙支付提供訓練的廠商所付出的成本。在七〇年代，德國社民黨成功立法，開啟在某些特定條件下開徵訓練稅的可能性[22]。但是，即便提供訓練的廠商也不太歡迎國家干預，因此僱主仍然反對，並上訴憲法法院，從而削減這項法案的聲勢，並在一九八〇年徹底將之擊退[23]。同時，僱主也動員提出自己的倡議，自發性增加訓練位缺的數量，以阻止訓練稅目開徵。之後的一九八一年新法案，就不再有爭議性的財務條文。此後，僱主們為安撫民怨就一再承諾會增加訓練位缺數量，藉此打斷所有關於徵稅，或者是校內替代訓練的討論。

同時，年輕世代的人口減少，使得訓練位缺供應量和「合格」青年人數之間的差距也開始縮減。德國產業界現在常抱怨訓練生不足，而低薪部門也很難招募到青年。有些廠商和地區商會改從東歐（如保加利亞、波蘭、匈牙利）招聘學徒來解決[24]。但這些失衡有部份是德國教育程度不足所造成的，因為廠商會略過他們認為「不適用」的青年。這解釋了僱主既宣稱學徒不足，但德國卻仍有大量青年（超過 30%）進入過渡體系，這兩者之間的矛盾。即使人口結構變動（也就是年輕世代減少）多少在二〇〇五年後緩和此一狀況，但過去二十年下來，像德國這樣完全仰賴私部門提供訓練管道的體制，其弱點已經暴露無遺。

改革體制的誘因基本上隨時間不斷弱化。廠商最近已經能隨意挑選學徒，不想再跟校內替代訓練競爭。他們一直威脅，為現行學徒體制創造替代方案，將促使私部門完全停止訓練。而且工會現在也加入了捍衛傳統體制的陣線。如 Busemeyer（2009）所述，儘管工會在七〇年代支持由德國社民黨提出的改革，但到了八〇年代他們就與僱主靠攏，共同捍衛傳統體制。他們捍衛由廠商出資的制度，主張此路徑的學徒制是唯一能達成穩定就業的訓練型態。鑑於替代方案的弱勢，他們確實觸及到重點。Anderson 和 Hassel（2012）為嚴肅的改革總結出黯淡的前景：

「……即使有愈來愈多後段學校畢業生的訓練需求沒有被滿足，僱主們和眾工會對現行體制的共同偏好仍可能繼續維持下去……此外，服務業部門的持續弱勢，也可能有助於製造業廠商繼續主導政治決策。」

其他加入捍衛傳統體制的行動者也有各自的理由，這些理由和前者有時非常不同。比如說，一直參與訓練的手工業廠商就不想要與校內替代訓練競爭，因為他們仰賴學徒作為廉價的生產助手；尤其到了第三年，學徒已經徹底熟練，但仍只需要支付廉價學徒工資即可。手藝和工商業工作室雖然對不同的學徒制模式更為開放，但也反對犧牲他們在相關領域做為技能認證者的角色。此外，政策規劃者也一直把校內技職訓練視為次級品，即便是那些特別需要更多教室內學習的訓練形式，以及在舊體制的自願主義、私部門主導邏輯下運作良好，從而模糊高等教育與技職訓練之間界線（比如新興的雙軌研習學程）的訓練形式，也都會受到這樣的貶低。

私部門在德國職訓模式中的主導權，代表了職訓工作和勞動市場的發展密切相關。Ulrich（2008: 6）整理了德國私部門所供應的訓練位缺數量，和附帶完整福利的標準全職工作數量，指出兩者之間存在緊密關聯。換句話說，在景氣好的時候廠商會僱用更多人並接收更多學徒，但反過來也是一樣，在經濟衰退時期，廠商在僱用勞工和接受學徒上都會比較保守。在某些方面，這套邏輯與由國家資助的積極勞動市場政治完全相反，後者能有力對抗景氣循環，因為在面對衰退期和隨之而來的高失業率時，積極勞動市場政策會選擇增加、而非減少訓練來回應。

德國進修技職教育的發展不足

或許更嚴重的是，在職涯早期沒有獲得廠內學徒訓練的德國人，他們所承受的劣勢會一直持續，因為這套訓練體制對早期訓練所下的投資雖然非常可觀，對成人進修訓練卻投入甚少。Crouch 等人（1999）主張過，德國學徒制的強大可能造成了這個國家一直以來在進修技職教育訓練方面的不足：「學徒制的強大力量可能造成這類技能供應相對不重要，因為在某些國家……進一步的訓練是為了『補救』初始訓練的不足。」他們所說的「畸形效果」，正是德國優質的初始技職教育訓練，反而造成了進修技職教育訓練的發展不足。

德國體制內的這道間隙現在已充分為人所知，但因為國家在訓練市場上的存在相當薄弱，也很難去彌合。區域勞工代表可以為現任員工要求額外的訓練和再訓練，廠商也可以選擇在符合自身利益的情況下資助這些措施。然而，這兩個機制都加深了二元化，因為僅有已受僱和被高度看重的勞工才會獲得訓練。Berger 和 Moraal（2012）指出，「廠商僅對很少數的員工提供進修技職教育，每個人的受訓時間和直接支出也不多。」其他國家，比如荷蘭和丹麥透過集體談判設置基金支持各種進修技職教育，但這些基金在德國的角色微不足道[25]。廠商不感興趣，而工會大體上也不願意為了推動這項運動而對其他議題讓步。

德國的進修技職教育不像初始技職教育擁有強力的集體架構，因此相關資源「容易集中在已經擁有高等技能和教育的人身上」，而那些一開始（不管因為什麼原因）就錯過廠內實習機會，或是因失去工作而必須轉換到不同部門適應完全不同類型工作的勞工，得不到系統所支持的進修機會。我在此簡單引用 Berger 和 Moraal 對此情況的總結：相較於丹麥與荷蘭是由社會夥伴及國家共同承擔進修技職教育的責任，德國是由廠商承擔初始技職教育，由國家負責訓練失業者，由個人自己承擔進修技職教育。

向二元化漂移

在技職教育這塊領域，我們再次看到德國的合作增強——特別但不只是在核心製造業——成為支持傳統訓練模式的重要因素，同時在無意間加速了其涵蓋率和範疇收縮。因此成功的適應便意味著兩極化；訓練益發優質，但能佔到位缺的人愈來愈少，而僅能選擇低劣訓練的青年愈來愈多。傳統的德式學徒制成功承受並引導了技能朝向更加理論性轉變的過程，同時也模糊了技職教育和高等教育間的界線，但後段教育路線的青年多半無法取得最有吸引力的訓練位缺。公共過渡體系藉由吸收訓練位缺的需求，讓傳統體制得以穩定，卻也創造出訓練市場供需平衡的假象。但有個核心問題尚未解決，那就是國家深度依賴著私部門的自願主義來執行一個重大集體利益。

德國體制的分配效果因此在過去二十年來「翻轉」了。它曾是一個典範先驅，系統內的廠商深度參與執行重大公共性功能，現在私部門卻成了關鍵的瓶頸。它曾被譽為一個能夠讓勞工階級青年有機會得到穩定高薪工作的體制，如今卻逐漸在非常早期階段就定奪人在職涯中的輸贏，而且很難翻身。製造業廠商和一些高階服務業（比如銀行）仍在投資這個體制，前段中學畢業的高成就學生選擇比過去更多。相反地，低成就學生再也無法指望能靠學徒制獲得安穩、相對高薪的工作。而進修技職教育的發展不足代表早期優勢或劣勢會隨著時間增強，更加鞏固二元化。

三、丹麥的教育訓練

在北歐政治經濟體中，丹麥初始技職教育訓練的架構和德國最為接近。其他北歐國家都認為由廠商出資的訓練本質上會向僱主利益傾斜，所以在四、五〇年代揚棄了這些制度，但丹麥卻保留了強大的學徒制傳統。在二〇〇九年，十六歲以上的勞動力中有 **35%** 完成了某種形式的學徒制教育[26]。像德國一樣，選擇技職路線的青年會進入一個結合校內學習和大量公司內訓練的體系[27]。此外，丹麥工會和僱主協會也和德國一樣，在全國層級的治理委員會有平等的代表權，共同監督青年取得國家認證必須通過的訓練和測驗[28]。

儘管有許多共通點，但德國和丹麥的訓練體制在近年已經沿著不同的路線各自演進。德國的主流趨勢如我們所見，朝著兩極化前進，有些青年持續獲得廠商贊助、不斷精進的優質訓練機會，而愈來愈多弱勢被分進明顯次一等的公共體系。丹麥的體制也顯露出某些中堅—邊緣的動態張力，但在這裡，國家力量參與甚深，而且從八〇年代以來就積極擴展各層級訓練的取得機會，拆解傳統上在初級與進修技職教育訓練、藍白領、技術與低技術勞工、以及就業與失業人士受訓機會間的隔閡。這些改革有許多都是不折不扣的自由化，表明要促進更有彈性、更模組化的訓練和認證方式，而這些正是德國訓練體制的守護者經常極力抗拒的方向。對比德國傳統職能模型的升級模式（職業教育主義Berufskonzept）——這種模式仍重度偏向前期訓練，而且終生職涯只依循單一（雖然現在比較寬廣）的技職路線；丹麥訓練體制則支持更加「流動性的職涯路徑及專業身份認同」。透過大量的國家資助及一些觀察者稱為「基進個人化」的訓練路徑，丹麥的訓練政策「為勞動者終身的職業生涯，提供了擴展不同技能的機會」。

共同的歷史和分歧的源頭

和德國一樣，廠商資助的學徒訓練之所以能在現代丹麥保留下來，主要是因為行會活過了十九世紀，而手工業協會又在工業化早期，就得以在組織和管理廠內訓練上扮演強勢的半公共角色。然而，重大的差異隨著時間而浮現，特別是兩國之間勞工組織利益的差異。早在二、三〇年代，丹麥的技術與低技術勞工由於分組不同工會，因而在訓練制度上形成了「動態張力」和「建設性競爭」。這些差異一直延續，塑造了近來初級和進修技職教育的改革路線，後者所受的影響尤其重大。以下我會依序交代說明。

初始技職教育訓練

德國和丹麥在戰後初期仍維持著強大的廠內學徒訓練傳統。在五〇年代，丹麥社會民主黨和其它北歐國家裡的同志有著一樣的目標，冀望透過引進結合技職和學術雙軌的「綜合」學校，促進社會融合和不分階級背景青年的機會平等。但丹麥的廠內訓練就像德國一樣十分牢固，不只是企業組織，技術工會也相當支持。社會民主黨爭取擴增綜合學校失敗後，他們便「改變課程來提升技職教育中通用技能的成分」，並讓國家在學校技職教育中扮演更重要的角色。因此，不像某些國家是把技職和學術路線拉得更近（比如瑞典），丹麥政府則採取了主導技職教育大幅擴張的路徑。

這導致了「技職教育的大眾化」，而當時的工業廠商正嚴重缺工，轉而招募農民和婦女，也就是大部分「之前只讀過一點書」的人。五、六〇年代的國家政策藉著推動變革影響初始技職教育，和引進新的進修技職教育文憑取得途徑，來支持這些族群提升技術（這部分將在下個段落處理）。至於完全以學徒制為主的初級訓練，政府在一九五六年藉由強制公立技職學校在日間授課（和過去在下班後上課相反），提升校內教育的分量，使之成為學徒訓練中的必要成分。此外，引進更專業化的新式學徒制「也和五〇年代末期從農業及手工業社會轉型成工業社會時，愈來愈多低技術勞工加入產業勞動力有關」。換句話說，正當德國的產業工會成功讓全體勞工能接受更長的訓練（並減少兩年學徒制）時，丹麥則走上了相反的方向——在正規四年學徒制以外，開辦了兩年制學程來涵蓋產業界對半技術勞工的需求。這些學程照顧了丹麥低技術勞工的利益，對他們來說，短一點的訓練過程就足以讓他們轉投薪水更好的工作。

到了經濟背景更動盪的七、八〇年代，丹麥和德國這兩個乍看相似的技職教育訓練體制，已有些重要差異。這些差異隨後逐漸增大，產生了兩條迥異的發展路徑。這兩個國家都仰賴私部門資助訓練，也都在七〇年代的經濟衰退中遭逢訓練機會短缺的問題。在這兩個國家，社會民主黨政府都試著改革技職教育訓練，讓國家更能保障人們獲得優質的訓練，但成果卻有所不同。首先，丹麥社會民主黨成功引進了廠商訓練的財務改革，包括（在一九七八年）徵收德國所失敗的強制稅。從此之後，所有丹麥僱主都被要求根據他們僱用的全職員工數量，繳納學徒聘僱給付基金（Arbejdsgivernes Elevrefusion, AER）[29]。而提供訓練的廠商則會根據他們接收的學徒數量獲得支付。

再者，增加校內訓練地位的提議在德國受到僱主組織抵制，但在丹麥卻成功了。於是在一九七二年，丹麥引進了傳統師徒制的替代方案，叫作基礎技職訓練（EFG），讓學生能多留在學校一年，再進入兩年制的短期廠內實習訓練，而不是一般的三年或四年制訓練。這個概念和過去的兩年學徒制一樣受到低技術工會，尤其是一般性勞工連線（SiD）和女性勞工工會（KAD）的熱烈歡迎，不過僱主組織和技術工會都齊聲反對。廠商反對這個措施是因為這會讓他們少一年的學徒工可用（在以小廠商為主的丹麥尤為重要）；技術工會反對的原因則是害怕這會降低他們對技術的壟斷。反對者雖然無法讓法案失效，但他們的確阻止了新模式像原本計劃的那樣一口氣撤除整套師徒制。相反地，基礎技職訓練成為另一條路線，到了一九八六年，進入傳統學徒制和基礎技職訓練體制的學生，差不多各佔技職學生的一半。

初始技職教育的重大結構性改革則在一九八二年中間偏右的政府執政後開始成形，新任總理 Poul Schlüter 貫徹了促進去中心和市場化的政策。作為撙節計畫的一部分，政府刪減了訓練支出，將學徒聘僱給付基金用來支應先前以稅收補助的廠內訓練。同時，教育部長（自由黨的成員）也積極讓訓練的結構和內容轉型。他遵循新公共管理（new public management, NPM）*

*「新公共管理」是一種始自一九八〇年代的方法，旨在引進私部門的管理模型來經營公部門，好使公共服務更為「精實」。

的途徑，在訓練的內容和實施過程引進更市場導向的獎勵措施。

一些對丹麥初始技職教育最重要的結構性改革，在一九八九年隨著《學徒法案》（Apprentice Act）的通過一起到來，該法案在一九九一年開始實施。這項法案拋棄了之前的全國性課程，將這些議題歸給地方層級，以讓體制能更靈敏地因應市場訊息。地方訓練中心從此有了更高的自主性，不再需要遵從固定的全國性規則，而是本著當地產業需求還有地方勞動市場條件來擬定教育計畫。政府撥款也重新調整，根據入學率提供技職學校資金（所謂的計程制度），刺激招生競爭。[30]

社會民主黨在一九九三年重新執政後，他們沒有推翻之前中間偏右政府的政策，而是以之為基礎繼續建構。他們發起了一項充滿野心的「全民教育」計劃，旨在增加教育參與和提升選讀高中的吸引力。有些改革鬆動了學術和技職路線之間的隔閡；到二〇〇〇年為止，凡是念完初中（十六歲）並想接受更高教育的學生，都必須通過若干指定科目的結業考試。這項規定現在已被撤銷，因此所有完成義務教育（小學和初中，十六歲結束）的學生大都可以選擇自己想要上哪一條路線的高中。這些進程讓先前許多提升大學入學機會的嘗試抵達了頂點。從二〇〇〇年以來，國家就一路提高補助，「讓丹麥成為歐洲最容易負擔的高等教育體系之一」。

至於技職教育的部分，社會民主黨執政下的許多變革都增加了通用的（而非廠商或職務導向的）技能內容，並讓這些技能的取得過程更為個人化。有一條一九九九年通過（二〇〇一年實施）的法案和本章先前所提到的德國改革一樣，減少讓學徒選擇的專業數量——從八十三組重組為七大類職能，但不久後又增為十二類。不過不像德國，在訓練途徑的內容變得廣泛的同時，技能的取得也變得更加個人化。如今學徒會和「輔導老師」一起規劃學習內容和學習方法的個人計劃。這些輔導老師的角色「可比學徒在訓練課程中的導師，會在個人教育計劃上給予建議」。學徒們有一份記錄何時可取得職業能力的個人教育日誌，「就像某種投資組合一樣」。這種將單一職務拆解為組成零件，連取得部份資格也能獲得認證的做法，在德國爭議性仍然很高。

社會民主黨著手的另一套改革，係透過提升校內基礎技職教育，以處理廠資訓練短缺的問題。在德國，國家資助的過渡體系如前所見，對無法找到廠資訓練位缺的青年而言，基本上是條待命航線，無法發給正式認證。相反地，丹麥的體制從一九九三年開始提供無法得到廠內學徒訓練的年輕人機會，讓他們能夠在校內職業課程完成訓練。與技職大學而非企業簽署訓練契約的學生「有義務繼續向企業申請相關訓練實習工作」，但如果沒有成功，可以繼續留在課堂上，並在完成後獲得完整認證。

廠內學徒制仍被普遍認為比校內技職訓練來得優越，而且一直是主流——二〇一〇年，廠內學徒合約共有七萬三千零一十四份，在校內接受學徒訓練的學生只有三千六百七十七名[31]。和德國很像，廠商會挑選他們認為「最優質」的青年，因此丹麥的校內訓練體系和德國的過渡體系一樣，來自移民背景的學子不成比例地高，退學率也高過廠內訓練。但和德國不同的是，丹麥的學校途徑和公司途徑，在時間長短和內容上均相同，也均能取得技職認證[32]。而且，另一點和德國不一樣的是，丹麥政府向廠商提供了可觀的財務誘因，鼓勵他們在經濟不景氣的時候接收學徒。比如說，在最近的金融危機裡，國家就為每個學徒位缺花了約一萬歐元。丹麥僱主聯合會的代表也同意這些津貼是鼓勵廠商訓練的關鍵。

德國的技職路線如我們所見一直很受歡迎，對傾向學術的青年族群也是如此，其部份原因是源自於前文提到的訓練升級。反之在丹麥，技職路線整體上特別聚焦在底層和勞工階級。即使職訓品質優良，中高階級出身的青年大多也還是傾向進入學術路線。我們可以從圖 3.1 看到，丹麥的大學人口成長比德國更快。雖然丹麥大學和技職路線的青年人數目前大約各半，但前者有上升的趨勢，後者則正在下降。

丹麥的訓練體制也有自己的問題，如 Martin 和 Knudsen（2010）所指出，它也因為「妨礙將邊緣的低技術勞工納入職訓系統」而造成了一些中堅—邊緣的張力。他們所指出的問題聽起來和德國很像，都恰好是訓練系統本身的力量造成了「低技術勞工的教育需求與現有訓練項目不符」。漫長的學徒課程「與豐富的課程內容，對不想要或不需要這麼多技能的人，形成了內建性障礙」。想要更少技能的廠商不願意資助昂貴的訓練，而既有課程經常超過低技術勞工對自己需求和欲求的評估。在這方面，丹麥優質的初始訓練可能「加深了核心和邊緣勞工之間的鴻溝」。這段差距對少數族裔尤為嚴重，而且和德國一樣在經濟下滑時期特別嚴重。比如說，在金融危機後，少數族裔就更難找到廠商資助的訓練位缺。[33]

兩千年代末期的丹麥試圖以多管齊下的改革處理這些問題，包括對弱勢學生提供取得局部認證的可能性、讓先前透過工作經驗學習的內容可計學分、為對理論較缺乏資質和興趣的人創立所謂的新型學徒制（允許他們跳過漫長的學校授課，直接開始實務經驗）。這些措施在德國遇到了更多的抗拒，德國工會仍極力捍衛完整、統一的訓練方法，懷疑模組化是「灌水」的學徒訓練。他們主張訓練的內容和時間長度不該減少以迎合低技術廠商對自身需求和欲求的評估，課程應該要提升低技術員工的程度，使之超越工作需求。

成人教育和進修技職教育訓練

最重要的是，丹麥在成人進修技職教育成為領頭羊，而這正是德國落後的領域。鮮明對比於德國，丹麥的進修技職教育呈現高度制度化、有彈性、容易取得且受國家大力支持。

這方面的當前差異仍是源自於資本主義黃金時期以降，教育訓練政策上的差異。雖然丹麥的技術工會在三〇年代就已經深入參與監督學徒制，但低技術勞工仍組織鬆散，完全被排除在訓練系統之外。代表技術與低技術勞工的工會在第二次世界大戰前關係相當緊繃，當時低技術男性勞工「了解到要與專業工人競爭，他們得增進自己的技能」。丹麥社會民主黨在四〇年代嘗試過縮短訓練時程，讓傳統的學徒體制對低技術工人開放，但在熟練工和工匠師傅等人「猛烈抵抗」下以失敗作收。不過低技術工會也成功要到了一個次佳的解決方案，就是在各地工業技術學校（Work Technical Schools）引入夜間課程，這些課程讓他們可以「充實自己以接手原本由技術工人把持的工作」。

在五、六〇年代的勞動市場短缺時期，政府為成年低技術勞工增加了取得技能的機會，成為日後建構全面性進修技職教育訓練體系的種子。以一九四〇年為無學徒資歷勞工建立的夜校模式為地基，社會民主黨和低技術工會合作，專為低技術和半技術勞工成立全方位的技職學校。從一九六〇年開始，國家經營的勞動市場技職訓練中心（AMU）開始向成年勞動者提供進修訓練，其中絕大多數的訓練成本（85%）由國家直接負擔。這些機構歸勞動部而非教育部管轄，而它們很快「成為整體勞動市場政策上的重要工具」。

勞動市場技職訓練中心的課程由公共資金支持，任何人皆可利用，不僅提供的訓練機會和傳統學徒體制不一樣，服務的對象也完全不同。這類訓練「由為期數週（一般是六週）的模組化課程組成」。課程的設計目的是讓包含已婚婦女在內的勞工可以彈性地獲取技能。低技術勞工也可以組合「一些課程，再搭配他們的工作經驗，使自己足以正式被承認為技術勞工，這樣他們就有資格接受為後者所提供的訓練」，藉此一步步取得認證。

這樣的發展滿足了戰後成長的黃金時期裡產業僱主對勞動力的巨大胃口。他們積極支持低技術工人的工會，後者能藉此讓會員獲得訓練，在勞動市場上獲得更高技術、更高薪資的職位。必須強調的是，這些改革的達成也因危及技術工人對技能的壟斷而遭到強烈反對。事實上，由技術工人共同管理的技職教育和低技術工會的進修技職教育，這兩個體系之間的制度性差別，形成了一種刺激丹麥進修教育訓練進步的競爭，也能解釋「終身學習為何會在丹麥技職教育體系裡偶然提早制度化」。

對這些新的訓練制度，政府採用了和傳統學徒制模式相同的治理架構，也就是由國家協調和出資，由社會夥伴自主管理。不過，這個「決定性差異」正是僱主不與技術工會，而是與丹麥一般性勞工工會和女性勞工工會等低技術工會談判的原因。實際上，一九六〇年創立勞動市場技職訓練中心的法律「被（這些工會）認為……是平等原則的勝利，也就是那些常被社會歧視而得不到訓練的人，贏得了基本技職訓練的權利」。事實上，低技術工會就將這些專門學校稱為「我們的學校」。[34]

九〇年代以來，進修技職教育這塊領域也發生過重大變化。

這些變化和前一段落所討論的初始技職教育改革頗為相似，包含了三個面向的職訓彈性化：訓練課程進一步模組化以促進技能與證照的彈性積累、鬆動傳統界線（初始與進修技職教育、青年職訓與成年職訓之間）、拆解就業者與失業者所受訓練的差異。

到目前為止的進階技職教育運作架構，為丹麥鋪設了九〇年代所開始實施、著名的「彈性安全」政策（見第四章）。但隨著對失業者的工作要求愈來愈嚴格，國家對訓練的補貼也劇烈增加。在一九九三到一九九八年之間，成人教育的經費增加了 38%，比其他任何一項教育領域增幅都來得大，而各類成人教育訓練的參加者則增加了大約 36%。在九〇年代，整整三分之二的進修訓練支出是用於失業者參與積極就業計劃（activation）的費用。雖然目前這個數字已有下降，但和其他國家相比，丹麥人實際上還是比任何其他歐盟國家花了更多錢在訓練失業者。如 Schulze-Cleven（2009）所述，丹麥有著所有 OCED 國家最高的進修參與率，有 35% 的失業人士以及 47% 的就業人士利用了這些進修計劃。

丹麥訓練體制還有另一個大異於德國的特點，就是就業勞工和失業者的成人教育和進階技職教育使用相同的架構。這個關鍵減少了長久以來困擾美國體制的汙名化，而就我們所見，汙名化也成為了德國體制的新特徵。相反地在丹麥，「失業者接受的訓練措施在很大的程度上，與就業人士的進修訓練活動（或是終身學習，lifelong learning, LLL）密切地組織在一起」。

決定性的改革發生在二〇〇〇年。《成人及進修訓練法案》（Voksen-og Efteruddannelse, VEU）以一九九九年社會民主黨政府和反對黨談出的協議為基礎，「將進修技職教育和進一步的教育項目結合為更協調一致的單一體系」。這次訓練改革成形的背景，是第二章所討論到一九九八年勞資關係衝突的陰影。誠如我們所見，國家加大對訓練的支持力道（還有全國工會聯合會在此一領域的角色）確實是危機解決的原因之一。如前所述，勞動市場技職訓練中心的課程是免費的，而且開放給所有就業與失業人士。大部份的課程都很短——最多大約只有六週——而且可以配合全職或部分工時，選擇白天或晚間課程；不只如此，多數訓練項目都會有正式的合格證書。

丹麥政府對接收成人學徒的廠商也會提供支援。對二十五歲以上低技術或失業勞工提供訓練的公司有權申請國家補貼，並請領前面提到的學徒聘僱給付基金。要享用補貼，學徒必須技能不足或是處於失業狀態，不過在特定情況下，受僱勞工也可以符合補貼資格（像是當地缺乏特定技能的時候）。如果廠商選擇在自己的工作場所安排正式訓練課程，有時也能領取教師補助。[35]

進修技職教育在丹麥就是這麼受支持。事實上，沒有其他國家在進修訓練上的花費比得上丹麥。Bredgaard 和 Larsen（2010）指出，大量的國家資金「將廠商的教育訓練成本外部化，間接成為丹麥政府對產業競爭力的補貼……由於進修訓練主要由公共預算資助，進階技職教育的運作更傾向提供通用而非企業導向，且更容易在外面的就業市場上流通的技能。」

由於這些措施和計劃，丹麥在歐盟裡頭成為了終身學習領域的領導者。在二〇〇三年，丹麥前十二個月裡的訓練和終生學習參與率，整整是歐盟平均的兩倍。整年下來，約有 60% 接受過高等教育的勞工、40% 的手工業勞工和 30% 無正式技術的勞工參加過進修訓練，各個層級的成人教育參與率也超越歐盟平均值。在二〇一〇年，丹麥成人的教育訓練參與率是 32.8%，遠比其他國家都高出許多（第二名是瑞典的 24.5%，相比之下，德國只有 7.7%）。

如果進修技職教育還有什麼地方令人不滿的話，那就是大部分進修者都已經有一技之長。確實進修技職教育的接受量有隨教育程度而提高，但就跨國比較來看，各個層級的訓練程度都很突出。根據最近的數據，23.4% 教育程度最低（國際標準教育分類，International Standard Classification of Education, ISCED，0-2 級）的丹麥人參加了這些課程，下一級（ISCED 3-4）中有 30.7% 參加，教育程度最高者（ISCED 5-6）則有 41.1%；相較之下，歐盟的平均則依序是 3.8%、8% 和 16.7%。

丹麥體制的彈性——提供彈性和終身機會取得技能——對那些在僵化體制中容易淪為弱勢的族群創造了優勢。舉例來說，婦女就是獲益最大的族群，她們比男人更傾向在不同職業階段，以及更長期地參加進修成人教育。丹麥男人多半是在青年時期（二十多歲到三十出頭）的時候接受訓練，並在之後工作生涯中逐漸減少。相反地，婦女傾向在稍後的生涯中參與高等訓練，而且事實上「似乎只有婦女會終其職業生涯或多或少地平均參加技職訓練」。婦女的訓練參與率會在剛有（兩歲以下）小孩的時候減少，但也只限於需要在工作外時間接受的訓練。等到小孩長大，婦女接受各類訓練的比例又會上升。

如同前一章的說明，進修技職教育取得集體談判協議的進一步支持，確立了勞工接受訓練的權利。以第二章所提及的二〇〇七年工業部門協議為例，該協議讓勞工接受與公司無直接關係的兩週訓練時，能領取 85% 薪資（直接相關則是 100%）。同一份協議也建立了技能發展基金來支應這些訓練成本。由於有全國工會聯合會在這個領域統轄一切，這份來自龍頭部門的協議得以廣泛適用，讓丹麥大部分的集體協議都賦予員工深化技能的權利。

調和丹麥訓練體制中的自由化與團結

前一段所討論的各種改革面向都是清楚地走向自由化。勞工取得的技能比過去更為通用，取得過程也更為個人化。不像德國的訓練仍重度偏向青年的前期訓練，並依循國家規定的職能輪廓，丹麥近來的教育訓練改革牽涉到三個面向的自由化：（1）訓練供應模組化以促進技能和證照的彈性積累，（2）訓練途徑個人化以滿足個人在取得技能的內容及步調上的偏好與能力，（3）積極拆解傳統界線——不只是技職與學術路徑，還有初始與進修教育訓練、青年與成年訓練、就業與失業人士訓練之間的界線，這些改革全都得到全國認證基金會（National Qualifications Foundation）的支持。

這些改革所涉及的改變，包括重點從特定能力培養轉變為更通用的職能、從標準化變為個人化、取得的路徑從狹窄轉變為寬廣、訓練方式從標準一致轉變為模組化訓練。由於職業和產業的界線不斷被打破，這套體制因而走向技能內容的自由化；以資本主義類型學的用語來說，就是從專門變成通用。它也在技能取得的過程走向自由化，因為個人可以在整個職涯中，有彈性、模組式地積累證照。重要的是，迥異於德國和美國，失業者的職訓和綜合技能發展體系整合在一起，想要強化自己專業證照的就業中勞工也是該體系服務的對象。由於各層級的訓練都享有相對優渥的國家補貼和資助，總結起來所形成的自由化就是一種將技職教育市場的風險予以集體化，而非個體化的型態。

結論：技職教育訓練市場的不同自由化路徑

Iversen 和 Stephens（2008b）有篇呼應 Esping-Andersen 的重要論文，以政治結盟的基礎為前提來分別三種人力資本形成模式（或者「世界」）。首先是自由放任模式，在多數決政治的脈絡下，以中間偏右的結盟為基礎，施政內容迎合（理想型意義上的）中間和中上階級選民。此類型體制聚焦在大學預備（高中）和大學教育，並在公立小學和學前教育上投資相對較少。第二種類型是基督教民主模式，以主要根植於製造業的跨階級聯盟為基礎。該體制為技術勞工投入大量資源（支持優質的初始技職教育訓練），但對基礎教育和學前計劃的投入相對較少，大體上忽略低技術和半技術勞工。第三種類型是社會民主模式，以中間偏左的政治結盟為基礎。這類體制大量投資在小學和中學教育、積極性勞動市場政策，還有日間托育和學前教育，因此迎合的是低技術、還有重視婦女權益的選民。

本章節所提出的證據，顯示這些差異以及所造成的分配結果要比過去來得醒目。快速的科技變遷和製造業工作持續減少，對這三種體制類型均造成壓力，它們的因應方式對於教育機會及分配不正義有著重大影響。在美國，由於可行的技職路線持續發展不足，加上偏好過於樂觀的「人人上大學」策略而持續相對忽略小學和中學教育，導致了近來階層化加重的趨勢。

相反地，德國模式一直深耕和保護高品質的技職路線，但後者卻會週期性地缺乏足以提供給所有人的訓練機會。更有甚者，今日科技變遷的步調快速，使得持續獲取技能愈形重要，讓德國缺乏任何相應進修技職教育體系的弱點愈發嚴重。這個模式的政治系統非常照顧核心製造業的利益，因而在德國的出口模式上扮演了重要的支持角色。然而，正是因為這個職訓體制被完美守護——對抗國家「入侵」（在德國被稱為國有化）還有排拒「次等的」校內模式（學校化），也讓德國的政治經濟必須倚賴私部門來提供這項關鍵的集體利益。雖然職訓的品質非常優良，但管道分配不均和週期性限額均加速了德國職訓市場的二元化。

相較之下，丹麥近來的改革正是著眼於這些面向的彈性，所產生的制度當然遠談不上理想，也不是沒有問題，但仍提供一個整體看來更加包容性的職訓模式。不只是初始技職教育，進修技職教育和終身學習也是如此。在德國，進修技職教育仍然不太能擺脫補救的形象，現行的國家計劃多半是抱殘守缺。而在丹麥，進修技職教育的發展便相對完善，在各階層與各生命階段都提供更有彈性且開放的職訓途徑。

在技職這塊領域也一樣，在擴增教育機會、還有補貼廠商及員工雙方的參與上，國家政策實屬關鍵。儘管高技術勞工有較高的技職教育訓練參與率，政府專門針對低技術、不易受僱的族群（正是私部門最容易忽略的族群）提供資金和制度架構，因此即便經過中間偏右的多年治理，丹麥的進修技職教育成人參與率仍然持續大幅領先歐盟。同樣重要的是，這套同時涵蓋青年和成年人、技術與低技術勞工、就業及失業人士的通用職訓共享架構，降低這些族群的分裂程度，讓「命運共同體」能夠在這些分歧的利益中發展，共同承擔這整套體制。

註釋

1. 感謝 Marius Busemeyer 為我強調這點的重要。

2. 從一九六二年到六八年，共有六十萬失業人口獲得人力資源發展及訓練法案的幫助。

3. 雖然職訓團計劃獲得一些成功，但其他許多向貧窮宣戰相關職訓項目的結果，頂多只能說是好壞參半。

4. 一九八二年後續的工作訓練夥伴關係法案（Job Training Partnership Act, JTPA）是個窮得可憐的措施，大致反映了雷根總統對這類計劃缺乏興趣。共和黨參議員、之後擔任副總統的奎爾（Dan Quayle）發起了這項法案，相信它主要是一份社會政策而非經濟措施，這意思就像 Lafer（2002）解釋的一樣「是種共和黨式的肯定行為」。雖然這項法案在成人訓練上取得某種程度的成功，但針對弱勢社群青年的訓練仍持續引發汙名化。隨機對照試驗的結果顯示，年輕的工作訓練夥伴關係法案參加者賺得比曾有被逮捕紀錄的年輕男性還要少：「在職訓練讓無被逮捕紀錄女性的收入降低了五百七十八美元，男性則降低了三千零一十二美元」。

5. 一九九三年進入學徒制的中學畢業生不到 2%，僅佔美國勞動力的 0.2%，而且至今改變不大。目前有登記的（也就是得到勞工部或州政府當局認可的）學徒制計劃只有四十五萬件，其中 56% 是來自營建業，11% 來自軍隊。

6. Osterman 提供了一些州入學後六年的畢業數據，範圍從康乃狄克州（從一年級修滿或二年級插班）的 23% 到德州的 42% 不等。

7. 當然這會碰到一個雞與蛋的問題，就是美國底層勞動市場所提供的工作類型，實際上可能不需要這樣的認知技能（關於低技能的供需問題，請見 Finegold and Soskice 1988）。

8. 德國製造業的心臟——汽車產業，最足以代表這種趨勢。賓士汽車最大的組裝廠（在德國辛德爾芬根）裡有整整四分之一的員工是任職於研發部門。

9. 雖然原則上有些路線可以讓後段中小學也朝高等教育升學，但實務上卻會碰到難以跨越的巨大差距。Powell 和 Solga（2011）指出，高等教育裡僅有 1% 的學生沒有通過高中會考，主要原因是在一般管道外學習並獲得教育認證並不容易。大致上，學力隔離在德國普遍都被認為是合法的。部分是因為早期分流，但也無疑是因為技職體系一直維持吸引力，使得德國的高等教育入學率落後大多數的歐洲國家。在二〇〇八年，三十到三十四歲之間的德國人只有 28% 擁有包括專科學校、技術學院和大學在內的高等教育文憑。這是歐洲最低的比率之一，也遠低於歐盟委員會 40% 的目標。

10. 事情的背景脈絡是，德國學生運動所催生的教育體系改革，目標係鬆動嚴格的中學分流體制以達成教育民主化。

11. 亦可見 www.ausbildungplus.de，這裡簡介了全國的雙軌研習學程。

12. 同時，越來越多地方的高等專科學校（Fachhochschulen）也開始和當地廠商合作提供雙軌研習學程。

13. 這個詞是德文裡數學、資訊、自然科學、科技（Mathematik, Informatik, Naturwissenschaften, Technik）的縮寫。

14. 一如許多觀察者所指出，官方統計傾向低估問題。官方統計請見 BIBB（2011a）。關於官方統計捕捉到和遺漏的部份，請見 Thelen（2007a: 251）。

15. 這套體制在少數部門非常完善（尤其是銀行業），但其他服務業部門大多不是如此。

16. 訓練成本雖然全面攀升，但如 Steedman 和 Wagner（2005）所指出，其他廠商並沒有經歷類似的大幅淨增長，因為它們可以藉由讓學徒參與比較多生產過程，取得更高的訓練回報。而手工業部門卻無法擁有相同的生產收益，因為原本訓練就是得在工作場所中進行。

17. 感謝 Benjamin Edelstein 讓我注意到這個例子。

18. Baethge 等人（2007）指出，過渡體系中僅有 40% 的人能成功進入「真正的」學徒訓練或者是技能合適的工作。

19. 相反地，年輕女性一般在學校的時間比較長，表現也優於同年男性。因此落入過渡體系的女生也比較少，而且比起年輕男性，非常不容易失業。

20. 有些職業，像是護理的校內訓練就比較吃重。九〇年代以來，由於就業機會朝向服務業轉移，這些職業 / 訓練的數量開始增加，但規模仍遠不及雙軌體系。

21. 關於更早期發生在十九世紀末期和二十世紀初期的這類衝突，請見 Thelen（2004: chapter 2）。

22. 也就是學徒位缺的供應量沒有超過申請量的 12.5%。

23. 不是內容，而是程序問題（此事件的完整描述錄於 Thelen 2004: 265-266）。

24. 引進移民也成為因應高階技能短缺的策略之一。德國廠商如今在積極利用西班牙等鄰近國家的高失業率困境，提供經過訓練的年輕工程師兩倍於他們在本國能領到的薪資。

25. 雖然臨時派遣部門有集體談判的訓練基金，但 Berger 和 Moraal（2012）指出德國僱主多半排斥「基金模式」，也不被金屬加工等主要工會認為是選項之一。

26. 感謝 Mikkel Mailand 提供相關資訊，參見 http://www.da.dk/bilag/AMR09%2CArbejdsmarkedsrapport%202009.pdf（10）。

27. 在丹麥，學徒約有三分之二的時間是在公司裡實習。

28. 德國聯邦技職教育訓練研究所是管理架構的最頂層，和工會和僱主具有同等的代表權。丹麥的同等機關則是初始職業教育訓練諮詢委員會（Rådet for de grundlæggende Erhvervsrettede Uddannelser）。在丹麥，國內各行業的委員會都會提供和該部門相關技職教育認證的建議（總共有一百二十個委員會），而各地訓練中心則以地區計劃來協助技職院校。訓練的提供者同時包括企業和技職院校。

29. 技職教育訓練稅從二〇一三年一月開徵，名為僱主教育補助金（Arbejdsgivernes Uddannelsesbidrag, AUB）。僱主和學徒議定教育合約後，發放的工資補貼會因學徒年齡和資歷而有不同。感謝 Christian Ibsen 提供最近發展的相關資訊。

30. 與此同時，在高等教育的層級上，政府於一九八九年制定了高等教育的教育券計劃和「開放教育」系統體制，增加入學的機會。

31. http://www.uvm.dk/Service/Statistik/Statistik-om-erhvervsuddannelserne/~/media/UVM/Filer/Udd/Erhverv/PDF11/110510_aarsstatistik_for_praktikpladsomraadet_2010.ashx（頁 6 的表）。

32. 校內路線愈發增長的重要性最終會需要基金的重新調校。如前所述，學徒聘僱給付基金一般是針對學徒不在廠內受訓（去學校上課）的時間進行給付，而新法增加非廠內訓練，因而對這個制度造成壓力。所以國家在二〇〇四年吸收了這些成本，換取僱主增加對進修教育訓練的投資。

33. http://www.ae.dk/analyse/indvandrere-efterkommere-har-langt-svaerere-ved-finde-praktikplads。在失業率低的二〇〇〇到二〇〇八年，這個數字好看得多，成功率超過 50%。

34. 低技術勞工升級或取得新技能機會的制度化，刺激了技術工會為成員要求同樣的安排。因此，一九六五年的立法也為技術勞工開放了進修訓練和技能升級的機會。新的安排基本上是幫技術勞工照抄那套替低技術勞工設計的技能升級辦法（包括補償參加者在訓練期間失去的收入），從而讓進修訓練有機會跟上科技變遷的腳步。

35. 在本書寫作的時候，進修技職教育訓練的進一步改革（由全國工會聯合會、僱主協會聯合會和政府談判而成）正在國會討論，但詳細內容仍不清楚。

第四章

勞動市場政策

Labor Market Policy

勞動市場政策是第三塊能彰顯不同的自由化路徑、並深度影響平等和社會團結的領域。政府有各種影響勞動市場運作的方式，其中政治經濟學論著最強調的是就業保護法規和失業給付，而這是有充分理由的。就業保護法規影響了僱主裁員的難易度，失業給付的水準與持續時間則會影響市場對勞工的誘因。這些因素在我的分析中都有其重要之處，但本章節將更著重於另外兩類政府用來影響勞動市場運作的政策：積極勞動市場政策（active labor market policies, ALMPs）和短工時工作（short-time work, STW）政策。

在這兩者中，積極勞動市場政策得到的關注要來得更多。根據Katz（1994）的定義，這個詞是指「針對失業和弱勢（低薪）勞工，意在增進勞動市場功能的措施」，其方法有三：投資教育訓練提升勞工技能、直接在公部門創造工作或透過補貼私部門來刺激就業、協助失業者尋找工作並為他們配對職缺以促進回歸勞動市場。雖然實際上的分配效果依強調的面向而有很大差異，但多數觀察者都認為積極勞動市場政策是邊緣勞工導向的政策，因為其支出是針對低技能層級與失業的勞工。[1]

相反地，短工時工作政策就沒受到這麼多矚目，部分原因是這些政策的預算額度相對小很多。雖然短工時工作政策在不同國家有不同名目，但形式和功能都差不多，最大的差別是領受者能領取給付的額度大小和時間長短。這些政策會提供補助給遭遇景氣衰退的廠商，讓他們不必裁員，而是改為減少工時，同時補償勞工因工時縮減造成的收入短缺。這種政策能減輕受僱者的負擔，同時幫助廠商撐過衰退，「毋須負擔遣散費，保留廠商自己的人力資本，減少因人員流動所造成的成本。」

大致來說，積極性就業市場政策處理的是結構性失業，而短工時工作政策則是用來緩和因景氣循環所造成的失業。如果說積極勞動市場政策是以邊緣勞工為導向，著重於促進就業困難族群（再）進入職場，那麼短工時工作政策顯然就是以中堅勞工為導向，受益的是僱主想盡量保留的勞工。[2] 因此，偏向短工時工作的政策，就和積極勞動市場政策呈現出不同的圖像。綜合以上所述，由政府的施政偏向積極勞動市場政策還是短工時工作政策，很大部分可以讓我們知道不同國家想透過勞動市場政策達成什麼目標。

一、積極勞動市場政策

像之前的章節一樣，我會先從更廣的跨國脈絡來討論美國、德國和丹麥這三個國家，再深入分析長期以來是什麼政治動力在形塑他們各自的勞動市場政策。圖 4.1 提供了在一九八五到二〇一〇年之間（以五年為區間），一些國家對積極勞動市場政策的支出。深灰色和黑色長條這兩者紀錄了積極勞動市場政策上的支出（深灰色代表每個五年區間中，專門用於職訓的平均支出），並最好參考失業率來解讀（點表示對應時期內的平均值）。這張圖證實了早已廣為先進資本主義的政治經濟學研究者所知的事，也就是北歐國家大致上都有較低的失業率，並對積極勞動市場政策支出較多[3]，而自由放任式經濟體無論失業率如何，這類政策支出都落後許多。歐陸政治經濟體則佔據了中間的位置，特別是如果同時考量支出程度和失業率的時候；雖然也有像八〇年代以來的荷蘭這種傑出的例子——該國失業率相

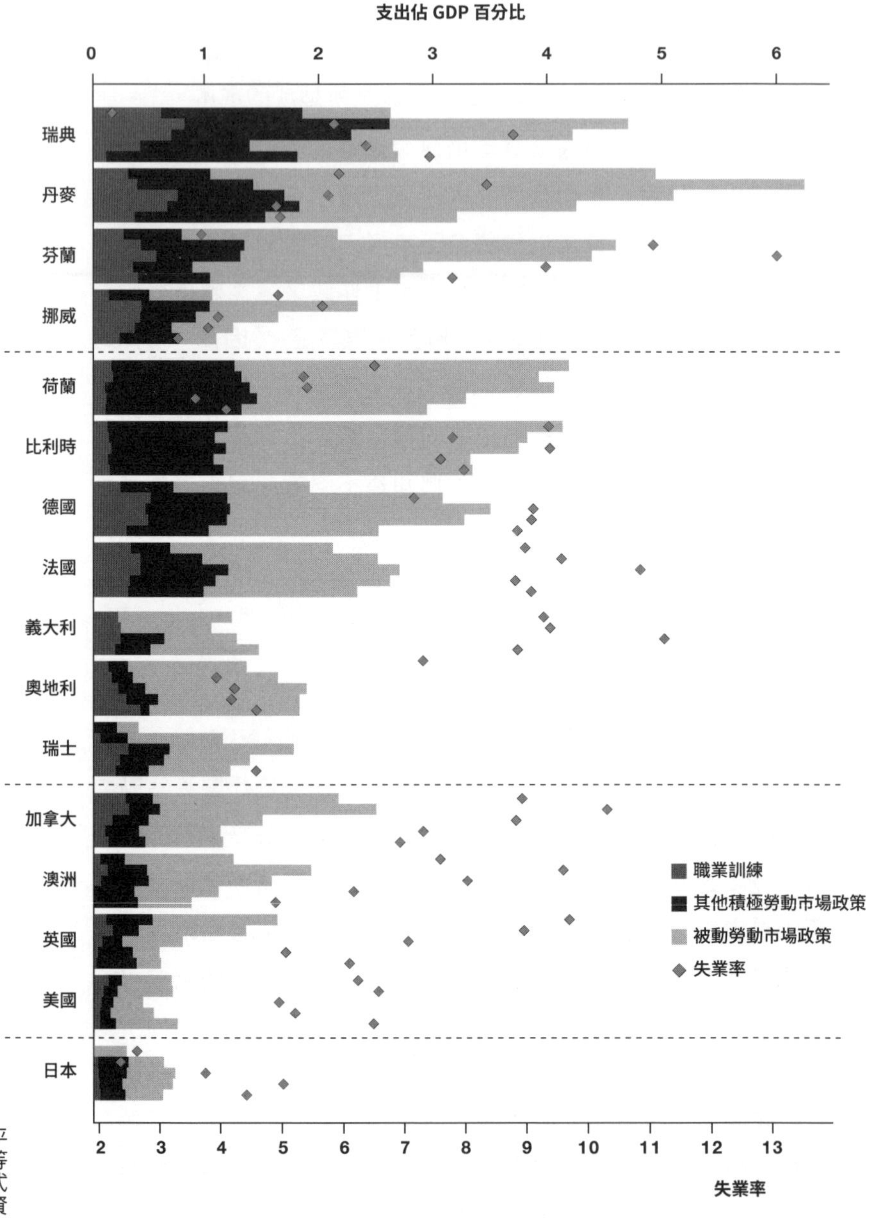

圖 4.1　勞動市場政策支出及失業率

說明：　每個國家的長條由上而下，依序為 1985-89 年、1990-94 年、1995-99 年、2000-04 年、2005-10 年。義大利和日本 1990 年以前的勞動市場政策，以及義大利 2000 年以前的非職訓類積極勞動市場政策無法取得。奧地利與德國 1990 年以前，以及瑞士 2010 年以前的調和失業率無法取得。來源：stats.oecd.org。

當低，而積極勞動市場政策成為經濟模式裡非常核心的部分，但除去這個例子（將在第五章仔細討論），在審視失業率後，沒有一個基督教民主國家能達到社會民主國家的水準。

圖 4.2 則就本研究中詳細檢視的五個國家，提供了差別更大的勞動市場政策圖像。本圖將勞動市場政策的支出拆成被動和主動兩部分（淺灰色代表被動支出，深灰色則是職訓導向的措施，而黑色是所有其他主動措施。[4] 虛線代表的則是失業率（尺度在右）。

後文將對每個國家進行完整的討論，不過此處有些地方值得注意；像是丹麥在九〇年代時，被動支持相對於主動措施大幅下降。令人注目的還有丹麥在勞動市場政策上的支出變化，和失業率的變化趨勢相當接近－當失業率提高，被動支出就會提高，主動支出也逐漸如此。而在光譜的另一頭，美國對被動支持的支出非常低，積極勞動市場政策更幾近於零。德國則位處中間，主動和被動措施的支出都少於丹麥，儘管他們在九〇到兩千年代間的整體失業率都高得多。第五章將會仔細討論荷蘭和瑞典，但在這些圖中很明顯可以看出，儘管瑞典自九〇年代以來的失業率很高，各種勞動市場支出卻大致都減少了。相反地，荷蘭的勞動市場支出比較高，但卻偏向被動措施，且對職訓的投入較少。[5]

二、短工時工作政策

短工時工作政策則有不同的用意和目標。如前所述，這些政策旨在由政府提供補助，給予勞工代替工資的津貼，以填補暫時的工時縮減，讓廠商在經濟衰退時能避免裁員。儘管有補

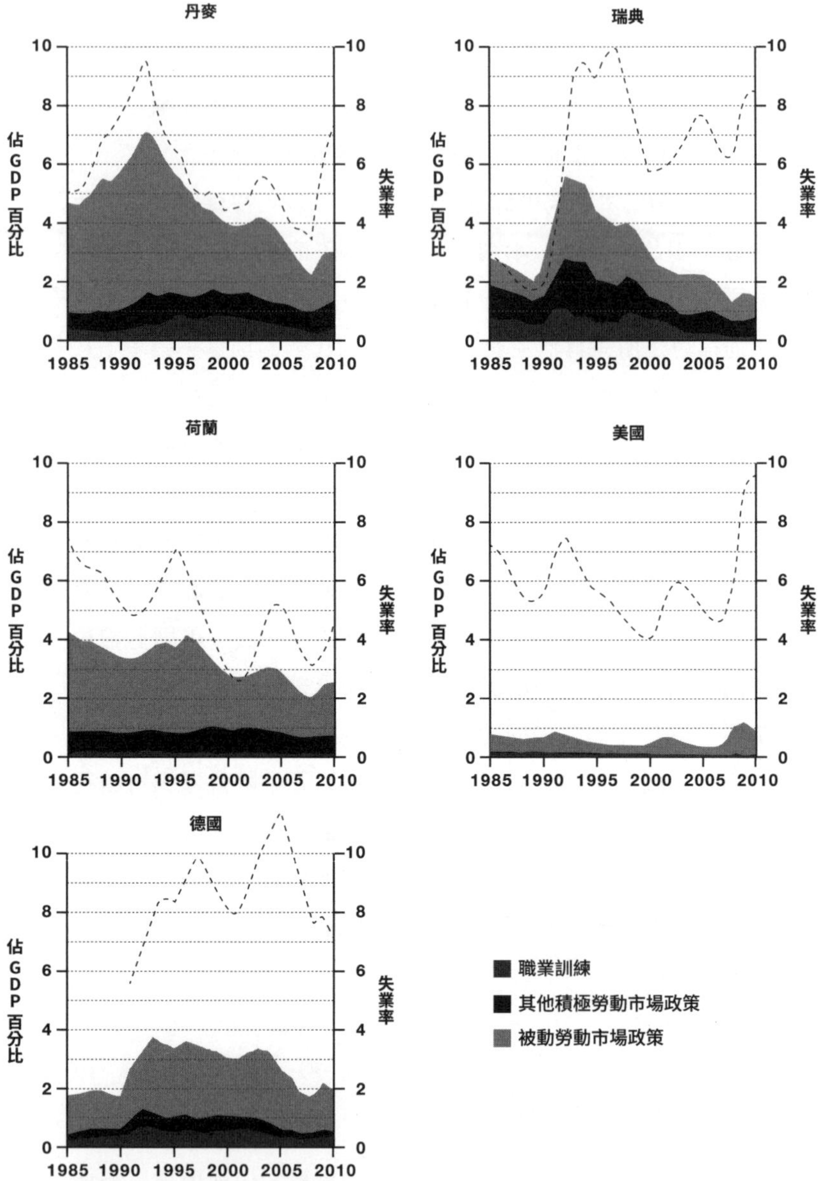

圖 4.2　積極與被動措施的支出，以及失業率，1985-2010

說明：　虛線表示失業率。被動勞動市場政策包括對失業者、低度就業者及提前退休者之收入補貼。

來源：stats.oecd.org。

助，享用這些政策的廠商和勞工並不是毫無負擔。儘管工時減少，而且勞工的薪資也下降，廠商通常仍應繼續負責勞工的社會安全提撥。雖然比起被裁員，勞工一般會比較偏好這種方式，然而他們不能直接領取短工時工作補助，因為不屬於個人權利。僱主必須申請這類補助，而且只有熱切想要留下某些員工時，才會使用這種政策。總之，雖然短工時工作對受僱者是一種就業保障，但從僱主的角度來看，這些政策是一種在暫時性衰退中儲存勞動力，尤其是技術勞工的手段。

在大部分有短工時工作方案的國家，原則上每個部門的廠商和勞工都可以領到補助。但在實務上，主導這些方案實際使用的總是製造業廠商。[6] 原因跟資本主義類型學的邏輯一致：如果僱主和受僱者都對特定產業技能做出投資，穩定就業就對雙方都有利。[7]

不像積極勞動市場政策，我們不需要去看短工時工作政策的長時間趨勢，因為它是一種僅在衰退時期會被援用的暫時措施。不過，只要遭逢經濟衰退，短工時工作政策（在它存在的地方）便是一種關鍵的勞動市場工具。圖 4.3 提供了在最近一次幾乎讓所有富裕民主國家受到打擊的經濟衰退中，各國為立即因應衝擊所端出的短工時工作政策之相關數據，這有助於釐清跨國之間的差異。[8]

裡頭呈現的模式頗具啟發性。首先是英國和瑞典的缺席，這兩個國家都沒有這種政策工具。[9] 最底下的一群國家都是英美系國家，緊接著是不太重視短工時工作政策的北歐國家。丹麥和挪威在危機中受短工時工作政策涵蓋的受僱者，僅僅比加拿大稍微多一點。相反地，基督教民主國家佔據了圖表的頂端。最大量使用這種政策的國家是比利時，再來則是義大利和德國

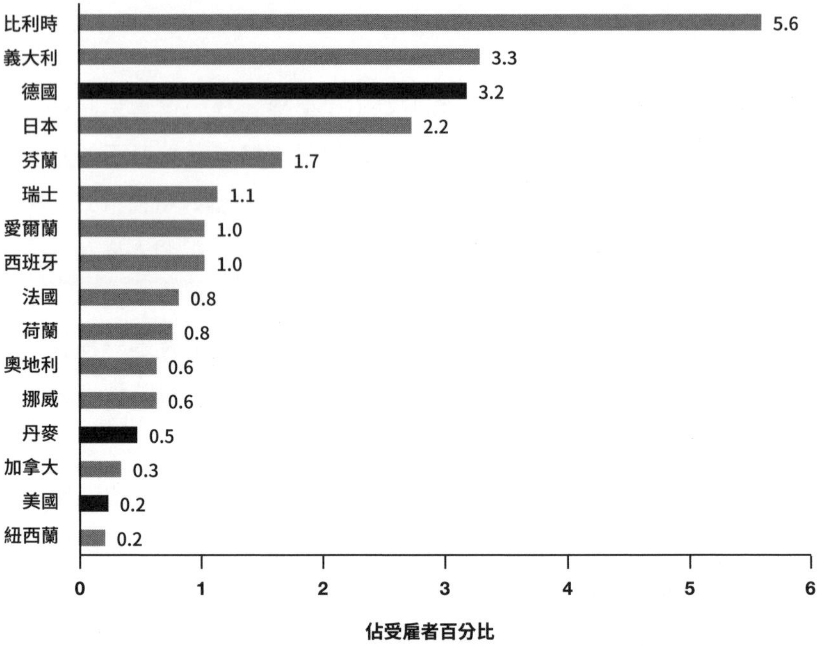

圖 4.3　短工時工作者數量佔總受雇者百分比，2009。

說明：　瑞典及英國缺乏短工時工作政策之立法。

低度就業者及提前退休者之收入補貼。。

來源：Schmitt (2011: 16), 依據 OECD2010 年以來的數據資料。

（還有日本）。事實上，所有短工時工作方案最發達、優渥的國家，都有著由製造業利益主導的保守福利體制。在這方面看來，奧地利似乎是個異數，在危機中的短工時工作支出相當低。但奧地利有另一個在功能上替代短工時工作的方案，更受僱主歡迎。在他們看來，短工時工作和中斷契約（Aussetzverträge）差不多；後者「由僱主和勞工自主協議在危機時期中止契約」，並在景氣好轉以後重新締約。這個選項對僱主更加便宜，因為勞工會適用失業給付，所以不像短工時工作，廠商沒有義務在契約中止的期間支付社會安全提撥。

三、勞動市場政策的跨國差異

將這兩個維度綜合在一起，我們可以得到一幅有關對「邊緣勞工」的支持（積極勞動市場政策）和對「中堅勞工」的支持（短工時工作）的圖像。表 4.1 依照投入積極勞動市場政策和短工時工作政策的程度高低（可能有點粗糙），將國家分類。[11] 如我們所見，多數北歐國家（除了芬蘭）的得分，都是在積極勞動市場政策上較高，在短工時工作上較低。歐陸政治經濟體則分散在兩個象限——有些國家投入積極性市場政策的資源甚少，投入短工時工作則相當可觀（義大利、德國還有日本），另一部分則對兩者皆投入了大量資源（比利時與瑞士）。至於自由放任式市場經濟體，則對兩種政策都不太投資。

本研究所舉例的國家在這兩大勞動市場政策上都符合各自的類型。做為標準的自由放任市場經濟體，美國的特色是流動的勞動市場（低就業保障，同時缺乏短工時工作政策），且對積極勞動市場政策的支出也大幅落後。此外，六〇年代以來的勞動市場政策趨勢也堅定地走向去管制化。過去對創造就業和就業訓練的支持已被逐步拆除。取而代之的，是主要依賴撤除福利津貼和強制性積極就業措施來實施的新型工作福利體制。

德國則完全符合基督教民主國家這個類型，真要說有什麼不同的話，就是它在短工時工作政策這方面名列前茅。技術勞工，特別是製造業，享有多重就業保障和優渥的福利。但伴隨成長的，是就業不安定、福利甚少或幾乎沒有的低薪部門，還有二〇〇三年以來積極就業措施逐漸增加的現象。持續大力支持對中堅勞工的就業保障，加上積極勞動市場政策對邊緣勞工

表 4.1　積極勞動市場政策與短工時工作政策的相對支出

		積極勞動市場政策上的相對支出	
		較高（>12）	**較低（<12）**
對短工時工作政策的相對依賴	高於 1%	比利時 瑞士	德國 義大利 日本 芬蘭 愛爾蘭
	低於 1%	丹麥 挪威 瑞典 荷蘭	英國 美國 加拿大 澳洲 紐西蘭 法國 奧地利*

說明：　短工時工作政策支出來自前文圖 4.3 所提出的 OECD 數據。

積極勞動市場政策的相對支出是指積極勞動市場政策對每位失業者的平均支出（跟隨 Vis（2010: 52），相對於總勞動市場支出中用於積極勞動市場措施的部分除以失業人數）1985-2007，根據 Armingeon 資料庫之數據[10]。

* 然而，如前文所述，中斷契約（Aussetzverträge）在功能上取代了短工時工作政策。

的支持低落，匯合成一條二元化的路徑。隨著不穩定、低薪的工作在組織低落的邊陲增生，不平等也逐漸加深。

最後，丹麥的積極勞動市場政策支出，從九〇年代相對普通的程度，成長到富裕民主國家中最高的水準。隨著這種轉變，國家擁抱了彈性安全政策，其中包括更嚴格的工作要求（work requirement）等針對失業者的積極就業措施。因此比起德國，短工時工作政策發展較少，也不那麼優渥。另外，丹麥雖然存在短工時工作政策，但在具體使用上，領受者在暫時停工期間必須積極尋找工作。丹麥這些更加自由化的政策也鑲嵌於讓勞工重新接受職訓和強力協助找工作的脈絡之中（也就是高度投入積極勞動市場政策）。

四、美國的勞動市場政策：從針對性協助到「工作優先」

因為高度去管制和彈性勞動市場政策，美國在國際比較中顯得格外突出。經濟合作與發展組織的就業保障指數將美國列為富裕民主國家中的最後一名，得分不到零點五，比多數歐洲國家低了一個量級，後者的分數多半介於二到三之間（見圖 4.6）。美國的積極勞動市場政策在戰後時期也遠遠落後，包括失能項目在內，這方面支出佔 GDP 的比例在一九八五年達到 0.26% 的巔峰，然後便持續下降到目前的 0.14%。美國的訓練和創造就業方案都很短命，也遠說不上優渥，所涵蓋的公民也遠比其他國家都來得少。

美國政府並非不能進行干預。在危機時期，政府確實設計了讓人們大量重回工作的政策工具；新政時期的公共事業振興署（Works Progress Administration, WPA）是美國積極勞動市場政策的高峰，僱用超過三百萬人（當時失業人口超過九百萬），並且從開始到一九四三年結束，每年花費十四億美元。[12] 但危機一過，這些政策就幾乎消失殆盡。戰後時期，國會在一九四六年制定了薄弱、頂多是象徵性的《就業法案》（Employment Law），該法案建立了經濟顧問委員會（Council of Economic Advisors），含糊地承諾政府應促進就業和控制通貨膨脹。

政府的創造就業項目在六、七〇年代之交捲土重來。先是詹森總統對都市貧窮的宣戰，接著是處理隨石油危機而來的失業問題，但這些項目都不長命，也沒有大規模執行。七〇年代的《綜合教育訓練法案》（詳見第三章）在某些方面標示了戰後積極勞動市場政策的頂點。參與該法案的直接創造就業計畫——也就是公共服務就業計畫（Public Service Employment Program）——的人在一九七八年四月達到最高峰的七十五萬五千人，但在此之後美國的發展就轉向去管制路線。

就分析上，美國的發展可以分成三個時期：第一個時期大約是六〇到七〇年代，當時政府涉入較多在目標性創造就業和針對弱勢人口的職訓措施。第二個時期差不多是雷根時代，對職訓項目保持著最低介入，而以驅策私部門就業成長為目標的涓滴政策（trickle down policies，也就是低稅率和勞動市場去管制），終止所有的創造就業措施。柯林頓總統在一九九六年的社會福利改革則標示了第三個時期的開始。他原本的構想是嘗試將過去失敗的反貧窮計畫，轉變成更有前瞻性的積極勞動市場政策，但這些提案在國會受到大幅改造。最大的犧牲者有兩個：政府直接創造就業和對訓練的強力支持，這讓法案變得更像是「工作優先」政策——只求盡快把失業者送進職場，管它是什麼工作。簡單來說，政府首先放棄了創造就業的措施，接著也從就業訓練中撤出，最後剩下的只有粗糙的工作福利政策和市場力量。這個趨勢和我們將會看到的丹麥非常不同。後者從九〇年代以來，積極勞動市場政策愈發活躍，相關政府支出也一直上升。

黃金時期的勞動市場政策

美國是自由放任勞動體制這個類型的典範，許多觀察者都認為若要達到完全就業，這是除了相反的高組織、高協商體制以外，第二條同等可行的道路。儘管小羅斯福總統當政時有許多成功的創造就業項目，第二次世界大戰後的國會卻對政府介入勞動市場毫無興趣。然而，就如第三章所述，結構性失業的問題在五、六〇年代湧現，引發了關於復興就業市場政策的辯論。來自工業衰落地區的民主黨議員，開始為支持地區復興的立法行動展開遊說。有一小群經濟學家呼籲採取範圍更大的處理方式，這些人包括耶魯大學的經濟學者 E. Wight Bakke，他曾在六〇年代初期大力推崇瑞典模式全面性的積極勞動市場政策。但這些倡議都被駁回，取而代之是更侷限、針對性的介入方式。

一些重要提案是詹森總統在他「向貧窮宣戰」的旌旗下所提出，而其中最重要的是倣效前任總統羅斯福成就斐然的平民保育團，在一九六四年通過的職訓團。不過，不像羅斯福的版本，職訓團特別針對的是弱勢青年。其他計畫的設計目標則是為了攻克成人的長期失業問題。就拿一九六七年創立的《工作誘因方案》（Work Incentive Program）來說，該方案允許社會福利領受者接受由聯邦政府所支持的在職或職前訓練。

雖然有時會強調技能發展，但這些計畫的運作都假設只有職訓並不足夠。如同失業同時有技術性和結構性的成分，創造就業計畫也是這樣的政策混合體。「綜觀大半六、七〇年代，聯邦的政策都反映了一個信念，那就是努力想掙脫貧困的美國人同時面臨著結構性和需求不足的問題。因此訓練和教育政策就結合了大型的公共僱用措施。」舉例來說，在一九六四年，詹森總統引進了一個促進產業和政府間夥伴關係的計畫來創造就業。《企業部門工作機會》（Job Opportunities in the Business Sector, JOBS）計畫包括了政府對訓練提供補助，而企業方須保證僱用勞工。詹森總統在一九六八年的國情咨文中提出了這項計畫，將之描述為「在訓練和僱用長期失業者方面，政府和私部門產業之間藉此建立全新夥伴關係。據我所知，我們不曾有過如此重要的任務，無論是對這個國家，還是對我們的未來都一樣重要。」[13] 但這項計畫在七〇年代初就已崩潰，因為廠商終究對這種夥伴關係沒什麼興趣，也不怎麼熱衷為長期失業者創造就業。經濟成長一陷入遲緩，合作關係就徹底「蒸發」，這筆經費也不再有人申請。

和第三章討論的那些倡議一樣，詹森總統的勞動市場政策也建立在脆弱的地基上。如 Margaret Weir（1992）所主張的，這些計畫的目標人口多半是都市貧民，而且經常是少數族裔，將聯邦資金運用於此，幾乎從設計上就存在政治性的弱點。如就業安置和就業訓練行動等計畫由於集中支持勞動市場底層，因而很快就牽扯上了社會福利政策，也就是「美國社會政策中最讓人看不起的環節。」。有些政策，比如說職訓團倖存了下來，但多數都在日後被終止，或是以大幅簡化的形式延續。

詹森的繼任者尼克森碰上一九七〇年的經濟衰退時，否決了國會通過的公共僱用計畫，反對創造他所謂「公部門裡沒有出路的工作」。[14] 然而，隨著失業率持續上升，他同意了一九七一年的《緊急就業法案》（Emergency Employment Act, EEA），該法案設立了公共僱用計畫（Public Employment Program, PEP），這個為期兩年的實驗性計畫最鼎盛的時候，曾在一九七二年七月僱用了十八萬五千人。做為尼克森總統新聯邦主義哲學的一部分，公共僱用計畫也是授權給各州和地方政府實行，也就是「共和黨最能發揮影響力的政府層級」。或許因為如此，「和六〇年代起那些比較結構導向的計畫相比，公共僱用計畫的參加者受過較好的教育，沒那麼弱勢，少數族裔也不那麼多。雖然該法案也授權了職訓，但用在職訓的錢並不多；估計有 94% 的錢是用於支付參加者的工資」。

當公共僱用計畫在一九七二年到期，取而代之的是《綜合教育訓練法案》。該法案合併既有計畫，並繼續反映尼克森總統對州級行政系統的偏好。該法案分成三個部分：職訓計畫（由各州／地方層級管理）；高失業率（超過 6.5%）地區的公共服務就業（Public Service Employment, PSE）計畫；還有針對目標族群的聯邦計畫。在第一次石油危機後，這項法案的經費運用不再侷限於高失業率地區，僱用人數也從一九七四年十二月的十萬人，增加到一九七六年春天的三十五萬人。國會在一九七六和一九七八年又兩度批准了綜合教育訓練法案的展延，而在一九七八年的高峰，該法案提供了近七十五萬份成人的全職工作，還有一百萬份青少年的暑期工作。在這段時間，綜合教育訓練法案提供的工作數量，超過了失業勞工人口的 10%。

可是，去中心化的管理讓綜合教育訓練法案一直容易受地方政客濫用為酬庸，在七〇年代也確實被揭漏出一系列的貪汙醜聞。一九七八年的展延就加上新規定，希望能限制該計畫的適用資格（以便更加著重於長期失業）和適用期間（以一年以內的「特別計畫」來僱用新的領受者）。這些規定侵蝕了該計畫的政治支持：更嚴格的條件讓該計畫沒那麼「肥美」，因為現在錢必須用在不受歡迎的「長期失業者」身上。卡特總統任內刪減了經費，因此直到他卸任為止，儘管失業率仍有 7.1%，公共服務就業所僱用的人數減少到剩下大約三十萬人，繼任的雷根總統更幾乎立刻撤除了這項計畫。

雷根時期及後續

失業率在一九八一到一九八二年間到達了大蕭條以來的最高峰，然後在雷根時期開始下跌，雷根經濟學的新自由主義擁護者因此變得有點耀武揚威。一些輕率的觀察者用「僵化的」歐洲勞動市場，來對比美國和其他更奉行自由放任的市場體制裡強勁的就業成長；謹慎的觀察者則提出比較細緻的觀察，指出並非所有歐洲國家都面臨高失業率，而其中一些高失業率的國家（比如丹麥）其勞動市場也具備高度彈性。不過大致上，支持美國就業政策的新假設是，經濟體能供應充足的職缺——「足以讓每個需要工作的人都有一份工作」。失業不被看作是勞動市場的結構問題或是工作機會不足，而是個人因行為、文化或動機問題所導致的失敗。

當然，許多因素都對美國八、九〇年代的低失業率有所貢獻。Western 和 Beckett（1999）主張高監禁率是不可忽視的因素。他們提出在一九八〇到一九九六年間，美國監獄裡的人數多了三倍，高達一百六十萬，儘管一九八〇年後犯罪率下跌。刑罰制度將大量勞工移出了失業名冊，成為了（而且依舊是）主要的勞動市場介入手段，產生「可觀的非市場性勞動再分配，使得以社會政策進行的國家介入黯然失色」。[15] 就某方面來說，監禁在美國的作用，就像許多歐陸國家的提早退休計畫一樣，是透過減少勞動力供給來壓抑失業率。最大的不同是，優渥的提早退休計畫能讓勞動市場的中堅勞工受益，而用監獄系統當作勞動政策則會因為高度集中於低社經背景族群（特別是少數族裔），並消磨他們日後的就業前景，而導致不平等惡化。[16]

更有甚者，美國每一次的強勁就業成長，都伴隨著薪資差距大幅升高和高教育程度者的工資溢價劇烈提升。如 Katz 所述，美國八〇年代的特徵是「低教育者和低收入勞工的實質收入大幅下降……隨之而來的是家庭收入差距擴大和勞工家庭的貧窮率成長。」家庭收入雖然提升，但這只是工時增加，特別是雙薪家庭比例提升的結果。雖然一些觀察者用科技變遷增加對技術的需求，還有對低技術勞工的需求隨之下降來解釋這些趨勢，但制度和政治因素顯然也是助因。工會組織率降低，還有法定最低工資無法追上中位數收入（甚至是通貨膨脹）所帶來的收入下滑，這兩者的角色已經在第二章有所討論。

雷根時期因此成為勞動階級向下流動的時期。高中畢業男性的起薪在一九七九到一九八九年間實質下跌了將近 20%。[17] 實際上，這段時間的就業成長，特別是包括女性的就業成長，有部分是實質工資下滑的結果。Houseman（1995）指出，「由於男性的實質工資下降還有離婚率高漲，促使許多女性在八〇年代加入勞動力，（這個時期）女性勞動參與率的增加不一定是經濟健全的徵象」。許多這段時期創造的工作都沒有福利：「未達高中學歷的男性受僱者中，沒有得到僱主提供健康保險的比例，在一九八〇到一九九三年之間，從 42.4% 提升到 64.7%。有高中學歷的男性受僱者中，這個比例則從 22% 提升到 38%。即使是受過一些大學教育的男性受僱者，比例也從 31% 大幅上升到 39.5%」。而女性的處境更糟。

然而，四處蔓延的向下流動並沒有促使輿論支持國家增加對勞動市場的介入。相反地，在這段時間，國家政策通常「被等同於是施給少數族裔的救濟金」，社會政策尤其嚴重。美國戰後福利制度中最主要的反貧困計畫是《撫養未成年兒童家庭援助》（Aid to Families with Dependent Children, AFDC），這項計畫直接對貧民提供現金資助。到了八〇年代在雷根總統任內，幫助弱勢的公共支持完全斷絕，而《撫養未成年兒童家庭援助》的領受者，則被妖魔化成光領救濟金不事生產的「福利女王」（welfare queen）。當時的論述非常反對國家力量，而社會福利的反對者則成功將犯罪、福利和種族調成了一款反福利情緒的有毒雞尾酒。

在這樣的背景下，民主黨開始「認真反省」，最終得出的結論是，他們在六〇年代專注於最弱勢的都市貧民，忽略白人勞工階級，是一個致命的錯誤。他們認為像《撫養未成年兒童家庭援助》這樣的計畫「強化了種族刻板印象，放任病灶在窮人間孳生，與反貧困計畫惡性爭奪公共支持，讓自由派陷於持續的政治弱勢。」柯林頓總統任內的社會福利改革試圖處理這些問題，將不受歡迎的反貧困政策轉型成為更有前瞻性的積極勞動市場政策。但是，這套改革並不是每件元素都能撐過立法程序。在本章節一開始，我說過存在著各式各樣的積極勞動市場政策，而美國最後選擇的，是那個特別高壓、懲罰性的版本。

在一九九四年，柯林頓總統找出一種折衷方案，看起來非常像今天所說的彈性安全：「自由派會同意（對失業者的）時間限制和工作要求，以交換保守派對大量社會投資的同意」。柯林頓最初的提議是以兩年為限的公共援助，搭配慷慨的職業訓練和健康保險福利。[18] 領受者被預期會在兩年到期前找到工作，但關鍵是，政府會在兩年屆期時，向任何無法在私部門就業的人」提供公部門職缺，以吸收持續失業的風險。保證就業是原始計畫不可或缺的一部分；政府成為最後一線的僱主這個概念是「讓社會福利領受者能用支薪工作養活家庭的關鍵。[19]

這份提案因為企業權力增長和勞工組織虛弱而失敗。如我們在第二章所見，由於商業圓桌會議等團體的成長，僱主組織的政治權力在八〇年代急遽上升。但同一時間，勞工組織卻縮水，變得愈加內縮。致力於確保新陣地的新民主黨人士和勞工組織保持距離，把就業政策定調為促進經濟繁榮的國家目標，然而工會指望的是民主黨能扭轉他們走下坡的命運。柯林頓打造折衷政策的努力失敗了，當共和黨在一九九四年以新的《美利堅之約》（Contract with America）席捲國會，政治風向隨之一變。政府對失業者的支持和就業保證都被從議案中刪去。剩下的只有緊迫的福利領受期限，和嚴格的工作要求。

轉向工作福利制，代表美國放棄了積極協助，並且也放棄以技能訓練為本的以工代賑（welfare-to-work）策略，轉而擁抱以「立即勞動力參與」為核心的政策規劃。柯林頓總統在一九九六年簽署了《個人責任與工作機會調和法案》（Personal Responsibility and Work Opportunity Reconciliation Act, PRWORA），宣告美國勞動市場政策來到新的時代，「所有讓受訓者接受可獲證照的技能（identifiable skill）訓練的裝模作樣」全都徹底消失了。剩下的是協助失業者求職、強制工作、短期和最低限度的訓練，以及福利津貼遭撤除的威脅。

《個人責任與工作機會調和法案》廢止了《撫養未成年兒童家庭援助》，以《困難家庭臨時救助》（Temporary Assistance for Needy Families, TANF）取而代之。在《撫養未成年兒童家庭援助》下，國家依法應對合格者提供援助，《困難家庭臨時救助》則廢除了所有接受社會福利的法定權益。不像前者，現行項目並不保證對貧困家庭的現金援助額度，而是對領受者設下嚴格的時間限制和工作要求。除此之外，後者是以整數補助（block grant）的方式運作，將社會福利下放給各州，同時要求嚴格的勞動參與目標。這個做法建立了一套刺激各州互相競爭的國家監管架構。聯邦政府支持地方實驗，而州政府可以決定自己的合格要求，但聯邦會不斷對就業目標和支出上限施加壓力。

另外，原本計畫中的就業保證也消失了。《個人責任與工作機會調和法案》將公共援助縮短，變成完全參與就業市場前的過渡。大部份的以工代賑計畫都所隱含了工作優先原則，導致多數州政府都放棄了所有的教育訓練。這些計畫「只在乎讓參加者盡快找到工作——無論內容，無論工資」，因而與美國放棄管制和高流動性的勞動市場深度契合，進一步「使僱用關係個人化，加強就業市場底層的競爭壓力，強迫低薪勞動」。這些效果也因為同時期工會衰退、全球化（包括北美自由貿易協議（NAFTA）通過）和低技術移民的影響而受到增強。「以工代賑計畫不是促進向上流動的管道，而是強迫參加者接受勞動市場底層命運的懲戒機制。」

一些被奉為榜樣的區域計畫體現了積極就業措施新典範的邏輯。比如加州河濱市的《獨立大道》（Greater Avenues for Independence, GAIN）計畫。該計畫強調求職行動而貶低訓練的重要性，並注重在「控制計畫成本的同時快速達成結果」。這些計畫不斷向失業者傳達「任何工作都是好工作」的訊息，而管理的架構與策略都傾向鼓勵參加者接受他們得到的第一份工作。

美國的勞動市場政策與社會不平等

《個人責任與工作機會調和法案》代表的是一股長期趨勢的頂點，「完成了一整個世代以來將公共協助責任移交給州政府的過程，消除了半世紀以來低收入兒童和家庭應有權益的老舊觀念，並讓美國政策規劃者長久以來優先以工作支持窮人收入的傾向開花結果」。圍繞工作優先原則的勞動市場政策在許多方面都將風險個體化，讓社會不平等更加惡化。在對勞動市場的影響方面，這些政策加劇了市場底層的競爭，壓低工資並促進部份工時勞動市場的成長。在《困難家庭臨時救助》之下，社會福利到期的人就會走入一個不穩定、低薪、工作經常沒有津貼的世界。正如 Peck 和 Theodore（2000）的評論：「這些計畫提倡加劇就業競爭來『擾動』勞動市場的底層，使得不平等更為惡化」，並創造出「拉低薪水和管制標準的力道」。美國的工作福利不怎麼「提升勞動市場整體的可僱用程度，而是進一步剝削市場的底層」。

這些政策對個人的衝擊也加強了不平等。不斷犧牲訓練、強調快速回歸職場（任何工作都是好工作），意味著工作福利政策堅持失業者無論自己的技能是否符合，都應接受他們得到的第一份工作，這樣的做法實際上助長了技能侵蝕。在參與計畫的人看來，擾動底層的結果是「脫節的職業發展模式，教育訓練的回報微薄，因此也不太能指望進入主要部門、脫離邊際就業」。

最後的問題是，改革後的福利體系如何因應虛弱的勞動市場？《困難家庭臨時救助》在失業率非常低的時候被引進，立刻將使用社會福利的家庭，從一九九六年八月的四百四十萬，在四年後銳減到二百二十萬。在這之後的數年間，許多州的個案數量持續下跌。這些發展讓許多觀察者聲稱，這是項成功的立法。但公共政策專家的態度比較悲觀，Kent Weaver 在一九九八年發表了他的擔憂：「當國家經濟進入衰退時會發生什麼，仍是社會福利改革最關鍵的未知之處。目前的低失業率和經濟成長，讓各州能在自給自足的『良性循環』下輕鬆完成任務：市場上有充足的工作能提供給低技術勞工；需要處理的個案數量減少，再加上《困難家庭臨時救助》固定的聯邦資金，讓各州能輕易在每個接受過渡就業、兒童托育、僱用補貼、職業訓練的人身上花更多錢，而這個集約、方向明確的個案管理計畫需要讓這些人找到並保住工作... 然而，一旦不景氣來襲，這個循環中的一切都會變成負面因素。」

回顧起來，這些觀點十分清晰透徹。後續研究呈現出發人深省的圖像，顯示出《困難家庭臨時救助》的涵蓋率在貧困增生中下滑。不像聯邦政府的食物券計畫可以無視申請人數涵蓋所有支出，各州提供的《困難家庭臨時救助》 是定額補助，必須自行支應所有超支。這成為了削減個案數量的誘因，並且從二〇〇七年以來，確實有十一個州把個案清單裁減了 10% 以上。為了節制支出，各州縮短了補助時間，收緊補助資格並降低福利金額——目前每戶三口之家每個月平均約能領到 350 美元。結果到了二〇一二年，「儘管經濟是幾十年來最差，福利金名單卻幾乎沒有變動」；最近的研究也發現「幾乎每四個低收入單身母親就有一個失業而且領不到補助金——差不多是四百萬名婦女及孩童」。

再考慮低技術勞工會被塞進什麼職業，美國脈絡下的積極就業措施更是顯得苛刻。高中畢業男性剛入行的時薪在一九七九到二〇一一年間下跌了超過 25%（大部分下跌發生在雷根時期）。[20] 如今，美國受僱於低薪職業的人，已經佔了勞動力的四分之一，在這方面拔得令人卻步的頭籌。[21]

在某些方面，這個勞動市場政策的模式和第三章討論的技職教育政策很像，大學入學率提升被錯誤地當作是成功指標。

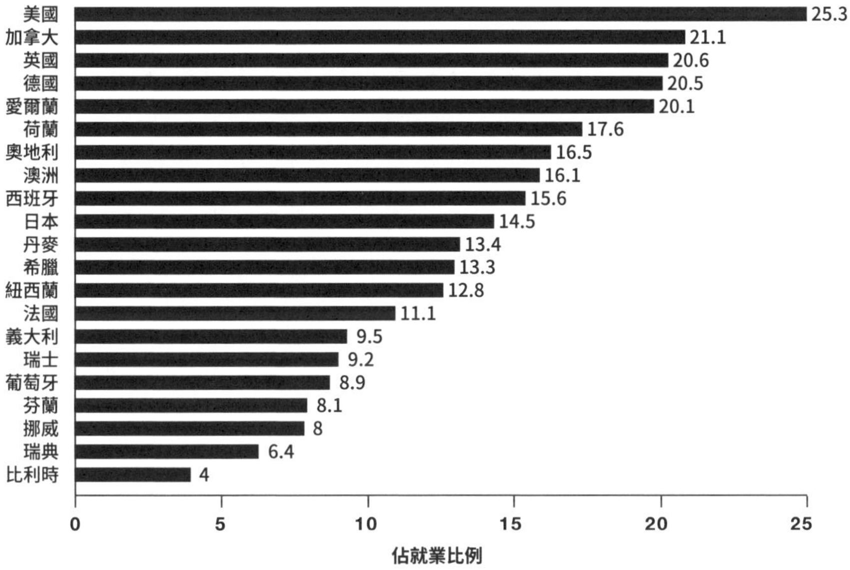

圖 4.4　低薪工作佔就業比例，2010。

來源：OECD (2012; 2011; 2009) ,Mason and Salverda (2010)；比利時、法國、義大利、葡萄牙及西班牙之資料為 2008 年；挪威之資料為 2009 年；瑞典之資料為 2007 年；法國及荷蘭之資料為 2005 年；其餘國家之資料為 2010 年。

《困難家庭臨時救助》的評估也一樣，把任何就業都當作進步。隨著國家採取最低限度介入，交由市場主導一切，用來評估勞動市場與職業訓練政策的政治成績標準都變得非常短視。

五、德國的勞動市場政策

德國也見識了低薪部門的大肆增生，特別是從二〇〇三到二〇〇五年間，透過俗稱的哈茨方案（Hartz-Konzept），德國實施了自己的積極就業政策。[22] 與這些變動平行的是，核心製造業的特權持續受到其他政策的加持與保護。前幾章提到緊密合作的勞資關係和訓練政策，係用以支持和提升出口部門的競爭力，但要藉由增加生產力及內部彈性來達成競爭力，就難以繼續讓低技術勞工和核心的高生產力勞工維持相同的工作標準。

彈性不是藉由全面的去管制所達成，而是藉由各種非典型僱用的選擇性自由化——派遣勞動、定期契約，而所謂的微工作（mini-jobs）更造成了如今德國龐大的低薪部門。

微工作代表的的是低薪、部分工時的工作，沒有完整的社會保險提撥，而且從業勞工也無法享有正規的福利。[23] 這種僱用型態一直存在於邊緣，學生、家庭主婦和退休人士打工數小時以補貼家用。然而，八〇年代的僱主開始用微工作當成正規的部分工時僱用的廉價替代品；目前，低技術服務部門有 20% 的工作都是微工作。這類就業的擴散也促成了德國低薪工作的增長，過去十年來這類工作穩定增加到占所有工作的 20%——如圖 4.4 所示，僅次於美國、加拿大和英國，而德國境內從事低薪工作的又以婦女為大宗。[24]

換句話說，德國勞動市場政策的整體趨勢，和勞資關係及訓練一樣呈現嚴重的二元化：大多數核心製造業的藍領勞工（74%）都從事標準（長期全職）工作，底層的服務從業人員只有 37% 享有這種待遇，其他人都是受僱於某種非典型聘僱契約。和美國相反，德國全職受僱者的工資差距很低（如第二章所見），但與丹麥相比，德國民眾進入主要勞動市場（有福利的標準工作）的機會仍然比較小。接下來的段落將從影響核心的勞動市場政策開始，然後轉向那些造成邊緣擴大的因素，來追溯形成這種模式的政治。

讓核心穩定

德國有牢固的措施保護處於標準或一般勞僱關係內的勞工。他們針對正規全職勞工的就業保護法規比較強，也是少數被經濟合作與發展組織列為在一九八五年後，對正規勞工保護仍有成長的極少數國家之一。[25] 除了正式的法規保障，受集體談判涵蓋的勞工也常受益於產業級契約中的額外保障；這些契約又特別保護年長與資深勞工。最後，如第二章所述，受僱於組織完善的核心產業，特別是德國大型製造業公司的勞工，能透過強大的職工委員會獲得充分的代表，而就如我們所見，這使得就業保護成為了勞資間公司級協定的優先與核心事項。

除了這些已經很結實的保護之外，政府也支持那些有助於維持產業界的就業穩定，對勞動市場中堅特別有利的措施——尤其是短工（Kurzarbeit）。短工在德國有悠久的歷史[26]，至今仍是勞動市場的重要工具。早在一九五八年，政府對短工時工作的補助（付錢給公司，由公司發給勞工）就比較慷慨，是淨工資的 62.5%（有家庭的勞工則是 80%），最多可申請十四週。短工時工作政策是一九六九年的重大勞動市場立法，也就是《工作促進法案》（Arbeitsförderungsgesetz）中的核心元素。在一九六九年的立法下，政府補助擴大到將社會福利也涵蓋在內 - 受惠勞工享有 50% 的健康保險提撥和 75% 的退休金提撥。[27] 在第一次石油危機後的經濟衰退中，來自產業界的壓力讓政府對短工時勞工的工資補助又提高到 68%，申請期限延長到二十四個月（受困最深的鋼鐵業則是三十六個月）。

到了兩千年代，短工時工作的福利有些減少，但仍涵蓋了

60% 的常態工資（有家室者則為 67%），並可持續六個月。此外，製造業廠商一般也會就政府補助加以增補，這樣勞工即使工時減少，也不會經歷太劇烈的薪資下降。事實上，晚近一份化工業集體協議就要求廠商將政府補助的工資，增補到勞工常態工資的 90%，而金屬加工業則是大約 80%（短工協議之規定特別參見 Bispinck 2010b）。

廠商申請短工補助必須透過地方就業機構，而這些申請需要有職工委員會的同意。在像製造業這樣的產業中，由於廠商和勞工共同投資了特定職位所需技術，所以長期僱用對雙方是共享的利益。但這種邏輯並不適用於不依賴技術的部門（例如大部分低階服務業），也不適用於仰賴通用技能而非企業或產業導向技能的部門。在後者中最優秀的勞工會是公司最想保留的人才，但這些人也會有比較多其他的出路。

短工時工作政策在德國的角色和功能，在這次危機中展現得特別鮮明。[28] 在二〇〇八年十一月的第一份「救援套裝」裡，政府讓廠商更容易符合申請短工的條件，並將國家補助的期間上限，從六個月延長到十八個月。第二份救援套裝法案在四個月後通過，再次放鬆了資格限制；公司不必再證明有三分之一員工同意減薪 10% 才能合乎資格；就算有少量勞工會受到影響也可適用。國家同意如果短工補助被用於訓練或超過六個月，會吸收全部而不只是 50% 的社會提撥。[29] 在二〇〇九年七月，政府再次將期限延長到二十四個月，並攬下更多的社會提撥。[30]

在這次危機高峰的二〇〇九年，有 3.2% 的德國勞工落入短工時工作協議，這是除了義大利（3.3%）和比利時（5.6%）外最高的比例。德國從大蕭條以來的勞動市場表現一直受人讚賞。[31] 分析者把德國強勢快速的大幅回彈歸功於工時調節；各種彈性工時安排加上短工時工作，兩者結合起來似乎就足以吸收勞動需求的下降。我不是要貶低對這些政策的讚譽，但重要的是記得，這些政策不是為了達到任何的重分配效果，只是為了提升核心經濟內勞工的福利，而他們已經享有最穩固的就業保障和最豐厚的福利。

雖然德國製造業只佔了總就業人口的 **20%**，但在二〇〇八到二〇〇九年的衰退裡，將近 **80%** 得到短工時工作政策支持的勞工，都是來自製造業（其中以金屬加工業為最）。即使東德的失業率比西德高，短工時工作補助也被集中挹注於西部廠商，而實際上最大的領受者則是繁榮的巴登—符騰堡和巴伐利亞地區。短工時工作政策能支持核心製造業的穩定就業，和保護廠商及勞工對產業或企業導向技能的投資，這顯然有助於維持其內部的合作。而雖然這些政策對德國製造業在這次衰退後的快速回彈貢獻良多，卻不一定有助於減少隨集體談判涵蓋率減少、非典型僱用增加而來的不平等——也就是我現在要探討的發展。

讓邊緣彈性化

讓縮水的核心製造業得以穩定就業所造成的結果之一，是大公司普遍將一些原屬於內部的功能，外包給更能利用彈性僱傭形式的廠商。隨著各種不受工會統轄的服務業步步擴張，這些趨勢促成了次級勞動市場（secondary labor market）崛起，裡頭充斥著不合標準的工作合約，且薪資、工作條件及社會保障的標準都較低。雖然工會成功抵擋了核心勞工的就業保障遭逢巨變，但接受其他類型的工作更加彈性化的壓力卻逐漸增加。因此，在這些穩定且仍然保障健全的工作之外，各種非典型就業也在德國崛起。

《促進就業法案》（Beschäftigungsförderungsgesetz）的上路（一九八五年），讓政府可以藉著減少對各種非典型僱用的限制，來提升勞動市場的彈性。以一九八五和一九九六年的改革為例，就放鬆了定期僱用的管制規定，讓廠商不必特殊理由，就能使用最多二十四個月的約聘契約。兩千年代初期社民黨—綠黨政府的進一步改革又降低了與老年失業勞工續約的門檻。新創公司現在能僱用約聘勞工最長達四年時間，而不需特殊理由。一九八五年的這項法案以及後續改革也放鬆了使用派遣勞工的規範，在一九九七年成功地從之前最多三個月延長到十二個月，又在二〇〇二年完全撤除了時間限制。

但是，二元化最主要的源頭之一就是微工作的崛起，而這些工作又盛行於組織較差的服務業部門。這種就業類型可以追溯到黃金時期的六〇至七〇年代初期，當時從事這些工作的多半是學生、家庭主婦以及那些對正規就業沒有興趣的人。因為可以從丈夫或父親那裏獲得福利，從事這些工作的勞工如果每個月收入在 620 德國馬克以下就可以免除所有福利提撥（不久後調整為 630 德國馬克）。僱主需要繳交這些勞工所得 20% 的定額稅，但這些勞工不須繳薪資稅（payroll tax）。透過這種安排，家人可以補貼家庭收入、不必繳稅，並繼續依靠男性經濟支柱的福利。

微工作早期的成長是政策漂移的典範。隨著非藍領勞工的成本在八、九〇年代增長，僱主逐漸傾向提供較便宜的微工作，結果這些工作的數量就超過了原本所服務的對象。服務業部門的廠商尤其顯得偏愛放棄正規的部分工時僱用，改為利用沒那麼多行政程序而且更具彈性的微工作。這個就業類型在僱用大量婦女的低技術服務業中成長幅度最大。幾乎有三分之二（62%）微工作從業者是女性，而且絕大多數是已婚女性。

此種受僱形式增加讓工會呼籲加強管制，而這些政治活動能揭示許多德國二元化背後的利益與結盟。服務業部門的低薪勞工工會——他們的成員最直接和微工作從事者競爭——要求政府就算不能禁止，也該限制這些無須提撥、沒有福利的工作數量。在一九九九年的爭論初期，代表零售和餐旅產業的工會要求政府降低課徵正規薪資稅的門檻，來限制微工作的數量。個別勞工可能會想放棄福利，減少提撥來增加實領的薪水，但相關工會考慮的不只如此，尤其擔心微工作會壓低整體工資；特別是從事微工作的勞工有誘因把薪水壓在 630 德國馬克的限制以下，因為更高的收入會讓他們進入有完整提撥的就業區間，這樣他們的實領薪水就會大大減少。包括德國婦女組織委員會（Deutscher Frauenrat）在內的婦女團體也加入了低薪部門工會的行列，他們要求嚴格限制微工作的數量，或是將微工作完整納入強制性的社會保險提撥。

製造業工會不太參與這些論戰；主要的產業工會（化工、金屬加工）在一九九九年社會民主黨政府初次提出就該議題立法時，並沒有提出意見。其成員一般並不會和微工作的從業者相競爭；事實上，他們有許多人的另一半都是微工作從業者。因此產業工會在論戰中的目標就不太是為這類工作守護各項福利，因為這樣會妨礙僱主逃避提撥義務的努力。他們擔心的是若僱主刻意選擇增加微工作來逃避社會提撥，而微工作又增加太多的話，會損害社會保險基金的財務穩定。[32]

至於僱主當然是極力反對所有減少或限制微工作成長的提案。德國零售商協會（HDE）和德國旅館與餐飲協會（DeHoGa）

便帶頭反對改變現有的安排，主張這會讓勞動成本高得無法吸收。這些團體都受到德國僱主聯合會（BDA）還有新自由主義的自由民主黨（FDP）支持，後者將自己視為中小企業利益的捍衛者。手工業者協會也批評降低微工作提撥門檻的提案，因為很多手工業的生產者都用此方式僱用自己的妻子，成為家庭事業不可或缺的一部分。

在一九九九年的第一次改革中，社民黨—綠黨政府做了一些嘗試來減緩微工作的增長，試圖阻止微工作成為次要就業，並稍微提高僱主的成本。然而，黨內左翼進一步降低社會提撥門檻、以限制微工作使用的更基進提案，卻受到了政府反對。製造業工會對這種免提撥僱用形式將侵蝕社會保險基金的擔憂，也得到政府的正視。政府要求僱主 - 而不是受僱者 - 提撥健康和退休基金（分別是 10% 和 12%），以此取代先前對僱主徵收的定額稅。聯邦勞工及社會事務部（Bundesministerium für Arbeit und Soziales, BMAS）主張，須提撥的工作如果愈來愈少，將無法維持國內的社會安全網。在這場立法的爭論之中，社會民主黨的發言人 Rudolf Dressler 指出從對微工作課稅變成僱主提撥，會為拮据的保險基金帶來一百億德國馬克的收入。他表示，這些額外的資源是「迫切需求」，不然就「幾乎無法避免」標準全職工作的社會提撥進一步增加。

一九九九年立法對微工作的限制抑制了這類僱用的增長，但這次立法的其他面向比起微工作的受僱者，更有利於正規全職勞動者。從定額稅變成僱主提撥，促使正規勞動者的退休金提撥減少，從一九九九年四月的 20.3%，降低到二〇〇一年一月的 19.1%。法律也禁止任何人從事微工作作為副業，但就像過去一樣，有男性經濟支柱的家庭可以繼續用這種方式補貼家用而不必繳稅。不過同時，家中沒有經濟支柱的微工作從業者的處境並沒有太多改變。雖然這些勞工能受公共健康保險體系涵蓋，他們仍然無權申請失業保險，而且他們所享有的退休金也很微薄，因為退休金是依收入決定，而他們的收入非常低。[33]

除此之外，到了二〇〇二年，限制微工作增加的嘗試都消失了。相反地，當年的新立法鼓勵增加這種僱用方式，提高了強制僱主提撥的月薪門檻（從每個月 325 歐元提高到 400 歐元）、廢除每周十五小時的限制，並再次允許以微工作為副業。雖然僱主們曾批評過一九九九年從定額稅改為提撥是繁文縟節，他們倒很歡迎後來提高收入門檻、鬆綁其他限制的改變。廠商必須繳交比以前更高的固定提撥——從總收益的 22% 變成 25%（二〇〇六又增為 30%），但大部分僱主都覺得，這種僱用形式的彈性可以帶來更多報酬。[34] 微工作多半不是固定工時（比如雜貨店會在尖峰時段或開店前進貨時排班），而且因為勞工自己仍不需繳交社會提撥，廠商會用低工資率來分擔掉這些補貼。[35]

二〇〇二年這次立法後微工作的數量就快速增長，特別是做為副業的數量。這種邊際就業數量飛升其快，到了二〇一〇年已有將近七百五十萬人以這種方式受僱。

圖 4.5 追蹤了一九九六年以來，微工作相對於其他就業類型的成長，將這些發展脈絡化。標準僱用契約的數量自九〇年代末以來基本上持平，甚至是下降，但微工作的數量（在圖中稱為「邊際就業」）卻增加不只一倍，遠超過德國其他非典型就業形式的成長。

服務業員工和婦女是受僱於這種安排的大宗。在二〇一〇年，有三分之一服務業部門的受僱者是從事微工作，而單零售業就有佔了七百萬微工作受僱者中的一百萬人。雖然有些研究

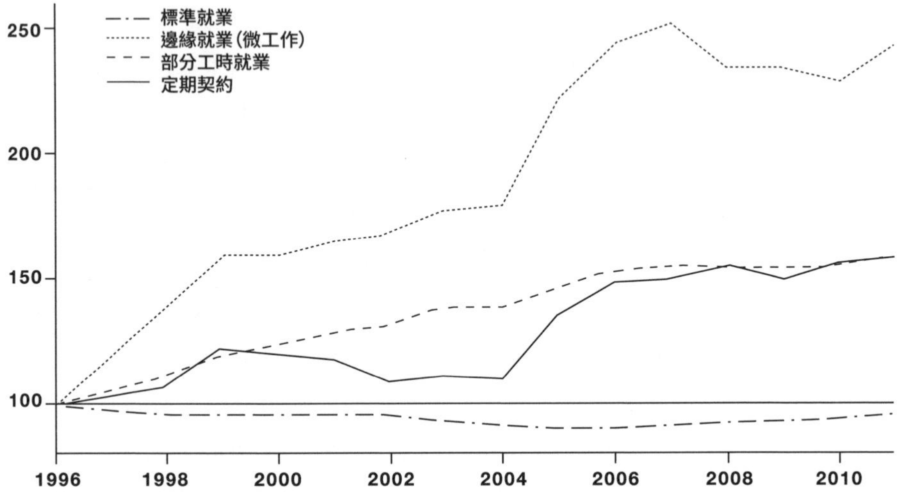

圖 4.5　德國不同就業型態之趨勢，1996-2010。

說明：以 1996 為 100。

來源：Eichhorst （2012b: 9）

顯示，在德國有某些類型的非典型僱用（如定期契約）可以成為長期就業的跳板，但微工作並非如此。[36]

積極就業，德國風味

對微工作限制的鬆綁是更廣泛的改革計畫，也就是兩千年代初期所謂哈茨方案的一部分。這和德國轉向積極就業措施有關，並伴隨著其他形式的非典型勞動自由化。[37] 其他措施包括鼓勵失業者自僱（所謂的一人公司，ich-AG 或 Me, Inc.），還有為長期失業者在公部門創造低薪的工作機會。[38] 德國非自願進入 OECD 所歸類的部分工時就業人士，也就是無法找到全職工作的人士比例，從八〇年代末期的 **5%** 一路穩定上升，在九〇年代末期達到 10%，迄二〇一〇年更達到 18.7%。

不像在丹麥，德國政府並沒有提升對職訓的支持，來配合這些自由化措施以及伴隨而來的積極就業政策。相反地，哈茨方案沒有增加，反而如圖 4.2 所示減少了對積極勞動市場政策的支出。和二〇〇二年相比，二〇〇六年對積極勞動市場政策的支出減少了約三分之一。分配給最重要的措施，也就是技職訓練項目的額度，從七十二億減少到二十億歐元。相較於丹麥的特色是對積極勞動市場政策的高額支出和與收入高度相關的失業給付，德國「走上了另一個方向……不像過去一樣提升失業者的技能，而是想盡速安置他們」。簡而言之，哈茨方案代表的是脫離「長期職訓和直接創造就業，轉向以加速回歸勞動市場為目標的短期計畫」。

事實上，德國現在的勞動市場政策不只允許，還實際上補貼了一個龐大且持續擴張的低薪部門。哈茨方案的最後階段（第四階段）創造了低薪族群獲得員工福利的可能性，並在此之下，讓微工作及其他低薪就業有望結合國家資助的最低收入支持津貼[39]。哈茨方案第四階段的受益人四分之一以上都有工作，但他們的薪水也低到符合福利的資產調查門檻。用有償工作來補充福利的人，則被稱為「補貼客」（Aufstocker）。對這些勞工來說，受僱於微工作讓他們可以賺取一些不必繳稅和提撥的錢，而不會失去津貼，另外的好處則是不用被就業中心打擾。[40] 這些改革措施加總起來，正式允許低薪部門擴張，並因此中斷了德國以承諾高薪、高技能、高品質生產為核心的戰後模式。

此外，低薪部門獲得制度化後，就顯得非常抗拒改革。部分的問題在於，和扭轉趨勢有最大利害關係的利益集團勢力薄弱且缺乏組織；如我們先前所見，服務業的工會組織率很低，而低薪服務業部門尤甚。而服務業部門的僱主也抗拒改變；他們重視的是微工作提供的極度彈性，讓他們可以只為需要的工時支付薪水，不必再多。同時，一些微工作的受僱者也偏好這種工作，而不是需要繳納高薪資稅的全職就業，特別是他們還能結合哈茨方案第四階段提供的福利成為補貼客。

在政治上最重要的，也許是微工作仍是有吸引力的家庭收入補充來源。自一九五八年以來，德國的稅法就為收入高度不平等的夫婦提供極大的優惠，而微工作改革的設計也完全是為了繼續讓已婚婦女享有完整的賦稅優惠。任何改革稅法這一方面（單位稅制度 Ehegattensplitting*）的嘗試都無異於政治自殺。基督教民主聯盟就高舉著「家庭價值」的旗幟激烈反對。[41] 同時，工會一直是由男性經濟支柱所主導，因此他們也默默捍衛著微工作制度，因為這個唯一的合法避稅管道有利於工會成員。[42] 雖然德國受僱於微工作的單身母親得益於福利的制度化，但她們很多同事都是透過中堅勞工丈夫獲得福利的女性，做這份工作只是為了補貼家用。後者在勞動市場條件上客觀看來是相同的，但政治上卻常屬於論戰的另一方。

德國勞動市場政策的近期發展，事實上是將分裂的二元化透過制度化使之更加穩固。一邊是擁有可觀津貼、受到良好保護的標準就業關係，另一邊則是根本沒有津貼的不穩定工作。我們再次從這些發展觀察到和勞資關係相似的模式：核心製造業的緊密合作和低薪服務業部門衝突的關係，後者源自僱主偏好為了彈性，利用津貼稀少的非典型僱用契約。德國的勞工組織運動大致上成功地排除了會直接影響其核心成員的去管制運

---

* 亦即所謂的「夫妻共同申報稅制」；在夫妻所得申報不分開的情況下，婦女從事低薪短工時工作的現象頗為顯著。

動，然而代價卻是僱主策略以及國家政策所共同促進的邊緣彈性。因此，雖然德國的國家指標目前看起來頗為可觀（經濟成長強健，失業率下降），但在這些整體性的數字背後，勞動市場卻是前所未有的分裂。

六、丹麥的勞動市場政策

如果德國勞動市場政策的故事大致上是關於讓邊緣服務業彈性化的同時，穩定核心製造業的就業，那麼丹麥的故事標題大概正好相反：用能夠協助邊緣人（再）融入核心勞動市場的措施來穩定情勢，同時進行更大規模的自由化。和德國一樣，丹麥政府的政策重度傾向積極促進失業者就業，不過這些積極就業政策是鑲嵌在國家對最脆弱族群的慷慨支持當中。丹麥也有二元化的問題，但製造業以外低技術勞工的組織和代表都比較健全，這讓不穩定就業和低薪工作的程度都明顯較低。這些結果解釋了為何丹麥的彈性安全模式會吸引如此關注，還有為何它在歐盟和 OECD 的政策建議上會佔有突出的地位。

丹麥模式擁護者的修辭常過於激昂，我稍後將會討論其黑暗面；但這些崇敬在許多面向都可以理解，也不是毫無根據。八〇年代，丹麥飽受高失業率和公共債務攀升所苦。他們在一九九三年開始了一場令人印象深刻的轉變，當時失業者的登記數量高達 12.4%，之後就穩定下降到二〇〇二年的 5.2%。此外，在失業率下降的同時，丹麥的總體就業水準也提升了 6%，新工作中有 75% 都是由私部門所創造，這讓丹麥的就業／人口比例達到將近 78.6%，是 OECD 國家中最高的之一。而二〇〇七年的失業率來到 4% 以下的低點，雖然二〇〇八年金融危機後又再次升高，但仍顯著低於 OECD 的平均。

彈性安全在不同脈絡下有不同的意思，但在丹麥，它結合了通常出現在自由放任式市場經濟體的勞動市場彈性化，還有傳統北歐福利國家的社會安全網。這種彈性與安全的結合解釋了此一模式為何能獲得意識形態光譜兩端的觀察者贊同。新自由主義者認為丹麥的經濟成功是因為低就業保障和勞動市場政策中的積極性因素，因此要求更進一步的彈性；社會民主主義的捍衛者則著重在此模式如何對市場難民提供支持，從而調和對國際環境變遷的適應力，以及保護公民免於結構變遷殘酷後果的團結福利體系這兩者之間的衝突張力。。

丹麥模式的代表性特徵是相互強化的「黃金三角」，也就是：彈性勞動市場、對失業者的大力支持、積極承擔再訓練和就業安置的勞動市場政策。這個黃金三角中有些元素——特別是相對低的就業保障，是承襲自過去。其他元素，尤其是積極就業措施和以職訓為基礎的勞動市場政策，則出現自相當晚近的九〇年代。

眾所皆知，丹麥的特徵是高流動性的勞動市場和高度的社會流動性。[43] 這個國家一直因為對全職勞工的就業保護遠低於其他協商式市場經濟體而突出。如同 Emmenegger（2010）所指出，七〇年代的丹麥工會沒能像瑞典一樣成功立法強化就業保護，並提高勞動者在這方面的區域級共同決策權。[44] 他因而主張丹麥勞工在黃金時期的失敗，諷刺地成為之後彈性安全政策不可或缺的前提。

圖 4.6 提供了在本書討論的五個國家中，正規勞工和短期約聘勞工所享有的就業保護（根據 OECD 指標）。本圖顯示出和瑞典、荷蘭及德國相比，丹麥的正規全職勞工所受的保護程度

較弱，但還是優於自由放任的美國。

然而，圖 4.6 顯示另一件驚人的事情是，丹麥對臨時勞工的保障並不比正規全職勞工差多少。[45] 另外，非典型就業形式（無論是部分工時還是定期契約）常受到和標準員工相同的安排所涵蓋——相同的集體談判、休假規定、病假工資、年資等等，這和德國相比尤其明顯。

因此，既然丹麥的主要勞動市場比較流動，那麼以次要勞動市場而言，就比其他歐洲國家要來得不發達。比方說，正如圖 4.7 所示，臨時契約受僱者的比例相較於國際就比較低。丹麥確實有相當比例的部分工時工作，但如圖 4.8 所示，非自願部分工時勞動的程度相對較低，多數都是個人的選擇。

因此我們在丹麥觀察到的模式和德國非常不同，德國從九

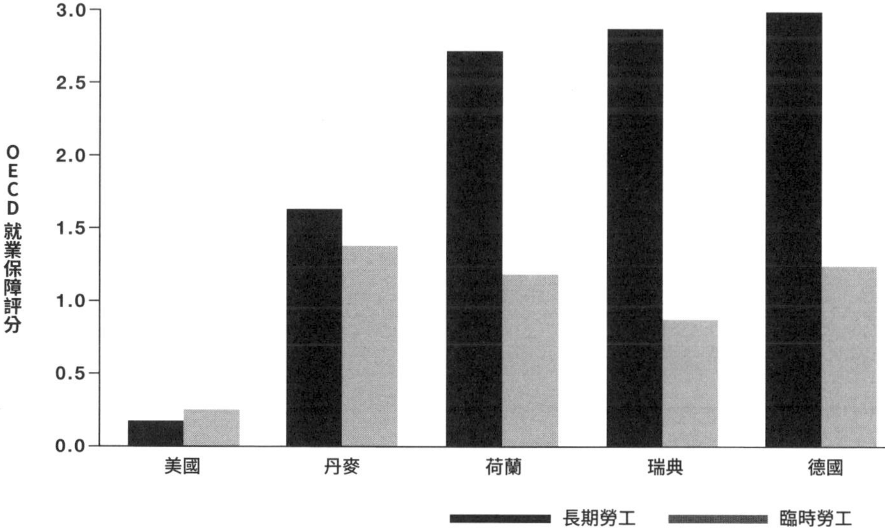

圖 4.6　不同國家對長期與臨時勞工的就業保護嚴格程度

來源：stats.oecd.org，5/27/2013 檢索

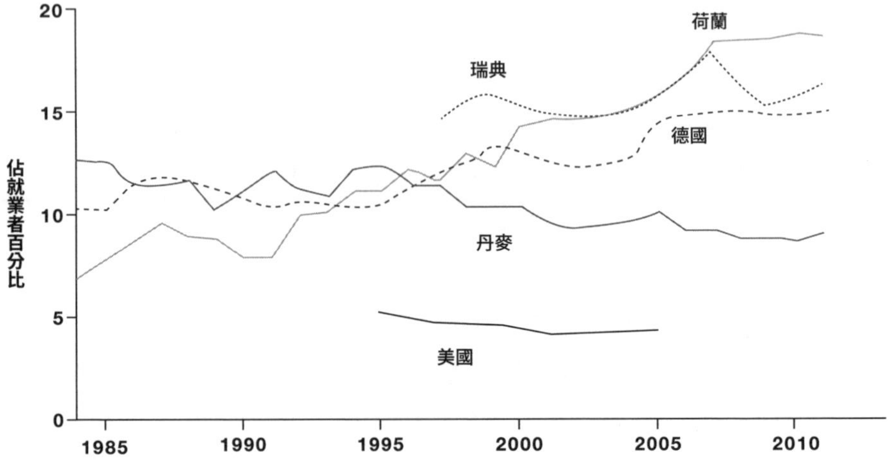

圖 4.7　臨時就業佔所有就業之比例，1985-2010

來源：OECD 統計資料庫

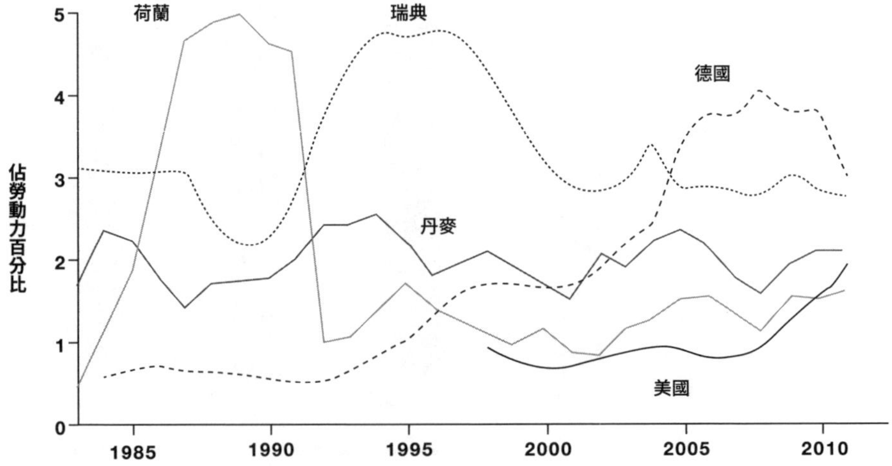

圖 4.8　非自願部分工時勞工佔全體勞動力之比例，1985-2010

來源：OECD 統計資料庫

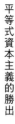

〇年代起的勞動市場自由化，牽涉到工作受良好保護的核心與就業較不穩定、非典型的邊緣兩者之間的強烈分歧。但丹麥並不是沒有經歷自由化；相反地，它在九〇年代見證了就業市場政策的劇烈轉向，針對失業者的積極就業計畫逐漸趨緊。但不像美國，隨這些發展而來的措施，是將伴隨的風險集體化，而非個體化。在接下來的段落，將會探索究竟是怎樣的政治，在發展中產生了這些結果。

轉向自由化

丹麥七、八〇年代的勞動市場政策和德國十分相像。在七〇年代，丹麥政府面對失業率提升的第一反應，是典型的「歐陸作風」，以輔導年長勞工脫離勞動力為目標，並用慷慨的社會性轉移支付來支持失業者。[46] 如 Torfing（1999）所說的一樣：「一九七七到一九九三年間主要的企圖，是盡可能維持失業者的生活水準」。當時的勞動市場計畫無疑都屬於被動性措施，且「不是用於協助勞動力回歸，更多是用於再次授予長期失業者繼續領取救濟金的資格」。職業訓練項目各個面向都鼓勵人們反覆獲得失業給付的資格（「循環失業」），這樣「失業者就能永遠待在失業保險體系裡」。

第一個改變的跡象在一九八二年隨中間偏左政府失勢、中間偏右的新聯合政府執政而來。首相 Poul Schlüter 是一名堅定但務實的新自由主義者，引進各種改革措施，儘管受到來自勞工和社會民主黨的激烈反對，經濟政策的許多面向仍快速轉向新自由主義。這些措施包括強勢貨幣體制的制度化、資本市場大幅自由化、淘汰過去做為薪資和社會福利依據的生活成本指數。這些改革結合第二章所述的勞資關係制度，加上公部門在新公共管理的旗幟下大幅去中心化，在這段時期為丹麥政治帶來巨大的變遷與衝突。

勞動市場的這些變化不如總體經濟政策領域那麼戲劇化。由於是少數黨政府操舵在失業率的浪頭上，Schlüter 首相自我克制不去大幅改革失業保險。即使如此，就業市場政策的基調仍變得像是「由經濟學家接管」，主張勞動市場的僵化和扭曲正在侵蝕工作誘因。Henning Jørgensen（2002）記錄了丹麥八〇年代興起的一種新論述，該論述「批評被動而昂貴的就業協助計畫」，認為後者嚴重妨礙勞動市場的正常運作。

Schlüter 政府的早期相當混亂，因為首相發起了一些擺明要降低工會影響力的倡議。積極就業政策首先從地方政府開始實施。為了駕馭開支，Schlüter 的財政部改變了一些中央撥款和管制的架構，「從核銷地方服務支出的系統……轉變成縮減大額補助的系統」。縮減國家層級支出導致對地方政府的支持也跟著降低，從一九八二年的 35.6%，到一九八五年只剩下 28%。面對這些發展，地方政府官員開始實驗積極性的社會政策，試著克服財政限制，同時提高邊際勞工的生產力。針對失業者的職訓項目正是許多這種源自地方改革措施的重心所在。

更徹底的變革在稍後到來，這場變革是建立在八〇年代的地方實驗上，不過是以 Schlüter 首相在一九九一年召開的三方勞動市場委員會的建議為基礎。這個所謂措伊滕委員會（Zeuthen Commission）報告出爐的時間，正好在那場讓社會民主黨重新執政的大選前。丹麥工會聯合會（LO）和丹麥僱主聯合會（DA）都深入參與了這個委員會（並一起形成其中的多數），但這份報告也反映了在中間偏右政府的這幾年間，公共意見場域所興起的主要論調。丹麥人愈來愈關注「依賴文化的興起，特別是青年失業族群形成中的依賴文化」，委員會也建議丹麥失業保險體系需要深入的結構變革。最後得出的解決方案包括勞工組織容忍縮短失業援助的時間長度和更嚴格的資格認定，以交換政府承諾投入技能形成——將職訓制度化為「權利與義務」。如 Ornston（2012）所言，「措伊滕委員會用職訓取代了被動勞動市場措施，因而創造出後續談判的焦點」。

丹麥式彈性安全

丹麥的積極就業措施因而被中間偏右聯盟放進了議程，但重要的是，它是以僱主、政府和全面性工會間合作得出的建議為基礎而執行，所以當社會民主黨在一九九三年重新執政，該黨並未因為擁有強勢多數而加以反轉，而是沿著措伊滕委員會的建議繼續推行勞動市場改革。一上路就是明確的自由化措施，並展現堅定意向，「告別『權利為本』，走向『義務為本』的體制，在新體制裡，個別失業者要獲得社會福利，會面臨愈來愈多要求」。一九九三年的一道立法：（1）將被動支持減少為四年，之後則是為期三年的積極就業措施；（2）不再允許積極勞動市場政策的參與者展延失業給付的期間，藉此突破循環失業的問題；並且，（3）要求長期失業者與勞動市場代表一起制定回歸勞動市場的個人行動計畫。[47]

不過，伴隨漸趨嚴格的積極就業計畫要求，是對回歸勞動市場的大力支持；因此彈性安全的另一面，正是安全。藉著社會民主黨九〇年代的積極就業政策，為協助失業者重返職場而設計的積極勞動市場政策，其經費獲得大幅擴張（見圖 4.2）。

這些經費被用來支持讓勞工容易回歸的措施——透過增進公共就業服務的支援、針對長期失業者和少數族裔的就業力強化、多加提供為當地僱主需求而設計的職訓。在第三章所討論那些進修職訓領域裡的重要措施和這些改革一同推出，因此政府政策不只支持提升失業人士技能的再訓練，也鼓勵有工作的勞工繼續取得技能，其中最主要的支持方式是學費補助和工資津貼。

丹麥在這方面的嘗試和國際相較十分突出。在一九九一年到一九九六年之間，其他國家都在削減積極勞動市場政策的支出，唯有丹麥加倍增加相關經費，並持續追加，到二〇〇〇年時已經提高到 GDP 的 1.89%。特別是職訓支出增加了不只三倍，佔 GDP 的比例從一九九〇年的 0.25%，提高到一九九六年的 0.85%。到了一九九五年，所有十五歲以上的丹麥人約有一半都在某個時期參加過進一步的職訓方案。基於一份九〇年代末的問卷，Desjardins 等人（2006）提出丹麥有 53% 的失業者（十八個受調查國家中最高的）和 43% 的低技術藍領勞工（僅次於芬蘭），當年在受訪之前都參加過某種成人教育或職業訓練。勞動部的數據紀錄了提供個別技職訓練的公司數量，在一九九五年到一九九六年之間從 35% 大量增加到 50%。[48] 一九九七年，勞動部在僱主聯合會（DA）和工會聯合會（LO）雙方支持下，發起了由全國各地兩百六十五所技職訓練中心執行的技職訓練運動。這個嘗試的基礎由同年稍早通過的財政法案所打下，該法案將支出增加超過 60%，從四千萬提高到六千五百萬，以支持打算進行深化職訓計畫的公司。[49]

雖然許多觀察者認為彈性安全驗證了總體統合主義下共識決議的強大力量，但其過程其實很掙扎，而且不是每個族群都一樣樂見其結果。原本的措伊滕報告是在中間偏右政府的威脅暗示下才談判出來的，政府含蓄但清楚地表示，如果雙方無法達成協議，就要「無視企業和勞工組織的權威」。一開始最反對轉向積極勞動市場政策改革方向的是低技術勞工的工會，這些族群反對取消被動福利和增加失業者對勞動市場的義務。儘管他們的成員「最可能得益於技能提升，卻還是為去商品化的制度遭到強制終結而憤慨」。

然而，第二章所述的團體協商從國家級談判變成產業級談判時，對全國工會聯合會和其內部低技術工會的地位均帶來重大衝擊。低技術工會曾是全國工會聯合會內一個強大的陣營，現在則被限制在部門層級談判，而後者則被技術工會所控制。同時，談判去中心化也讓全國工會聯合會喪失在工資設定上的角色——就在成立將滿一百周年的一九九八年發生，因而讓工會聯合會積極尋求重建其在丹麥政經領導地位的可能性。如我們在第二章所見，這是勞資關係發生重大衝突的一年。政府直接立法介入，終結了當年的總罷工，促使工會聯合會的談判重心轉向更廣的「社會契約」。最後的結果就是一份讓工會聯合會在非工資議題上取得領導地位的協議，這些議題也包含了日漸重要的職訓領域。

因此，工會聯合會最終在職訓領域找到了新的存在意義，以定義技能發展做為新策略的核心。在一九九八年，僱主聯合會和工會聯合會合辦了一場關於技職訓練發展的聯合會議，而這次，職訓權利也開始出現在有關模式設定的產業級協議當中。隨著二〇〇一年，三方參與的勞動市場教育訓練財務局（Board for the Labor Market's Financing of Education and Training）成立，這些發展也得到進一步的制度化。財務局屬於一項「集中公共經費於低技術者和受認證的職能，並納入更多公司資助積極就業計畫」的措施，並且明確負責就進修技職教育訓練的幾乎所有面向對政府提供意見。

最後，丹麥在九〇年代確定了強調自由化和積極就業的方向，但這些倡議也聯繫著相當多對職訓和再訓練的支持，而且不只針對弱勢族群，而是更廣的範圍。如前幾章所述，丹麥政府對技能形成的補助，特別是在成人教育訓練上相對來看優渥許多，而工會也積極支持及推動進修技職教育訓練系統的變革，讓所有族群在每個人生階段都更容易接觸職訓。這造成了勞動市場和職訓都走向自由化的結果，但丹麥的全面性工會，尤其在國家的大力支持下，也大量參與其中。

如此一來，丹麥必然不會像德國等歐陸國家那麼樂於補助短工時工作，後者如我們所見，是用來保障工作，促進核心製造業高技術工人的利益。如 Søren Andersen（2011）所述，丹麥政府基本上反對用國家補助來防止失業。因此，丹麥的短工時工作補助就遠不如德國的慷慨。如前所見，德國的政府補助最多能涵蓋勞工原本工資的 67%，且公司也常會按產業級契約裡的條件增補，所以勞工最後多半能領到正規收入的 80% 到 90%。相反地，丹麥的補助只有基本工資的 50%（也就是未加計公司級契約的部分，而後者占總工資一大比例），而且也沒有任何的公司增補。在最近的危機中，一些大型的丹麥工業廠商要求政府延長短工時工作津貼的時間長度，最後卻空手而返。因此當德國選擇在這次危機中選擇使用此一政策工具時，丹麥的「僱主協會、工會和政府大體來說都同意應該避免短工時工作方案的延伸擴大」。

右派治下的丹麥模式

目前為止應該很容易看出，丹麥的彈性安全體制並不是統一實施，也不是由單一重大談判、更不是在全體一致贊同下所產生的。事實上，它更像是一個 Zorn 等人（2006）所謂「事後意義建構」（retrospective sense making）的典型案例——先隨時間拼湊而成，日後才被當作是一套完整的政策套裝，所以要找出彈性安全體制背後一個完整的「改革聯盟」並不容易。實際上，丹麥首先進行的是自由化改革，而改革中各計畫的低技術「領受者」，原本也沒有比較支持這個模式。除此之外，彈性與安全兩者不斷在互相抗衡。如果由比較不重視重分配的政黨掌握，丹麥模式會脆弱地倒向彈性而降低安全，即便這個系統仍持續仰賴彈性與安全這兩個元素。

二〇〇一到二〇一一年之間治理丹麥的自由—保守聯盟——由中間偏右的丹麥自由黨（Venstre）領導，有時也獲得反移民的丹麥人民黨（Dansk Folkeparti, DF）支持——引進了一些重要的變革。別的先不提，單是條件限制和積極就業的部分就都成功收緊，特別是針對長期失業者的部分。除此之外，這些變革也更加要求失業者積極求職（包括強制每三個月和失業機構連絡）、要求失業者即使必須搬家也要接受得到的工作、減少對某些族群（特別是已婚夫妻和新移民）的社會安全福利。[50] 這個布爾喬亞政府也減少了職訓支出，從絕對數字來看，這些經費從二〇〇〇年的一百億丹麥克朗，降低到二〇〇八年勉強只有四十億——或者說從二〇〇〇年佔 GDP 的 0.77%，到二〇〇八年只剩 0.23%[51]；直到金融危機後，為因應失業率增高，才在二〇一〇年回升到七十三億丹麥克朗，也就是 GDP 的 0.42%。

丹麥絕不是沒有二元化的傾向，保守和自由主義聯盟在這些面向的努力裁減支出，強化了二元化的趨勢。仇外的丹麥人民黨在選舉中大勝後，利用這些傾向採取了針對移民的措施。二〇〇二年，丹麥通過了新的移民法，不只限制入境，也對非歐盟國家的移民採用較微薄的社會援助方案。這個被叫做起點援助方案（start assistance program）的津貼遠低於標準的社會援助——依家庭成員的組成，低了 35% 到 50%，其中最低的是有子女的家庭。雖然丹麥仍擁有富裕民主國家中最優渥的社會援助，起點援助卻將移民獨立出來，給予最吝嗇的待遇。

此外，政府也在二〇〇五年設置了一個項目，項目名稱為討喜的「人人都有新機會」（New Chance for All），但實際上卻提高了接受社會援助的工作要求（與失業給付相對立）。這也加深了社會分歧：仍接近核心勞動力的勞工可以領取較久而優渥的失業給付，他們是某些積極就業措施的目標，但也享有可觀的職訓支持。相反地，社會援助的領受者（定義上是最不容易受僱，而實際上絕大多數都有移民背景的人）適用的則是嚴苛的工作福利；他們兩年內須至少工作三百個小時，不然給付就會被取消。這樣的發展應被當成一種警示：哪怕最成功的政治經濟體，其勞動市場制度安排底下仍舊是暗藏著弱點。

結論：勞動市場自由化的路徑

本章節所討論的三個案例，其勞動市場變遷毫無疑問享有共同的路徑，那就是自由化；分歧的重點在於積極就業是針對誰，以及如何達成。美國的特徵一直是高流動性的勞動市場，且僅有部分有工會組織的廠商，特別是工業界才存在較好的勞動保障。去管制因為製造業和工會的衰退而進一步加速。前總統柯林頓的重大勞動市場及社會政策，原本企圖要強化職訓投入與社會投資，最後卻惡化了這些趨勢，因為勞動市場政策中的「安全」面向遭到刪除，只留下了工作第一這種嚴格的積極就業模式，進而將低技術勞工推入極不穩定的低薪就業型態，使得不平等加劇。

德國的模式不一樣，因為核心製造業廠商和員工共享著穩定勞僱關係所帶來的利益，後者很大部分源自雙方針對企業或產業導向技能的共同投資。在這個案例中，勞僱關係自由化的推動力非常失衡，因而促成非典型就業興起，尤其是在服務業部門。二元化的兩面——核心穩定和邊緣彈性化——並不是兩個獨立的故事，而是硬幣的兩面，因為擴大對核心勞工的保障越來越依靠外包策略才能維持，而外包的利潤是來自於周邊服務業工作的自由化。成功抵擋核心內部自由化的聯盟，卻不經意地間接促成了二元化。

最後，丹麥則是因為九〇年代以來的積極就業政策而大幅走向自由化。丹麥低技術勞工所面對的市場變化，並不亞於德國或是美國，差別在於他們擁有一套可依賴的支持體系。優渥的社會保險和國家對職訓的大力支持，配合積極就業措施大量「排擠了不穩定的工作」，並限制了次級低薪勞動市場的成長。丹麥體系與德國、美國的分別在於，職訓政策、社會支持和勞動市場政策彼此間的整合更為緊密（只有移民刺眼地被排除在外），整合的目的比較不是為了捍衛核心的穩定，而是朝向促進失業者回歸標準全職工作的目標。

註釋

1. 有證據指出積極勞動市場政策能有效對抗失業，但在不同國家內部就此題目所捕捉到的資料存在著不一致，因此難以做出明確結論。最值得深思的分析——由 OECD 的 John Martin（1998）、Giuliano Bonoli（2012），Werner Eichhorst 與 Paul Marx（2012b）都清楚指出，要描述積極勞動市場政策並不容易，因為其中包含各種隨國家和時間而異、不斷演進的項目。不過大致上來說，這些政策上的支出無論是用於懲罰性還是鼓勵性的面向，都是針對勞動市場上最弱勢的勞工。

2. OECD 對二〇〇八到〇九年的經濟衰退中短工時工作方案的評估證實了這點，該評估發現「短工時工作方案有利於保護長期或不定期契約勞工的工作，無法提供額外的工作穩定給臨時勞工，這容易讓中堅勞工相對於邊緣勞工的地位提高，從而進一步增加勞動市場分化的程度」。

3. 在失業率上芬蘭是個明顯的例外。

4. 我用這個容易理解的格式來呈現 Bonoli（2012; 95）的資料，並簡單更新以含括晚近幾年的時間。

5. 然而，如第五章的說明，荷蘭的進修技職教育訓練主要是透過集體談判的基金來運作。直接的國家資助重要性較低，但政府會透過延展集體協議在職訓方面的條件，以實質涵蓋進行談判的部門內所有廠商，藉此支持職業訓練。

6. 在一些國家（如比利時），短工時工作補助津貼是專為藍領勞工所儲備。在義大利也一樣，短工時工作津貼只限於工業、營造業、農業和特定的手工業。

7. 在某些國家，尤其是德國和日本，短工時工作在最近的危機中擴及派遣勞工，因為他們現在已經在製造業人口中佔了重要比例。然而，如 Hijzen and Venn（2011）所述，「即使非正規工作的勞工在原則上適用短工時工作，比起核心勞動力，廠商讓他們進行短工時工作的誘因也相對較弱。參與這些方案對僱主通常成本較高，而僱用和解僱非正規工作勞動者的成本比較低」。

8. 有些差異顯然是因為衝擊的嚴重性，除此之外也和出口相對依賴度有關。但這些數據也應該放在短工時工作政策單純做為一種公共政策，其優渥程度（援助額度和時間長度）有所不同的脈絡下考慮。不過通常使用這些計畫最多的國家，也會提供最優渥的援助。

9. 在瑞典，工程產業在二〇一〇年就短工時工作達成集體協議，但政府卻拒絕提供補助。

10. 該資料庫可存取自 http://www.ipw.unibe.ch/content/team/klaus_armingeon/comparative_political_data_sets/index_ger.html.

11. 積極勞動市場政策的投入程度是基於一九八五至二〇〇七年間，總勞動市場政策中每一名失業者所用積極勞動市場政策的平均比例，短工時工作政策的投入程度則基於圖 4.3。

12. 其它新政項目包括聯邦緊急救援署（Emergency Relief Administration，早於公共事業振興署（WPA）並被其取代）、全國青年總署（National Youth Administration，WPA 的一部分）和平民保育團（Civilian Conservation Corps）。

13. http://www.ibjlib.utexas.edu/Johnson/archives.hom/speeches.hom/680117.asp.

14. 見 Weir (1992: 110) 及 http://www.presidency.ucsb.edu/ws/?pid=2854#axzz1zro84PO3。

15. 他們嘲諷地描述九〇年代初期花在法院、警察和監獄的支出，讓失業給付和就業相關項目與服務的支出「成了侏儒」- 前者花費了九百一十億美元，而後者還不到一半（四百一十億美元）。

16. 失學和入獄間緊密的關聯，在教育底層非常明顯，有 60% 的黑人男性高中輟學者會在三十五歲以前入獄。

17. http://www.epi.org/chart/ib_327_table_1_hourly_wages_entry_level_21。

18. 確實存在一些懲罰性的元素。如 Beland 和 Waddan（2012: 49-50）所指出，一九九四年的改革倡議要求單身母親提出孩子父親的名字才能申請福利，並允許國家設定「家人上限」（也就是福利領受者倘若日後再生小孩，其福利不會再增加）。

19. 政府並不期望公共就業在其中佔太多比重。根據 Weaver 所述，在官方計畫中，到二〇〇〇年為止，只有 10% 的《撫養未成年兒童家庭援助》的領受者，會得到政府提供或是補助的工作。不過，一開始的法案中並沒有「硬性時間限制」，也就是說，領取福利津貼的「軟性時間限制」到期之後，這些保證就業計畫下的工作提供仍會持續。

20. 見 http://www.epi.org/chart/ib-327-table-1-hourly-wages-entry-level-2/_。

21. 而且誠如 Schmitt（2012）所述，美國的低薪工作也和差勁的福利有關：「比如說在二〇一〇年，薪資分配級距最低 40% 的私部門勞工中幾乎有一半都沒有帶薪休假，68% 沒有帶薪病假...」。健康照護也是個主要的問題：「在二〇〇八年，薪資分配級距最低 20% 的勞工中超過一半（54%）都沒有得到僱主所提供的健康保險。而不分公私部門，超過三分之一（37%）的人沒有任何類型的健康保險。」。

22. 以提出此方案的委員會領導人彼得．哈茨（Peter Hartz）為名。

23. 雖然合乎公共體系健康照護的資格，但微工作從業者無法獲得失業給付，且除非自行提撥，否則也沒有退休金福利，而這些低收入的勞工很少有餘力自行提撥。

24. 德國超過 68% 的低工資勞動者是女性。

25. 主要是因為變遷結果恢復了小型廠商先前所取消的就業保障。

26. 這些計畫可以追溯到十九世紀八〇年代，當時有些廠商以減少工時並提供勞工「待命薪資」來應對景氣衰退。

27. 該法也設定了合格廠商的條件（若有三分之一勞工的工資下降至少 10%，公司便可以基於經濟理由申請短工時工作補貼）。

28. 關於德國與義大利之短工時工作使用的進一步比較分析，請見 Pancaldi（2011）。

29. 除此之外，製造業的工會和僱主也一起向政府要求，（成功地）確保派遣勞工也受短工相關法律涵蓋。不過實務上，僱主通常不會提供派遣勞工這個選項，而且實際上這些勞工更常被用作緩衝人力。比如說，在經濟危機隨後的餘波中，許多廠商都選擇僱用臨時工而非正規人力。

30. 持續期間後來又降到十八個月，但政府會支付 100% 的社會提撥。

31. 和幾乎全世界失業率都在攀升的趨勢相反，德國的失業率從二〇〇八年的 8% 開始，在四年後下降到 5.6%。

32. 我要感謝 Martin Seeleib-Kaiser 向我強調這點。出於相同的理由，製造業工會也質疑某些倡議，包括降低低技術勞工的社會提撥、或者用新增的生態稅收來支應這些逐漸降低的提撥。這些構思在三方組成的「工作聯盟」（Bündnis für Arbeit）談判中提出，但卻遭到工會圈的強烈反對。在這些爭辯中，製造業工會被批評為固守過時的解決方案，這些方案只會限制就業，而不是刺激創造新工作。

33. 微工作從業者可以自行提撥退休金來補充，但當然，由於工資很低，實際上少有人有此餘力。

34. 新的立法也包括提供薪水稍高的工作，每個月大概 400 到 800

歐元（所謂的中等工作，midi jobs）。這種工作型態的勞僱雙方皆需提撥，但勞方提撥比正規就業來得低。準確地說，僱主對每個月所得 400 到 800 歐元的勞工，（健康保險和退休年金的）提撥率不會超過 21%。收入 400 歐元的受僱者提撥率雖然比較低，但會累進提升，一旦每月收入達 800 歐元，提撥率就會到達一般的 21%。

35. 和僱用正規部分工時人員相比，微工作能為僱主省下的成本非常可觀。而且，如 Neubäumer 所指出，正規部分工時勞動者如果一樣要達到 400 歐元的淨收入，提撥以前的總收入就得更高才行（幾乎要加倍）。因此這項立法讓僱主和員工省下了更多可以分配的款項。

36. 婦女團體一直主張微工作設下了新障礙，難以提供女性一條能進入「正規」僱用的管道，反而加強了女性員工只是用來補充主要男性家庭支柱這一個模式。Bäcker（2006）的研究支持了這項觀點，該研究指出從事微工作的女性多半「分配到補貼家庭收入的傳統角色」。

37. 這些包括放鬆對臨時派遣工作以及前述定期契約的限制。

38. 後者就是所謂的 1 歐元工作（one euro jobs），特別是那些僅稍高於社會救濟水準的工作。

39. 失業金 II（Arbeitslosengeld II, or ALG II）。

40. Regina Konle-Seidl（2012）指出在二〇一二年六月，有六十八萬一千名補貼客受僱於微工作。自僱者（一人公司）也常會申請哈茨方案第四階段的福利，因為這能讓他們有權獲得健康保險。

41. 只有綠黨明確表示他們傾向廢止這條稅賦優惠。

42. 有 35% 雙薪家庭的微工作從業者月所得超過三千歐元；剩下的大致各有一半分屬於月所得低於兩千歐元以下，和月所得介於兩千到二九九九歐元這兩個群體。

43. Kristensen 等人（2011）指出，每年有 20% 的丹麥勞動力會換工作。

44. 然而，由於三〇年代立法的結果，受薪勞工享有比較好的遣散保障。藍領和白領勞工的相關規範比較請見丹麥工總（2008: 19）。

45. 事實上，若改以 OECD 另類「第三版」就業保障指標的條件來衡量 - 該指標包括對長期和臨時僱用的額外項目 - 丹麥對臨時勞工的保護還優於正規勞工。比如說，Kongshøj Madsen（2013）就使用該另類指標。關於這兩份指標的計算概要請見 OECD。

46. 舉例來說，一九七九年通過了《自願提早退休》（efterløn）計畫，讓六十到六十六歲之間的勞工可以退出勞動力市場，並在領退休金前獲得失業給付做為銜接。

47. 另一項規定也讓失業給付的管理去中心化，以加強和區域勞動市場之間的連結。一九九五年的後續改革，將青年低技術勞工適用被動給付的期間縮短到六個月，成人則是兩年。條件和資格是這次改革的重點，不過援助的程度也有所改變。一九九五年的立法切斷了對青年人（二十五歲以下）的給付。成年最低收入族群的失業給付水準，仍是前一份收入的 90%，但增加了上限的規定。原則上給付會隨加薪連動，但實際上卻落於其後，因此「逐漸變成了實質上的均一給付……而絕大多數的受益者都能領到最高額度」。隨著時間過去，對失業者的積極就業要求愈發嚴格，不只是給付期縮短，求職規定也更為嚴格。

48. 整體而言，大型廠商較小型廠商更喜歡提供這些方案。員工超過一百人的公司有 80% 到 90% 都是如此，相較之下員工少於一百人的公司只有 50% 是這樣。

49. 額外一億零五百萬丹麥克朗的經費提供給支持「改善工作生涯」計畫的公司。另外，這些財務措施都伴有鼓勵勞工要求或參與進一步訓練措施的宣傳廣告。

50. 一份提議延長高收入族群失業給付等待期的政府提案遭到了工

會的堅定抵抗。不過意料之外的是，僱主在此議題上也跟勞工站在一起，他們擔心的是削減給付會提高增強就業保護的呼聲。

51. 雖然這段期間裡，失業率幾乎都在下降。

第五章

聯盟重整與制度變遷

Coalitional Realignments and Institutional Change

前幾章探索了在本研究中的三個制度領域中，製造業的從業人口減少以及就業轉向服務業是如何鬆動了過去穩定的安排。在三個國家案例裡頭，所有的變遷路徑——不管是勞資關係、技職教育訓練還是勞動市場政策，都是走向自由化。這應能證明自由化論證的有效性，然而我們也見識了各種不同的自由化，它們來自不同的政治動力，也導致不同的分配結果。

Gøsta Esping-Andersen 在一九八五年主張，能夠讓資本主義更為平等的政治，牽涉到政治聯盟的形成與維持。隨著階級架構因資本主義本身的進化而改變，這些結盟也會跟著轉變。社會民主主義傳統上的核心選民——主要是產業中的藍領勞工——仍是這個過程的主要行動者，特別是因為製造業本身仍是這些國家的政經體系裡至關重要的部分。然而，正如 Esping-Andersen 的預測，製造業的就業人數下滑，也代表了社會民主主義的生存決定於這些族群能否與新興的階級行動者——特別是愈來愈多的服務業低技術勞工，但通常也包括受薪僱員和白領勞工——結為新的聯盟。基於 Esping-Andersen 分析社會與福利政策所發展而出的核心洞見，我認為要解釋本書中所觀察到三個領域裡的不同自由化路徑，最好的做法就是問：這樣的聯盟如何成形，又能發展到什麼程度？

因此本章將轉向探究荷蘭和瑞典，這兩國與前面所分析三者的差別，可以對富裕民主國家制度變遷背後的政治，提供額外的洞見。荷蘭的案例能讓我們探索一個基督教民主國家如何脫離傳統的歐陸模式，擁抱另一種與北歐國家有許多共通點的彈性安全體制。瑞典的制度則是丹麥的對比，因為前者雖是社會民主主義的堡壘，卻展現出與德國相仿的強烈二元化趨勢。不過，我在荷蘭及瑞典觀察到的趨勢，並沒有令他們「改宗」到另一個 Esping-Andersen 所稱的資本主義類型「家族」裡頭。但他們確實顯示出明確的傾向，因此理解其緣由可以在解釋更多不同國家的模式時，提供額外的借力之處。

我認為，先前用以區分家族間的二元化及鑲嵌式彈性化時所強調的兩個要素，也能解釋家族內更細緻的差異。回到表 1.1 所呈現的因果架構，我指出過荷蘭和德國的相似，可以追溯到工會與僱主組織之間所達成的妥協，還有緣其而來，在生產者團體動態上的相似。至於分配結果的重大差別，則是因為荷蘭有更強的國家力量讓政治結盟延伸到核心製造業以外。與此相似，丹麥與瑞典間主要的相同處，也是緣於兩國都有包羅廣闊的勞工運動，而兩國的不同則反映了瑞典國家力量相對較弱，因而無法克服僱主（特別是工業界僱主）對於制定全國通行之解決方案的反彈。

一、荷蘭

許多觀察者將荷蘭和丹麥並列於神壇，因為他們在明顯的政府撤離與自由化脈絡下成功維持、並在某種程度上提高了社會團結。了解八〇年代中期開始在荷蘭締造「就業奇蹟」的政治動力是有啟發性的，因為他們在核心勞動市場和福利體制的結構上，與德國之間有許多共通處，但荷蘭改革的結果，看起來至少是扭轉了典型的基督教民主模式。

當時其他歐陸政治經濟體都陷在缺乏工作的嚴重福利循環中，荷蘭卻能穩定而顯著地降低失業率，從一九八三年的 12%

到一九九一年的 6%，最後到達二〇〇七年的 3.2%，是經濟危機前夕時歐盟國家中最低的。從一九八五到一九九五年間，該國每年平均創造了 1.8% 的工作，相較之下歐盟整體僅有微不足道的 0.4%，而當時被譽為就業強勢成長的美國也只有 1.5%。而最引人注目的或許是，一反先前根深蒂固、以男性經濟支柱為主的就業模式，荷蘭婦女大量進入就業市場。荷蘭的女性勞動市場參與率在一九九三到二〇〇九年間，從 52.2% 提升到 71.5%，是同一時期歐盟平均值的兩倍，而這段時間內歐盟僅從 49.2% 提升到 59.9%。

荷蘭的就業「奇蹟」很快被拿來跟丹麥模式比較，但荷蘭的做法卻跟丹麥相當不同。丹麥模式是建立在全職勞工高度的勞動市場彈性，以及提振技能並將失業者送回職場的積極勞動市場政策，而荷蘭的就業奇蹟幾乎完全是靠增加部分工時就業。一九八五到一九九五年間所創造出來的工作，有 90% 都是部分工時工作（也就是週工時在十二到三十六小時之間），而到了二〇〇九年，幾乎有一半（48.3%）的荷蘭人從事部分工時工作。[1] 就像大部分國家一樣，荷蘭的部分工時勞工大多以女性為主。受僱女性中有 75% 從事部分工時工作。不過同時，受僱男性中也有 31% 從事部分工時工作 - 因此荷蘭如今也是「男性部分工時工作的領先者」。

多數的勞工都選擇了較短的工時。即便荷蘭的部分工時勞工所占比例高過所有 OECD 國家，他們的非自願部分工時就業水準卻也最低（見圖 4.8）。[2] 不像第四章所分析的德國微工作，荷蘭的部分工時工作在解僱保障、健康照護、病假和失能等方面，都遵從和「標準」全時工作相同的規範。部分工時勞工也有權依收入比例為基準，獲得一般的福利（如失業保險和補充退休金）。根據法律，僱主不得以工時為區別理由，因此部分工時者能受同一份規範工資、附加工資、獎金和假日的集體契約涵蓋。[3] 大多數的部分工時勞工都受到集體契約涵蓋——二〇〇六年的涵蓋率是 74%，相較下全職勞工的涵蓋率則是 84%。雖然部分工時勞工仍集中在較低階的職業，但女性部分工時者不見得是如此，她們之中有超過三分之一是擔任管理、科技或專業性職位。問卷指出，大部分（約 80%）的部分工時者都對這樣的安排很滿意。大體上來說，丹麥和荷蘭一開始在整體工作滿意度上差不多：近 90% 的丹麥及荷蘭勞工都將自己的工作評為「滿意」。[4]

荷蘭的勞動體制與德國之間的另一個主要差異（以及與丹麥的相似），在於九〇年代以來對職訓、特別是進修技職教育訓練（CVET）的支持。我們看過德國職訓市場的二元化有部分是受體制本身的動力所驅使，在該體制下，廠商控制了初始技職教育訓練（IVET）的取得途徑，而國家則對失業者提供一些職訓來「收拾殘局」，但進修技職教育訓練體系卻沒有得到發展。相反地，荷蘭的國家力量對初始技職訓練的涉入較深，因此整個經濟體較不依賴私部門的志願主義來讓青年獲取技能及認證。更重要的是，荷蘭的進修技職教育訓練發展得比德國更好。不過和丹麥不同，荷蘭的進修技職教育訓練較不依賴國家直接挹注資金（如圖 4.2 所示），而是依靠由集體談判所建立的部門級職訓基金，其資金通常來自該部門內的廠商提撥。由於國家延伸條款的使用，這些安排幾乎無所不及——政府能用這項條款，將這些協議擴展至涵蓋部門內所有勞工，無論僱用他們的廠商是否加入談判。[5]

儘管荷蘭的經濟狀況在七〇年代到八〇年代初十分黯淡，如今卻得到許多讚揚。當然，這些就業成果並非那麼徹底。失業率在金融危機後又再次爬升（從二〇〇八年的 3.1% 提高到目前的 5.1%），而長期失業率雖然自八〇年代來下降許多，但仍一直是個問題，低技術和非本地勞工的狀況尤其嚴重。荷蘭的臨時（定期）就業比例也首屈一指，二〇一一年時佔整體就業的 18.4%，在西歐國家中僅落後西班牙和葡萄牙。[6] 此外，荷蘭的政治和丹麥一樣，受到非常強烈的反移民情緒所扭曲。所以荷蘭模式遠較那些不時洋溢崇拜的新聞標題所描述的還要複雜。我會在第六章回頭處理荷蘭與丹麥模式的黑暗面，但這裡還是會專注於這條藉著部分工時工作升級與常態化，而達成的不尋常就業成長路徑，還有荷蘭九〇年代走向彈性安全時職訓所扮演的角色。

解釋荷蘭的彈性安全

荷蘭案例的難題在於他們比較像德國，而不是北歐國家。雖然有些觀察者認為荷蘭是個複雜的混合體，包含了一些社會民主模式的元素，但大部份學者都堅定地將其歸類於基督教民主陣營。荷蘭的所有公民都享有全民健康照護，也有基本的最低退休金。除此之外，社會保障傳統上也是立基於經典的「俾斯麥式」社會保險模式，由僱主和勞工們遵照薪資額提撥。而社會政策所圍繞的主軸也是維持階級地位和所得替代，傳統上強烈不鼓勵婦女就業。

那麼，是什麼造成了荷蘭與眾不同的發展路徑？各種論述中存在一些候選原因，但最著名的幾個理由在解釋這些差異時似乎不太能派上用場（如第一章所檢視）。比如說，如果使用權力資源理論比較德國和荷蘭，就會出現矛盾。兩國的工會組織率都低於北歐國家，彼此相近。事實上，德國的工會組織率還較為高一點（見圖 2.4），因此真要說起來，荷蘭還更受基督教民主主義所主導。[7] 兩國的社會民主黨都執政過幾次，但力量及影響力從不及他們在北歐國家的同志。

勞動市場二元化理論或許可以援引；不過，如我們在第一章所見，有些討論認為這種政治支持更有可能產生中堅—邊緣的嫌隙。雖然 David Rueda（2007）主張社會民主黨傾向促進中堅族群的利益，但 Jonas Pontusson（2009）提出基督教民主政府和二元化的關聯更強，而社會民主黨能維持較高度的團結。只是最終，荷蘭的例子都無法提供兩者明確的支持。雖然八〇年代的中間偏右政府曾採取過大型的自由化改革，但就像丹麥一樣，社會民主黨重新執政後並沒有走回頭路。舉例來說，同時由基督教民主和社會民主政黨所組成的大聯合政府就在一九九七年為了改革失能給付法令，與勞動市場「中堅」進行了激烈的長期爭鬥。後來正是社會民主黨堅持調查有關濫權的指控，導致社會夥伴在關鍵的三方和雙方論壇中作用降低。有鑑於此，荷蘭的例子很難用以清楚證實這兩個以黨派競爭為基礎的主張。

第三個，也是目前對這些差異最普遍的解釋，則是來自統合主義理論。荷蘭擁有相對長久的三邊協商傳統，社會夥伴與政府在全國層級進行集中磋商。這些傳統的制度化，是透過勞資雙方在一九四五年組成的勞動基金會（Stichting van de Arbeid, STAR），和為促進工會、僱主及政府三方就社會和經濟立法進行磋商，在一九五〇年成立的社會經濟理事會（Sociaal-Economische Raad, SER）。

但荷蘭的就業成果也很難歸功於統合主義產生共識的能力。一九八二年的《瓦森納協議》通常被認為是統合主義論點的頭號證據，但該協議達成時，統合主義已經陷入超過十年的僵局，而且當時剛勝選的中間偏右政府基本上已經揚棄三方協商制度。[8]統合主義制度在九〇年代初期也徹底失去信用，社會夥伴被揭露長年以來都在共謀利用公共資源——特別是失能津貼，將產業轉型的成本轉嫁給納稅人。這些醜聞造成重大的危機，使得社會經濟理事會喪失先前在任何新的社會經濟立法上受諮詢的法定權利，而社會夥伴在管理社會保障津貼上的雙邊控制也遭到剝奪。如第一章所強調，我們需要超越統合主義架構的存在（或不存在），轉而聚焦在這些架構內部的衝突，以及引導政策結果的政治動力。

接下來我會提出另一種對荷蘭案例的解讀，強調與德國間被忽視的差異，這些差異能協助解釋為何提升婦女的部分工時就業率會成為九〇年代創造就業策略的核心。一個關鍵的差異可以追溯到製造業的地位。歷史上，荷蘭經濟的主要重心是在服務業，特別是銀行保險業。荷蘭的工業化來得很慢（五、六〇年代才大幅推進），而且僅限於類型相當狹隘的產業，並採取低薪策略，這使得荷蘭製造業在七、八〇年代遭遇發展中國家的低成本生產者時顯得相當脆弱。德國製造業在那段經濟動盪中崛起，變得精簡卻仍非常有競爭力，荷蘭的工業卻持續衰退。[9]工業的就業人口一直都不高（最高的時候是 30%），並在整個七〇年代穩定且快速下跌，在一九八〇年達到德國目前的水準（略低於 20%），然後掉到如今所見的 10%。

這些差異由於八〇年代的德國和荷蘭看似走在相同的路徑上而遭到忽視。兩國都是由基督教民主政黨所治理。也都採行典型的歐陸保守派勞動市場政策，藉由減少勞力供給來處理失業率，也就是利用提早退休計畫促進高齡勞工退場，而失能給付在荷蘭也扮演了重要的輔助角色。不過在德國，柯爾（Helmut Kohl）總理的基督教民主政府在這段期間裡並未強勢轉向新自由主義的路線，而是繼續培植傳統的制度措施來支持製造業。相反地，八〇年代的荷蘭基督教民主黨就較為明確擁抱了新自由主義途徑，積極提升傳統上佔優勢的服務業。不像德國所有主要行動者的偏好和政策都以穩定就業和支持工業為目的，荷蘭政府選擇與服務業部門的僱主合作，大力支持部分工時就業的增長，而這些工作鮮少涉及製造業。

在荷蘭，製造業衰退，使得相關男性藍領勞工退出勞動市場的比例愈發升高，促使女性進入就業市場支援家庭收入，而基督教民主的福利國家傳統——日間托育不發達，以及許多其他問題——意味著部分工時就業是唯一「可兼顧家庭」的選項。[10] 這兩個國家對社會及勞動市場政策的監管都曾經發生嚴重的腐敗醜聞；荷蘭是在九〇年代初期，德國則是兩千年代初期。不過，荷蘭製造業的崩潰和新自由主義時期的影響，已經大幅改變了該國的經濟基礎和就業結構，部分工時就業佔了總就業人口的四分之一，婦女也大量進入勞動市場。荷蘭的社會民主黨正是在這樣的脈絡下，將統合主義的利益仲裁管道轉往新的方向，為新自由主義時期創造出來的新選民利益服務。

瓦森納協議前後的荷蘭政經

戰後的荷蘭擁有非常強大的貿易和金融傳統，還有龐大的農業部門，但工業基礎非常不發達。在五〇年代，許多報告出爐，紛紛指出荷蘭需要工業化，促使政府推出政策，「（著重於）刺激能源、化工、食品及金屬加工的大量生產，從農業國家轉型成為工業經濟體」。靠著所謂由國家「帶領」的集體談判支持低薪策略，荷蘭的工業確實起飛了。而年度工資準則由政府仲裁委員會（Commissie van Rijksbemiddelaars, CvR）在社會事務部的指導和負責下，根據勞資雙方的勞動基金會建議，以及三方協商的社會經濟理事會數據來設定。

在戰後的最初幾年，每個主要利益團體都有理由接受國家重度涉入工資的形成。僱主得到的好處在於從一九五〇到六〇年之間，由國家領導的談判能一直能協調出低於德國和比利時 20% 到 25% 的工資。工會則熱衷於促進工業化，他們相信產業工人將成為勞動階級力量的核心，而且發展不足的福利政策也只能透過強力的出口成長來提供資金。此外，政府介入也能彌補（並替代）工會組織率較低和工會分散等問題，因為政府能自由利用權力將集體協議的條件擴及未簽署集體契約的人。[11] 在一九四〇年以前，集體契約所涵蓋的人數還不到勞工總數的 20%，五〇年代的涵蓋率戲劇提升，一九五〇年是 40%，而一九五六年就到了 70%，一九九五年又進一步增加到 80%。

到了五〇年代末，荷蘭的工業已經起飛，開始像當時的其他國家一樣，面臨勞動力短缺的問題。荷蘭和其他基督教民主國家很像，選擇引進外籍勞工來應付勞力短缺，而婦女仍被留在家中。事實上，荷蘭婦女的勞動市場參與率遠遠落在所有歐洲國家的末席。在一九六二年，只有 27% 的荷蘭婦女從事勞動，遠低於義大利（38%）等國家。這個數字在隨後依然持平，到了一九七五年也只提升到 31%——仍然低於 OECD 或先進工業國家在一九六二年的平均水準——因為其他國家的婦女勞動參與率在這段時間內不斷成長。[12]

六〇年代末期到七〇年代對荷蘭的製造業又格外無情，最大的問題在於有名的「荷蘭病」（Dutch disease），也就是因自然資源收入導致匯率上漲而抑制出口，但其他問題也拖累著經濟。公私部門工資之間、兩者與法定最低工資之間、法定最低工資與社會福利之間的複雜關聯，造成了政府有 60% 的預算都直接和私部門工資談判綁在一起。這些發展共同造成了一個通貨膨脹、失業率攀升和財政危機的惡性循環。

製造業做為核心部門，「發展狀況遠差於歐洲共同體的其他國家」，其從業人口在七〇年代下跌了 78%，國內市場被其他工業化國家給攻佔，遠大於出口成長的部分。荷蘭的紡織和成衣產業在一九六八到一九七三年間完全潰散，而造船業也差不多在一九八五年覆沒。荷蘭工業中仍保有競爭力的部分，主要是依靠採取全球擴張及多角經營策略的外向型跨國企業。一份由備受敬重的獨立諮詢委員會——政府政策科學委員會（Wetenschappelijke Raad voor het Regeringsbeleid, WRR）經過仔細評估所發布的重要報告，指出這段期間荷蘭總附加價值中工業占比下跌的比例，超過了英國以外的所有歐洲共同體國家。

如同德國藉由大量使用提早退休來處理衰退對就業的影響，荷蘭則是依靠失能保險。荷蘭的依賴率（社會福利受益者相對於受僱者的比例）從一九七〇年的 45.9% 提升到一九八〇年的 68.4%，一九八五年達到了 86.4%，並到一九九〇年為止都保持在該水準，該年的依賴率是 85.6%。八〇年代初期，荷蘭正經歷經濟負成長。失業率遠高於歐盟平均——一九八二年為 11.4%，相較下歐盟的平均是 8.9%，德國則是 5.9%，且有 60% 的失業者都超過一年沒有工作。總就業率從一九七〇年佔工作年齡人口的 62%，下降到一九八四年的 51%，而一九八五年整整有三分之一的荷蘭勞動力依賴著福利給付。這次危機的嚴重程度，正是造成後續轉折如此戲劇化的部分原因。

多數關於荷蘭就業奇蹟的報告都從一九八二年的《瓦森納協議》開始，這份協議曾被 Jelle Visser（1998）稱為「協議之母」，也普遍被看做是荷蘭政經在戰後演進的轉捩點。在這份協議中，工會放棄工資調節——包括，也最重要的是，廢止物價和酬勞間的自動調整條款；該條款在六〇年代被引進，並只成功守住了五年——藉此交換縮減工時的去中心化談判。這份協議的衝擊十分清晰：自動調整條款幾乎在一夜之間消失，平均實質薪資下跌了 9%。在一九八三年到一九八六年間，工作週時也普遍從 40 小時減少到 38 小時，不過主要是藉由增加額外假日。該協議立刻讓私部門恢復獲利能力。

雖然《瓦森納協議》經常被當成總體統合主義善於就國家利益達成共識的最好例子，但實際上國家力量和「行政立法決策」才是形成這種「共識」的關鍵。早在三年前，也就是一九七九年的十二月，社會夥伴之間所謂的準協議（biina-akkoord）中就已經形成了瓦森納協議裡達成的大部分東西，只不過又因為低技術和公部門工會的反彈而崩解。一九八二年的大選讓新的中間偏右政府上台，他們遵循嚴格的「拒絕謬政」（no nonsense）口號施政，進行堅定的介入，施行了凍結工資，並通過法令終止物價和酬勞間的自動調整條款。在這個脈絡下，工會理所當然棄守了生活成本自動調整條款，而僱主由於極力想避免政府再次對他們的事務進行多餘的干預，言詞含糊地同意在去中心談判中，以不影響成本的方式減少週工時。

就成果來說，《瓦森納協議》排除了國家對工資談判的直接干預（最終證明是一項長久的成果），也確實帶來了工資節制——部份是因為它解開了一些引起通膨的繫結，比方說切斷公司部門談判間的關聯。不過，這並沒有開創總體統合主義式決策的新時代。Ruud Lubbers 首相對三方協商不感興趣；他主持了一個反共識主義的財政緊縮聯盟，大力推動迴避統合主義傳統管道的改革計畫。新政府核心的優先事項，是讓公部門財務回歸正常。除此之外，Lubbers首相還降低了法定最低工資、大幅削減醫療和教育支出、降低對失業、疾病和失能給付的替代率以減少社會福利支出。一九八九年，荷蘭政治的長期觀察者都在哀嘆「荷蘭的政治從和解走向對立」，以及該國的社會夥伴關係受到「侵蝕」。

《瓦森納協議》也沒有打破我們耳熟能詳那種人們光領福利不工作的歐洲症候群。如Anton Hemerijck（1995）所示，荷蘭在一九八九年以前失業率的改善，多半是因為失能給付體系中的隱藏性失業急遽增加。實際上，統合主義存在最完整的領域正是社會保障，因為社會夥伴一直共同經營著失業和失能給付。和德國一樣，荷蘭產業的縮水有部份係透過提早退休而達成，但和德國相反的是，荷蘭也因濫用失能保險做為勞動市場的離場機制而出名。失能給付在一九六七年開始實施時還算節制，但後來卻增長得超乎預料，因為八〇年代的廠商大量用它裁員，打發生產力較低的勞工離開勞動市場。

和德國一樣，這些退場選項為裁員提供了相對具共識的基礎。事實上在荷蘭，被列為失能比提早退休還要好，因為前者有原則上無限期的優渥給付，還能讓受益者避開失業給付較為嚴格的要求（比如進行求職）。[13]就廠商的立場來說，他們自然歡迎這份卸除裁員成本的機會，因為社會保險的成本不是由公司，而是社會基金和納稅人負擔。[14]在一九八九年末，約有14%的荷蘭勞工接受失能給付（完全或部分失能），加上提早退休者和失業者，這代表在八〇年代末期，荷蘭約有三分之一的勞動力屬於某種類型的無業人士，並受到國家援助。

部分工時工作的崛起

部分工時工作在八〇年代的的崛起，必須放在前段所討論的發展背景下來理解。德國應對七〇到八〇年代經濟危機的方式，圍繞於同時保障標準全職就業（特別是製造業的全職就業），並且配給市場上的工作。於是，基督教民主政府和較為保守的化工工會站在一起推動提早退休，而非金屬加工工會較為支持的減少週工時策略。相反地，荷蘭的基督教民主政黨在八〇年代，則愈來愈受到服務業——包括金融保險等傳統強勢產業——-僱主的影響。這些僱主積極推動以部分工時和定期契約僱用來提供另類的就業成長。社會經濟理事會的前社會保障委員會主席，Ad Kolnaar 強調保險業在這些發展中扮演的角色，並提到荷蘭的臨時派遣企業任仕達（Randstad）在這段時間強勢成長，成為全球第二大的臨時派遣業者。前首相 Lubbers 同樣強調服務和貿易產業的角色，來解釋部分工時工作為何會在他的任期內急遽發展。他強調，荷蘭的經濟一直以服務和貿易產業為中心，且「在這段期間內變得更不像德國」。荷蘭的部分工時就業比從一開始就比德國高，在八〇年代從 18.5% 成長到 28.2%，不過在一九九〇年又暫時下跌。

同時，荷蘭婦女、特別是丈夫失業或實質工資下跌（瓦森納協議的影響）的婦女，在這段時期都有了補貼家庭收入的強烈誘因。實質工資持續下跌（在一九七〇到一九八五年間下降了 6%），大量的製造業廠商倒閉，荷蘭男性不參與勞動市場的現象也大幅蔓延。而且，一些阻礙荷蘭女性就業的嚴格歧視逐漸被消融，也形成了「拉力」。舉例來說，已婚女性在一九八五年首次能領取失業給付——正好和這項轉變同時，如果她們的丈夫失業，能領到的失業給付也減少了。不像德國，荷蘭部分工時勞工只要工時達到正規週工時的三分之一，就適用法定最低工資。此外，由於最低工資已和私部門工資脫鉤，其價值仍較為接近一般工資，因此加上妻子的部分工時工作後，家庭收入便能維持和之前相近的水準。

荷蘭的工會——高度集中於製造業——這段期間也陷於危機之中。他們在七〇年代已經歷過大規模失業，又在八〇年代繼續失血。社會民主派的荷蘭工會聯盟（Federatie Nederlandse Vakbeweging, FNV）單在一九七七到一九八七年間就失去了超過十萬名成員，為其總成員的三分之一。荷蘭的工會密度在一九六〇到一九七七年間一直穩定維持在 35%，到一九八五年卻暴跌到剩下 20%。不參與勞動市場的人數（退休和失業）從一九七〇年的 8.5% 成長到一九八八、八九之交的 17.4%，後來又持續提高到接近四分之一。

製造業縮水也改變了家庭分工，因為依靠單一經濟支柱的家庭從一九七七年的 51%，持續穩定下滑到一九九七年的 18%。由於受崛起的服務業部門僱主偏好所推動，以及中間偏右政府的強力支持，荷蘭女性就業率快速成長，而且成長的幾乎都是部分工時就業。他們僅在一代人的時間內就完成了重大的轉型；在一九七三年，有學齡前子女的母親僅有 10% 出門工作，而到了一九九八年就超過一半。

等到社會民主黨在一九八九年重新參與執政——在與基督教民主黨的聯盟中做為資淺的夥伴（首相仍是 Lubbers），局面已經大不相同。加入勞動力的女性愈來愈多；已佔所有工作四分之一的部分工時就業，以作為重新分配工作的方法來說，比起減少週工時更加有利。工會——仍主要根植於日漸收縮的核心工業——結束了充滿碰撞的十年。Lubbers 首相的新自由主義政策和工業衰退對社會民主黨造成巨大損失，特別是對他們的核心選民。

左派回到大聯合政府似乎宣告了全面性協調和三方協商終於要在多年沉寂之後回歸；就各方面來說，這都是工會所期待的。然而認真說來，社會夥伴關係卻在一九八九到一九九二年間達到了新低點。在一片戲劇化的激烈衝突中，Lubbers 首相針對荷蘭失能給付體系的改革雖遭到工會全面反彈，仍在荷蘭「重病」急需「猛藥」的主張下闖關成功。前工會領袖及社會民主黨領袖 Wim Kok 也為這項改革背書。當時他剛成為大聯合政府的財政部長，正急於證明社會民主主義在多年蟄伏在野後，充滿了承擔艱難選擇的意志。原本相信社會民主黨不會放行這項改革的工會成員都感到遭受背叛，出現大波退黨潮。黨和工會之間的不和讓 Kok 請辭黨主席，不過他受到了挽留。

在反彈消退以前，國會對社會夥伴在失能給付基金管理中的角色發起了調查，使得統合主義制度遭受負面關注。有悖於社會民主黨傾向捍衛中堅勞工利益的理論，荷蘭的社會民主黨反倒是積極參與這項醜聞調查。Kok 要在國會成立調查委員會，首先必須克服來自基督教民主黨的抗拒。基督教民主黨扯他們後腿的理由，不只是因為自己和勞工運動組織也有關係，也是因為擔心如果對抗工會—僱主的共同管理，將不可避免導致更強的國家控制。[15]Buurmeijer 調查委員會——以社會民主黨的主席 Flip Buurmeijer 為名——在電視聽證會上的報告，讓社會夥伴組成的雙邊社會保障管理模式，受到了極為負面的關注。等到調查委員會在一九九三年九月發布正式報告，這些調查結果早已成為「常識，具體來說是社會夥伴將社會安全基金『過度自由地』用於產業轉型和安撫社會等用途」。

和一九八二年的瓦森納協議很像，這場統合主義的危機再次讓工會和僱主聯合起來捍衛他們在集體談判和社會政策兩者上的角色。就在政府考慮要終止集體協議延伸時，全國級工會和僱主聯合會的反應是激烈地共同捍衛這項措施。為了制止政府威脅修法或廢止一九三七年以來的集體協議延伸法案，他們達成了一份協議，在各個面向上都為將來幾年展開的新倡議打下基礎。

荷蘭統合主義的危機和轉機：荷蘭的彈性安全

一九九三年這份「新方向」協議標示了荷蘭版彈性安全的起點。荷蘭的彈性和丹麥有點不同，它的核心是升級部分工時工作，以實現擴大就業並協調工作與家庭。但和丹麥類似的地方在於，勞動市場政策的轉變，也伴隨著對進修職訓的支持增加。不過在丹麥，國家在提倡和資助這些職訓上扮演了強力且直接的角色，而在荷蘭，這些變革則是來自集體談判。

部份工時工作政策的轉變，反映了如我們所見的已經持續一段時間的變遷。在一九八九年，勞資雙方組成的勞動基金會發表了一份共同意見書，並成為四年後《新方向》協議的基礎：「社會夥伴注意到，部份工時就業正快速擴張，我們都同意『應該防止這項發展中止，如果部份工時工作仍侷限於少數部門或職務，或是部份工時零工提供的收入和職涯前景太過有限，可能會發生某些問題』」（引用於 Visser 2002: 32）。這份報告建議了對部份工時工作的改進標準，以及全職勞工減少工時的權利。

工會和社會民主黨所面臨的壓力與日俱增，必須調整策略面對新環境。與基督教民主黨在失能給付改革上的合作，在左派內部掀起了論戰。社會民主黨領導人 Wim Kok 承受的砲火最多，但他的同事，時任社會事務部次長，並且直接負責失能給付改革的 Elske ter Veld 也不在話下。ter Veld 和 Kok 一樣出身勞工運動，但她更關注女性選民的利益，並長期擔任工會聯盟的婦女部主任。一份由社會民主黨主席 Marianne Sint 授意，並在一九九一年一月發布的內部報告「批評了黨內組織架構和決策機制都由『核心圈子』（in-groups）所主導」。[16] 於是社會民主黨在一九九二年進行重大的組織變革，廢除中央委員，並重組黨代表大會。荷蘭女性主義者們矛盾地認為部分工時工作根本上屬於次等工作，但在荷蘭工會聯盟內，女性會員卻「開始推動部分工時和全職勞工之間的平等」。工會的婦女代表性仍嚴重不足，[17] 但同時間，傳統的男性經濟支柱模式已經明顯失去其「過往在荷蘭勞動市場裡的主導地位」，因為在九〇年代初期，已經有近半（44%）工會成員來自雙薪家庭。

在《新方向》協議簽署後不久，基督教民主黨和社會民主黨的大聯合政府，就被由社會民主黨與自由主義政黨所組成的、俗稱「紫色聯盟」給取代，在戰後首次終結了基督教民主黨的執政。社會自由主義的影響力逐漸增長——無論是在政府內還是社會民主黨內皆然——並在接下來的七年間為一系列政府規範部分工時就業、提升其地位及福利的改革鋪路。一九九六年的重大立法禁止了以工時為由的歧視；從此之後，部分工時勞工在工資、超時工作、假日、獎金、職業年金和職業訓練上，享有平等的待遇。[18] 部分工時勞工在解僱保障、試用期、失業給付、病假工資和失能給付等面向上，也受到和全職勞工相同的規定涵蓋。[19] 法定最低工資適用資格的工時門檻，過去曾排除工時極少的工作，現在也被廢止了。

《新方向》協議也為臨時派遣勞工的權利改進搭建舞台。在一九九六年，《彈性與安全》這份核心協議闡述了新的規範，成為一九九九年同名法案的基礎。這些措施放鬆了對定期契約的限制，但也規定受僱超過二十六週即視為與派遣公司簽訂長期（非定期）契約，從而讓派遣勞動者獲得穩定地位。[20] 派遣勞動者從此如「正規」受僱者一樣，適用所有標準的權利和福利，包括就業保障、受訓權、工資保障和補充退休金。

二〇〇〇年的工時調整法案則開啟另一個里程碑，讓受僱者可選擇減少或增加工時。一九九三年的《新方向》協議就已要求在集體協議中加入所謂的部分工時條款，讓全職勞工能有條件地選擇較短的工時。二〇〇〇年的法案加強並擴大了勞工選擇減少工時的權利。[21] 增加工時的權利亦然，這點非常關鍵，因為這讓有此意願的部分工時勞工可以轉為正職僱用。更準確來說，在二〇〇〇年後，除了在最小型的廠商（少於十人）以外，勞工們可以調整 20% 的工時，從全職轉入部分工時，或在更嚴格的條件下，從部分工時轉為全職，除非僱主能證明存在不可抗拒的業務因素（沒有替代人員、職務不可分割、沒有足夠工作）。[22]

這些變革加總起來，提升了部分工時勞工（特別是女性）的地位，讓女性受僱率甚至長期落後其他基督教民主國家的荷蘭，達成了顯著的成就。[23] 前基督教民主黨的主席 Lubbers 稱紫色聯盟在執政期間，其所具有的女性主義傾向，經常將基督教民主黨描繪為「對女性不友善」，用意是定位自己為捍衛婦女權利的先鋒，以和老派統合主義有所切割。

Lubbers 的說法確實捕捉到當時的政治爭議，即使現實如我們所見，較此更為複雜。正如 Visser（2002）所主張，部分工時工作一開始是因應「八〇年代的市場逆境，為了在製造業的工作及工資減少時支撐家庭收入才興起的」，雖然其用處很快就「被政客發現並且推廣，而工會和女性主義者們在經過一段時間猶豫後也加以採納」。從這個角度來看，工會和社會民主黨在各個面向上，都只是「投機地把他們的政策塞進」Lubbers 所發動的勞動市場變革裡頭。一九八九到一九九三年的前一個大聯合政府已經將母職假從十二週延長到十六週，並增加育兒基金，但紫色聯盟更進一步地以直接補貼和僱主強制提撥來強化托育服務。

和丹麥一樣，職訓在荷蘭版的彈性安全裡占有重要分量，而且在過去二十年間，這塊領域也發生了重大變革。前面提到（青年的）初始技職教育訓練，德國和荷蘭最關鍵的差別在於，荷蘭的國家力量在技職教育訓練的資金和方向上所扮演的角色更為吃重。我們前面曾經提到，德國的初始技職教育訓練是由廠內學徒制所主導，而國家資助的校內替代訓練處於非常低的地位——差不多是給無法進入廠內學徒訓練的弱勢學生一條待命航線而已。與此相反，在荷蘭占主導地位的，是公共資助的校內訓練——約有三分之二的受訓者遵循這條途徑。它也享有較高的地位，被僱主認為和廠內職訓相當。由於更加依賴公立的技職學校，荷蘭職訓體系整體來說較不需仰賴私部門的自願主義，也因此較不會受經濟衰退所傷害，而德國廠商卻正好最常在勞動市場最需要職訓時減少其供應。[24]

荷蘭的國家力量和技職學校比重較大，也影響了技能的內容，比如「通用技能在高中技職教育課程佔了重要比例」。Anderson 和 Hassel 特別看重這點，因為「準確來說，取得通用技能與能力，和銜接專門技職技能……對服務業部門的工作至關重要」。然而，在初始技職教育訓練的變遷途徑上，Anderson 和 Hassel 看到了德國和荷蘭逐漸分道揚鑣。德國以學徒制為本的初始技職教育訓練體系基本上非常穩固，而荷蘭的職訓體系同時因校內（相對於廠內）訓練漸趨重要，以及訓練內容隨之轉向通用技能（相對於企業或產業導向技能）而走向自由化，因而「離德國體制愈來愈遙遠」。

同時如我們所見，進修技職教育訓練也同樣重要，而這在傳統上是德國模式的弱項。在荷蘭，進修技職教育訓練的發展良好得多；集體談判形成了部門級的訓練基金，在支持進修職訓和終身學習上扮演了重要的角色。九〇年代末期出現了一些以「就業能力」為題的產業級協議，這個字眼調和了僱主要求的「可得性、機動性、靈活性」（inzetbaarheid, mobiliteit, flexibiliteit）以及勞工關注的「勞工賦權」（weerbaarheid）。

這些部門級基金的源頭可追溯到六〇年代，但在九〇年代，它們愈來愈被用在支持職訓。這些基金來自相關產業廠商提撥，並由社會夥伴共同管理，用來支持進修訓練、學徒訓練或其他類型的職訓。[25] 在一九九七年，這種基金共有七十二筆，涵蓋一百五十萬名勞工，為廠內進修技職教育訓練提供一億歐元。到了二〇〇二年，支部門基金的數量提升到九十九筆，涵蓋超過 40% 的荷蘭勞工，提供了四億歐元，其中有二點五億用於進修技職教育訓練。而在二〇〇七年，大多數荷蘭勞工（86%）都可以用這些基金參與職訓或教育。

總之，雖然支持進修職訓的部門級基金在德國的角色微不足道，但這類基金對荷蘭的進修技職教育訓練不但意義重大，也是根本基礎。這種結果能用國家力量的角色來解釋；雖然這些基金多半是來自提撥（總工資的一部分），不過荷蘭政府也會補助，並對受僱者和僱主向進修技職教育訓練提撥的款項提供稅務減免，以支持建立這些基金的集體談判。更重要的是，即便職訓基金是由勞資雙方的協議所建立，國家卻有權令這些協議的條件適用於該產業內的所有廠商（無論是否簽署該協議）以及所有勞工（無論是否工會成員），這點是達成高涵蓋率的關鍵。靠著這種方法，荷蘭對進修技職教育訓練的支持達到了相當高的水準（與丹麥相當），即便荷蘭政府較少以直接的資助來介入職訓。[26] 部門級基金「涵蓋了所有類型的受僱者」——白領與藍領、高技術與低技術——並資助各種形式的職訓，包括在職訓練和外部課程。此外，雖然是以產業級協議為基礎，這些基金也能用於為減少轉行過渡期而設計的職訓。[27]

比較觀點下的荷蘭

過去三十年來，荷蘭經歷了深遠的變革。和德國相比，它有兩個最大的不同之處：一是關於部分工時工作的範圍和角色；部分受八〇年代的製造業潰敗和國家積極推動所致，荷蘭的這類工作成長幅度超過了其他國家。後續的改革——包括確保他們能享用集體談判在工資、職訓和親職與其他假日的成果——又使這類就業得到規範，大大提升了部分工時勞工的工作條件。這和我們在德國所見的發展正好相反，德國部分工時勞動市場中成長最快的環節，正是以其低薪、工時少和幾乎沒有福利而惡名昭彰的微工作。另一個差異則和取得職訓有關，包括且在某些方面尤其注重進修技職教育訓練；德國在這方面仍缺乏發展，荷蘭過去二十年來的趨勢卻是為勞工擴增機會。同樣地，國家在此扮演了決定性的角色，直接提倡和資助初始技職教育（透過公立學校），同時透過稅務減免和延伸條款，擴大由集體談判所設置的部門職訓基金的涵蓋率，藉以積極推動進修教育訓練。

尤其是在推動進修技職教育訓練這個面向上，荷蘭和丹麥有著共通的元素。儘管同樣有「彈性安全」的稱號，兩個模式間的差異也不容忽視。和丹麥相比，荷蘭明顯對勞動階級中最脆弱族群的技能發展，欠缺足夠的公共投入。在丹麥，國家資助的職訓（特別是針對低技術勞工的部分），是最重要的一項機制，這項機制彌補了勞動市場政策中的積極性因素，並將伴隨而來的風險予以集體化。相反地，荷蘭的進修職訓主要是透過集體談判運作。雖然這些職訓協議的涵蓋範圍可觀——這是國家動用延伸條款的成果——失業者的職訓仍然是個問題，因為他們在定義上並不在集體協議的範圍之內。

荷蘭的政經情勢因此比丹麥更受勞動市場低技術端的問題所困擾。比起八〇年代的歷史高峰，長期失業雖有減少，卻仍是個長久的問題。集中於低技術產業——特別是服務業，而且缺乏傲人履歷的派遣勞工如今受到了法令的歧視，這些法令允許減免集體協議所規定的平等待遇。[28] 這些發展自然是會讓這類勞工更往彈性，而非安全傾斜。此外，最近許多集體談判的收穫——比如職訓和個人休假等等——仍因非常務實的理由而排除這些族群。相比其他境遇較好的族群，這些族群的職訓接受率非常低，而按理來說，他們是最需要職訓的一群人。

我會將荷蘭和丹麥的差異總結如下：丹麥的彈性安全模式包括一套新的社會契約，重新定義國家的角色，令其負起將風險分擔給全體社會的責任；而荷蘭則是重新調整政策，更著重於讓當前的受僱者、特別是在家庭內部分擔風險。如我們所見，近期的發展吸收了大量的荷蘭婦女進入勞動市場。這個發展，加上部分工時工作升級，驅使荷蘭逐漸走向主次薪家庭（one and a half earner family）社會。雖然有大量的荷蘭男性也從事部分工時工作，但強烈的性別落差仍然存在。因此，荷蘭的女性所得、以及低技術勞工所得仍較不穩定。也正因此，我們應該不意外，中間偏右政府會在金融危機的餘波中，先是削減開支，又「停止社會投入，減少對兒童福利和教育的投資，而沒有修補失業給付制度和偏袒中堅勞工的勞動市場規範」。

在此，我們又見到了與德國的相似之處，因為在荷蘭一直低迷——特別是攸關服務業部門的女性和低技術勞工——的工會組織率中，有著和北歐國家的關鍵差異。[29] 新的福利——比如最近的親職假範圍擴大（2009）——讓數量增加的雙薪中產階級家庭獲得休息；然而，由於沒有帶薪，低收入家庭幾乎無法使用這些休假的權利。荷蘭中間偏右政府在兩千年代採取的措施也不平等得令人驚嘆，讓低技術不穩定就業者的弱勢更加惡化。事實上，最近的改革強化了傳統歐陸社會保險的原則：「失業保險和失能給付的涵蓋更嚴格、更看重相對工作經歷、給付期和工作經歷的關聯增強」。我舉出這些發展，做為勞動市場中最脆弱族群仍缺乏組織化，因此在代表性不足的脈絡下，改革仍存在侷限的佐證。

二、瑞典

如果說荷蘭的謎題是要解釋儘管整體仍有強烈的基督教民主調性，但自九〇年代以來他們如何擁抱彈性安全的過程與機制的話，那麼瑞典的謎題就是要解釋，一個長期有著強大勞工力量並實踐總體統合主義的國家，為何顯露出相對嚴重的二元化跡象。積極勞動市場政策和教育訓練容易取得，是彈性安全模式的中心，而此模式如今被看做是最有效能調和低失業率的經濟表現和達成較高度平等的工具。由於兩者傳統上都是瑞典的強項，照理說他們如今應該會成為模範生才對。眾所皆知，遠在被歐盟和 OECD 用來加強創造就業和維持成長以前，瑞典就率先於五〇年代採用了積極勞動市場政策。除此之外，在教育訓練這方面，可以說沒有哪個國家比瑞典打破了更多隔閡，確保所有青年都能擁有相同機會，去獲取高薪穩定工作所需的教育。六、七〇年代，瑞典的社會民主黨努力在前段和後段的中等學校，融合技職和學術路線。許多最為重要的改革都是由 Olof Palme 所實施的，他在成為首相（一九六九到一九七六，以及一九八二到一九八六）前擔任教育部長，他認為學校系統是「廢除階級社會的關鍵」。

事實上，瑞典在許多面向一直做得很好。他們仍以身為 OECD 國家中最低的收入不均程度為榮（特別是稅後及轉移工資）。瑞典的吉尼係數是 0.259，論平等不如丹麥（0.248），但與北歐以外的國家相較仍非常低。[30] 薪資不平等雖然比過去實施壓縮工資的七〇年代明顯，但以國際標準來說仍低於平均。事實上，瑞典的薪資不平等在二〇〇八年仍低於挪威以外的其他國家（兩國差不多）。

然而，我們也不難找到較為令人氣餒的跡象。瑞典從一九九〇年以來，失業率就一直比丹麥和荷蘭高（見圖 4.2）。事實上，瑞典在兩千年代末期的的平均失業率，超過了許多基督教民主國家，僅低於比利時、德國和法國（見圖 4.1）。另外，瑞典的青年失業率在二〇一一年是 22.9%，高於北歐平均，而 OECD 的平均則是 16.2%。比這更高的只有聲名狼藉、問題叢生的希臘、義大利、葡萄牙、西班牙和愛爾蘭。標準全職工作者仍享有非常好的就業保障；但是，大量青年受臨時契約所僱用——在二〇〇九年高達50%，而他們和標準勞工所享的就業保障，如圖4.6所示，有著極大的差距。如圖4.7所示，瑞典的臨時僱用也明顯高過丹麥（甚至超過德國）。

最後，瑞典的非自願部分工時就業也在九〇年代飛快成長，而且雖然之後已經下降，仍在兩千年代維持高於丹麥、逼近德國的水準（見圖4.8）。

一份OECD最近的研究檢視了富裕民主國家不平等提升的（分歧）源由。過去二十年間，多數國家的不平等提升主要是因為工資的不平等，但在瑞典，問題的根源卻不是工資離散，而是勞動參與降低（inactivity）。這個模式——持續強力的就業保障和標準全職僱用關係內相對平等的工資，加上較高的失業率和非自願部分工時就業——暗示了二元化，而那些精闢的觀察者的確也把瑞典歸入二元化的行列。

要解釋這樣的結果，可以從與丹麥比較來獲得啟發。丹麥處理九〇年代高失業率的方式，是圍繞彈性安全所達成的三方協議，同一時期類似的倡議在瑞典卻因爭執與分歧而失敗。當時丹麥也提高積極勞動市場的支出，而瑞典卻維持不變。儘管失業率一直很高，瑞典在積極勞動市場政策上的支出——特別是對職訓的支出——卻在兩千年代下降到丹麥之後，甚至和在這方面一直落後的德國差不多水準（見圖4.2）。無論從吉尼係數、五分位距比例（S80/S20）或是十分位距比例來看，自九〇年代中期以來，瑞典的不平等都變得比丹麥還嚴重。瑞典模式到底發生了什麼事？

重訪瑞典例外論

主流的理論架構似乎對解釋這些發展沒有什麼幫助。比如就權力資源理論的背景來說，丹麥和瑞典之間的對比實在令人費解。瑞典的工會組織率一直稍高於丹麥，所以認真說來一般都會期待瑞典有較好的結果。如果我們從政黨力量平衡的角度來看，也會有一樣的想法。瑞典社會民主黨的政壇霸權一直赫赫有名，直到一九七六年為止，他們執政將近四十年。雖然該黨向來無可匹敵的勢力現在已有所衰減，[31] 但即使不再一黨獨大，他們仍有相當大的影響力（過去三十六年間曾執政二十一年）。

這點或許能被用來佐證二元化理論，該理論主張社會民主主義會因為保護中堅勞工，而加劇中堅—邊緣的分歧。和 Rueda 的主張一致，儘管瑞典社會民主黨從一九四四年就一直掌控政府，但九〇年代對勞動市場的積極與被動支出卻和失業率反向而行。然而，就像荷蘭的例子一樣，政府內的黨派局勢似乎無法捕捉到相關趨勢。一九九一到一九九三年間，由中間偏右政府所展開的撙節政策，雖不如他們的丹麥同志在八〇年代所採行的那麼長命，但也引起了嚴重的緊縮和自由化。一九九四年大選後，社會民主黨重新執政雖然撤除了一部份，但並非所有的相關措施。

最後，統合主義理論或許能有一些啟發，因為瑞典一直被看做是總體統合主義的典範。和丹麥一樣，從八〇年代團結工資政策崩潰開始，瑞典的統合主義經歷了巨大的危機。然而，僱主和工會仍擁有相當強的組織能力，而九〇年代也見證了工資談判在產業高層的領導下再次鞏固，並有部份重新獲得協調，同時工資形成也像丹麥一樣普遍去中心化。如今瑞典僱主們之間的協調已達到一九八三年以來的巔峰，但從九〇年代以來，僱主協會就不再以重建三方協調做為主要目標；相反地，僱主組織大多數的努力是要降低瑞典工會聯合會（Landsorganisationen i sverige, LO）的重要性。因此，不像丹麥，全國級協商成為了工會和僱主間，甚至工會運動內部衝突的來源。要了解這個模式，我們必須更貼近瑞典總體統合主義內部和周圍的政治進行觀察。

以下的說明將利用瑞典國內組織地景的差異和國家的角色，來解釋這些發展。和丹麥一樣，且不同於荷蘭和德國，瑞典核心產業外的女性、低技術和服務業部門勞工，其組織條件幾乎與工業部門的藍領勞工一樣好。這帶來了強力的代表性，協助最脆弱的勞工建立並捍衛了一套更好的最低工資及福利條件。然而，就業型態的大幅變動（服務業興起、受薪白領與專業族群重要性提升）對瑞典造成了比丹麥更強的分裂效應。不像丹麥，瑞典的工會運動在傳統上是藍白領分離的。在工業佔主導地位時，全國級的藍領聯盟，也就是工會聯合會，在調解勞方利益分歧和與僱主們談判上，扮演著領袖的角色。但是如今，工會聯合會的成員和力量都比白領工會聯合會要來得下降許多，並逐漸扮演起捍衛低技術勞工的角色（特別是基層政府所僱用的低技術女性勞工），這些勞工經常與白領和勞動階級裡較具特權的族群互相對立抗衡。產業工會的利益仍十分有力，主要不是因為受僱人數，而是因為工業在瑞典出口中的重要性。身為中樞的金屬加工工會（IF Metall）陷入了兩難：一邊是工會聯合會捍衛過去體制元素所做的努力（主要是一些有關工資團結的措施），另一邊則是來自白領的吸引力，他們代表的是利益迥異的不同族群。

也不像丹麥，瑞典政府能用來對抗這些分散力量的工具很少。丹麥政府可以用其權力打破僵局，實施廣泛全面的協議，手段包括連動不同部門的集體協議或直接用巨大的調解權強行解決，瑞典政府則缺乏類似的強大力量。不像德國政府被禁止對集體談判進行任何介入，瑞典政府可以要求衝突各方達成和解，卻無法強加協議或有拘束力的結果。

如果德國的二元化牽涉的是低技術勞工「從底層墜落」，瑞典則更接近頂層升天，原因是僱主與高技術勞工——尤其是受薪專業和半專業勞工，談出了新的彈性型態，而工會聯合會則選擇捍衛低技術族群的地位。以勞資關係為例，工會聯合會仍繼續為低技術勞工的補償條款而戰，以保障他們的薪資和製造業中對應的藍領勞工一致，這些團結主義的成分卻和普遍的工資個體化一起令受薪白領族群獲益。瑞典式的二元化也暴露了進修技職教育訓練幾乎完全被忽視，對獲取高等教育的支持卻有所增強，私立中小學教育也逐漸盛行。在勞動市場政策上，瑞典堅決地捍衛傳統上對標準全職工作的就業保障（且大致上得到成功），但各種非典型就業也隨之增長。除此之外，積極勞動市場政策上的投資減少，代表瑞典對協助長期失業者回歸職場的措施，也不如丹麥那麼支持。[32]

好日子與壞日子裡的瑞典模式

瑞典傳統的戰後政經模式來自兩位勞動經濟學者——Gösta Rehn 和 Rudolf Meidne——的發想。這個模式在藍領的瑞典工會聯合會的研究部門中獲得進一步完善，並冠以兩人之名。Rehn-Meidner 模式有兩根主要支柱：積極勞動市場政策，以及集中、團結的工資談判。

遠在積極勞動市場政策成為學術和政策規劃的顯學之前，四、五〇年代的瑞典就是這類政策的先鋒。積極勞動市場政策的目標是促進資源平順地從落日產業轉入新興產業，而手段則是「為增加勞力流動性而設計：給予勞工關於職缺的資訊、給予僱主關於求職者的資訊，還有對轉職，以及最重要的技職再訓練提供補助」。

集中、團結的工資政策則與積極勞動市場政策彼此互補。從一九五六到一九八三年，瑞典的各種工資設定參數都是在全國層級下，由瑞典工會聯合會和瑞典僱主協會（Svenska Arbetsgivareföreningen, SAF）談判而成。集中談判壓抑薪資所得，讓生產力較低的受保護部門也得以維持出口競爭力。工資壓縮＊則促進經濟調節，將低生產力的廠商從市場中淘汰，而高生產力的廠商則能保留更多利潤以繼續投資。這個經濟模式也支持著它所仰賴的政治妥協。積極勞動市場政策選擇承擔勞工為進入成長中部門而再次受訓的成本，而非捍衛衰落中部門裡的就業，提供了一種「將經濟成長聯盟和勞工運動黏在一起的接合劑」。

但即便在石油危機以前，Rehn-Meidner 模式也已經十分緊繃。在造船業和林業等核心產業因衰退所造成的陣痛期間，工會聯合會主席 Arne Geijer 曾評論道：「如果相關族群無法在過渡期得到足夠保障，會引起政治和社會的動盪」。要求更多就業保障的壓力在七〇年代石油危機的衝擊後更加升溫，不只要求抽象的承諾，而是「此刻當下」的保障。更有甚者，如 Nycander（2010）和 Emmenegger（2010）所指出，由於七〇年代的共同

＊即讓不同產業部門的薪資水準往中間靠攏。

管理法案，勞工在工廠層級的權力大幅提升，要求保有工作的政治壓力也劇烈升高。一九七四年，指標性的《就業保障法案》建立了「後進先出」的原則，讓地方勞工代表擁有巨大的籌碼能夠影響裁員的規模和條件。正如 Nycander 所強調，這項立法在程序上（透過立法機關而非統合式談判）和實質上（保障工作而非促進變動），均背離了傳統模式。[33]

這些發展讓談判的重心從全國轉入區域和城鎮的層級，因為「產業政策被政治談判所制定的防衛性特例措施所支配，而全國工會則淪落邊緣」。地方工會有民選基層政府的公權力支持，他們積極地盡一切努力防止工廠關門、保住工作。換句話說，石油危機之後的「瑞典人似乎不再滿足於保障勞動市場的**某處**存在工作... 而是期待保障既有的工作」（保留原文強調）。社會民主黨政府對這些要求大施通融，到了一九七六年，對個體企業的補助已經飆漲到一九六〇年的九十倍。

一九七六年，政權自一九三二年來第一次輪替給非社會主義政府，但情況也沒變多少。當了幾十年的反對黨後，布爾喬亞政黨急於展現他們對全職就業，就跟社會民主黨一樣忠貞。工商部長 Nils Asling（中間黨，Centerpartiet）承認這是「非常非常多年來的第一個中間偏右政府，我們不想在勞動市場條件上看起來比社會民主黨還糟」。[34] 中間偏右政府也極度害怕他們的上台只是為了處理產業衰落。其中一個重要案例是，金屬製造業的領導廠商格蘭傑（Granges）獲得紓困，因為破產會證實「（產業）衰退的圖像」和嚴重「危害新任非社會主義政府的名譽及權威」。[35]

另外，訴求保障的不只是勞工代表；製造業僱主也要求政府支持產業。Garme（2001）就講述了工商部長 Asling 和瑞典產業界大老 Marcus Wallenberg 會面時的故事。故事的背景是有一家瑞典鋼鐵業的大公司遭遇困難，不得不尋求政府的支援。由於 Wallenberg 握有競爭公司的最大股份，他照理說有理由要求部長拒絕支援，但他說的話卻令人驚訝；根據 Asling 的記述，「我印象最深的是他告訴我：『我很難想像像瑞典這樣擁有自己機械工業的老牌礦業國家，自己的鋼鐵貿易商怎麼會沒有立足空間。』」這反映了一種信念，那就是應盡一切保存瑞典產業。[36]

保守派政府並未改變方向，而是繼續「以紓困進行救援行動，並重建瀕臨破產的企業」。工商部負責對狀況危急的公司提供財務支援，因此他們也被稱作「Asling 的急診病房」。布爾喬亞政府強化了由社會民主黨起頭的紓困措施，包括接管鋼鐵和電子等關鍵產業；「總計下來，在布爾喬亞政黨執政的前三年，被國有化的產業比社會民主黨過去四十四年還要多！」。[37] Christer Peterson（2011）也指出，八〇年代藉由貨幣貶值來解決瑞典製造業競爭力問題的決定，「穩固了舊有的產業結構」。

當積極勞動市場政策中的工作流動性變得緊繃時，協調式工資談判也開始產生問題。一如丹麥，集中式談判支持著出口產業中的工資抑制，防止受保護部門發生破壞性的工資升漲。但是這項安排開始不穩，因為製造業的領導地位無論在工會聯合會內外，逐漸遭受挑戰。在工會聯合會內部，公部門工會利用自身力量和（在一九六五年）新取得的罷工權，確保自己被納入契約條文中，以補償公部門勞工落後製造業的薪資差距。其他低薪工會也有類似的條款，讓他們能夠跟上薪資漂移的腳步。同一時間，工會聯合會也遇到了第二項挑戰，那就是另一群在工會聯合會—僱主協會架構之外興起，由白領組成的統一談判陣線。在一九五〇年，瑞典最大的十五個工會中有十四個是從屬工會聯合會的藍領工會，而在七〇年代，十個全國層級工會中有七個是服務業部門的組織。[38] 各從屬組織間的競爭，引發了慢性制度化的工資攀升。

工資壓縮對金屬加工工會造成了特殊的問題，部份是因為對其出口的影響，但更立即的影響是引起他們和產業內白領同事的競爭。在科技變遷已模糊技術藍領和白領間界線的脈絡下，高技術的金屬加工人員常發現他們的工作和另一群瑞典工業文書技術工會（Svenska Industritjanstemannaforbundet, SIF）的成員非常相像，但由於工資壓縮，他們的薪資卻差一大截。[39] 這些張力足以在一九八三年促成跨階級的再結盟，讓製造業工會加入文書及技術受僱者工會與僱主協會的陣營，共同促成全國級談判和團結工資政策的崩潰。

追尋新的平衡

隨之而來的這段時期裡，瑞典的勞資關係和政治均處於混亂不穩定的狀態。在後續幾年中，談判層級改變了好幾次，有時在產業層級進行，有時又由扣除金屬加工產業的工會聯合會及僱主聯合會進行，但（在 Palme 首相遭暗殺之後）全國層級的談判只進行過一次。傳統瑞典模式的穩定相當倚重勞資雙方的組織代表就各自層級的利益調解衝突，然而在八〇年代，工會聯合會很顯然不再有能力，而僱主聯合會也不再有意願執行這些功能。工會聯合會一再嘗試重新鞏固權威，重建在工資談判裡的核心地位，但均告失敗，原因是受到製造業技術勞工工會的反對，還有僱主組織堅決不再回歸全國談判。八〇年代見證了工會一方裡頭，支持與反對再次集中化的兩派壁壘逐漸強硬，而製造業僱主也愈來愈基進。一九九〇年則是與舊體系的徹底決裂。首先帶頭的是製造業大廠商——由富豪汽車（Volvo）的 Pehr Gyllenhammar 領軍——僱主聯合會撤回了在三方談判中的代表，並徹底解散集體談判單位，讓回歸過去成為不可能。

八〇到九〇年代初期的問題，特別是有關製造業與公部門之間利益的問題，引起了更嚴重的衝突和分裂。由於通貨膨脹和出口競爭力降低，社會民主黨政府積極減少公部門的支出，其中最主要的做法是公共服務私有化。[40] 由於工會聯合會的核心族群有一部份是來自低技術的公部門勞工，這幾年的社會民主黨高層和工會聯合會之間發生了「史無前例的衝突」。到了九〇年代初期，有名的瑞典模式已經所剩無幾。統合主義面臨末路，勞工運動中的政治和產業兩端，關係從未如此緊繃。一九九一到一九九三年間，瑞典的工資形成不是來自統合式談判，而是由政府指定經驗豐富的調解人（以及勞動市場委員會的前主委）Bertil Rehnberg 領導委員會來決定，形成了瑞典勞資關係史上一段不尋常的「極端國家管制與集中化的時刻」。

瑞典集體談判後來再次回復均衡，大部分都不是在工會聯合會內部，而是在外部所發生的。後 Rehnberg 時期的第一場集體談判發生於一九九五年，混亂得讓原本決心將談判去中心化的僱主們，接受了工業部門藍白領工會聯盟的提議，替所有產業就工資形成和調解程序進行聯合談判。這場談判得到的《產業發展與工資形成協議》（Industriavtalet），支持了所有相關產業層級的協商談判（包括藍領和白領工會），並阻止了全國層級談判回歸。《產業發展與工資形成協議》促進產業內部藍白領工會彼此間的協調，並使之制度化，但也因此讓金屬加工工會和工會聯合會之間的分歧加深。後者變得更加邊緣化，走向代表「剩餘」低薪勞工族群的利益，特別是多數為女性的地方政府僱員，這些人構成聯合會的主力。工會聯合會在九〇年代後期為恢復工資團結所做的努力，受到了金屬加工工會領導階層的抵制，後者不希望低薪的地方政府僱員「加太多薪水」。

社會民主黨政府在這場衝突中站在製造業一邊；一九九八年，關鍵的發展在討論新「成長協議」的全國級談判脈絡下展開了，該協議廣被期待能夠承襲一九三八年有名的《薩爾特舍巴登協議》（Saltsjobaden Accord），成為新的「基礎協議」。瑞典工會聯合會積極在新秩序中重振聲勢，全力設法「創造談判桌」或論壇，讓各聯合會的高層像工會—僱主聯合會協議的那些年一樣，再次坐在一起。在其中一項倡議中，工會聯合會推薦了丹麥式的談判連動，這能恢復某種程度的國家及工資協調，工會聯合會也能在其中取得一席之地。然而，不只政府調解人 Svante Oberg，白領工會、金屬加工工會等出口產業工會，當然還有僱主們也都反對這個概念。面對工會和僱主聯合會間的僵局，政府創立了新的調解署（Medlingsinstitutet）來取代過去較弱的調解辦公室（Förlikningsmannaexpeditionen），其任務為協助其他部門和解來維持（而非更改）《產業發展與工資形成協議》。

和丹麥一樣，集體契約轉至產業層級也讓公司級談判有了更多空間。然而，丹麥的這種發展有部份是談判交易的結果，目的是換取國家增強對職訓的支持（特別是對低技術勞工），而且丹麥工會聯合會在其中扮演了關鍵的協調角色。但是瑞典並沒有迎來這種條件交換，這使得瑞典工會聯合會雖仍試圖用其在勞工運動中的影響力控制工資發展，卻被官方正式地晾在一旁。

然而，工資團結在新的去中心化體制下，更加難以維持。

在工資壓縮的那些年間，教育回報率下降了50%，因此工會聯合會轄外的白領工會積極地擁抱去中心化。工資形成大致上開始被「對（高技術）『薪資短少者』的額外補償」這個概念所推動。舉例來說，護理師（屬於工會聯合會轄外的白領工會聯盟——專業僱員聯盟，Tjänstemännens centralorganisation, TCO）和護理佐理員（屬於工會聯合會）之間的薪資差距，在七、八〇年代相對較小，因此到了九〇年代，護理師就陷入人員長期不足。有了市場的支持，護理師工會在一九九五年發動罷工，在一九九五到二〇〇二年間，為其成員年薪爭取到7%的增幅。護理師工會將擁抱個人化的工資談判當成一種集體戰略，以兌現他們長久以來被低估的文憑與專業能力，即使面對工會聯合會對其「不團結」行為的尖銳批評也不為所動。他們敦促成員利用去中心化的談判「取得進修教育和（或）技職訓練，以提升在勞動市場的競爭力」。

在這段期間裡，其他公私部門的白領僱員工會也經常積極擁抱去中心化的工資形成。舉例來說，管理與專業人員協會（Ledarna）和僱主協會（Almega）在一九九二年達成的協議，內容就沒有包含統一的薪資調漲，而是將工資形成完全託付給區域性談判中的各方。而在國家部門內，政府和高技術受薪勞工之間的談判——在瑞典專業技術協會聯盟（Sveriges Akademikers Centralorganisation, SACO）內進行——也遵循一九九三年的協議，以完全去中心化的談判取代了五十二等薪級表。事實上，八〇年代的（中央）國家部門之所以能順利推動談判去中心化，正是因為私有化和外包導致勞動力減少，而受影響最鉅的便是藍領勞工。私有化將就業的天平從工會聯合會和其藍領成員，撥向更容易接受工資差異的白領工會與其聯盟（屬於專業僱員聯盟的國家部門員工，以及專業技術協會聯盟），促成了國家部門的工資設定趨向個體化。

藍領工會或多或少也被迫跟進，但態度更為慎重。在國家主導談判的 Rehnberg 時期（一九九〇至九三年），唯一能在全國工資設定微漲的基礎上加以改善的方法，是透過補充性的公司級談判，所以這段時期各種區域談判公式的實驗大幅增加；如今，幾乎所有產業契約都要求區域談判。不過，薪資並沒有完全個體化，多數廠商都會提撥一筆工資集合款（wage kitty）——佔總工資的百分之幾（比如平均工資的 2%）——以在區域內遵照契約原則加以分配。這個制度通融了一些反映個體價值的工資差異（領導能力、主動性、技術等等），但仍在談判允許的界線之內。許多契約也會規定每個勞工無論如何都能獲得的基本加薪額度。然而，原本的工資級距大致上消失了，只剩下 6% 的瑞典勞工享有產業級契約規定的統一薪資漲幅，而不需依靠區域談判。

表 5.1 展示了目前各種模式在各類部門內的分布。表格頂端是工資設定最個體化的模式，就像常見的規律一樣，技術水準愈高，談判就愈加去中心化和個體化。[42] 絕大多數白領勞工都只受公司級契約所涵蓋。對他們來說，「無形」的協議更具吸引力，因為其他產業的基準會拉低他們的薪資。涵蓋藍領勞工的契約多數屬於區域性工資架構（工資集合款）；很多也包括個別保障。

在丹麥，我們看過類似的工資形成去中心化讓丹麥工會聯合會調整自身的角色，將重點從分配（工資）議題轉向供應方議題，特別是職訓。相反地，瑞典則是一再嘗試重現已經失敗的總體協議。在九〇年代末期，社會民主黨召集了一個三方委員會，提供關於勞動市場政策的大致意見，以及關於職訓的詳細建議。其中最重要的是討論引進個人教育帳戶，讓勞工獲取

表 5.1　瑞典的部門級工資分配協議模式，2010

協議模式*41	各部門員工百分比			
	私人	國家	基層政府及郡議會	所有部門
1.區域級工資形成，不具全國級集合款	6	38	5	8
2.區域級工資形成，附有規範集合款之依據	9	62	40	25
3.區域級工資形成，附有規範集合款之依據，加上某種形式的個人保障	1			1
4. 區域級工資架構，不具個人保障	12		54	7
5.區域級工資架構，附有個人保障，或規範個人保障之依據	43			43
6. 一致性加薪及區域級工資架構	18			10
7. 一致性加薪	11		1	6

來源：　調解署年度總報告（2010: 6）

進一步職訓的可能性。自一九七五年的《教育假權利法案》以來，瑞典的受僱者都享有職訓假，但成本問題讓利用者都集中於高技術的白領受薪員工。新型個人教育帳戶的提案意在修正這種不平衡，支援低技術、低薪勞工接受職訓。

這個問題的談判因為爭議該由誰來支付職訓基金而失敗。僱主聯合會基本上同意這個計畫，但堅持職訓基金應屬志願，而非義務提撥。最大的藍領工會（基層政府勞工）則反對，主張如果不由廠商強制提撥，結果就會變成「為有能力負擔學習成本者所儲備的奢侈體系」。工會聯合會則提議由薪資稅來維持，並表示在新的去中心化工資體制下，儘管經濟復甦、廠商重新獲利，許多他們的低技術成員卻只享受到微薄的名目薪資調漲，而這樣的安排或可稍微彌補。談判最後無疾而終，沒有得出任何解方。

在新自由主義時代維持團結

和丹麥對照有助於了解，為何瑞典同樣有著三方會談，僱主和工會的組織程度也不相上下，要重新鞏固總體統合主義卻難得多。最突出的因素有兩個：一個是勞工運動分裂的程度和方式，讓工會準確地循著當前趨勢的路線而分歧。就業普遍從傳統的製造業轉向服務業，加上科技變遷逐漸侵蝕低技術勞工的地位，直接加深了瑞典藍白領工會間早已存在的分歧，還有相關工會聯盟的互相競爭。而實際上，和工會聯合會達成集中協議對瑞典的僱主們而言，並無利益可言，因為他們很清楚工會聯合會的勢力正在走下坡，而白領受薪僱員的工會聯盟正在成長，尤其是包括非常傾向去中心化的專業技術協會聯盟。[43]

另一個差別是國家的角色。正如我們所見，丹麥的國家力量發揮了關鍵的功能；它藉著分配工會聯合會和僱主聯合會在非工資議題談判中的角色，並以優渥資金支持積極勞動市場政策和職訓，協助兩者達成新的協議。而在瑞典，國家的調解署雖有權力延緩衝突，鼓勵談判各方解決分歧，但不像丹麥，他們無法強加協議，也不能靠連動集體談判來強制協調。製造業以外（服務業，尤其是零售和基層公部門勞工）的低技術勞工一直有強大的組織，這阻止了德國式的二元化（比如在傳統集體談判核心外，出現幾乎完全不受管制的區域）；但是和丹麥相比，國家能力仍難以達成全面的協議，來調和階級分歧兩端的不同利益。

瑞典的政治動力在工資談判上最為活躍，在這個場域裡，眾工會和僱主們、還有不同部門行動者領導階層間的持續角力，使得要在三方談判中進行較廣泛的嘗試，都變得十分複雜。瑞典工會聯合會一直在沒有法定最低工資、也沒有國家協調人來引導薪資談判的環境下，為下屬各工會展開協調談判。不像丹麥的工會聯合會代表了各種利益（包括白領受薪勞工），並將職訓當作其計畫的核心，瑞典工會聯合會則趨向代表低技術勞工，並一直以工資議題為戰略優先。舉例來說，先前的兩輪談判（二〇〇七年和二〇一〇年）都是用俗稱算數器（räknesnurra）的方式，直接爭取保障低薪勞工的額外加薪——尤其是低薪女性勞工。這個詞原本是指十九世紀的計算機，外觀是一個金屬圓筒，使用者需要按下數字，轉動把手來得出計算結果。[44] 現在，這個詞則是指工會聯合會使用的計算機制，將產業部門和低薪部門的成長百分比換算成克朗，以百分比表示後者的低薪程度，並提出較高的百分比當作低薪部門的「標準」或目標。

瑞典的工程業僱主們非常排斥這個做法，這等於是回復到工會聯合會協調及工資團結的時期。儘管如此，工會聯合會仍靠這招達成了一些小成果；比如零售業僱主們的組織相對較為完善，而且主導這個部門的少數幾家大公司也能承受較大範圍的方案，因為他們的協議並不對區域談判進行規範（因此也就沒有工資漂移），因此當零售業工會 Handels 威脅要在二〇〇七年最繁忙的復活節購物季罷工，僱主們就同意了加薪，使其技術上高於根據產業所設的「標準」。這樣的結果在全國級僱主聯合會——瑞典僱主聯合會的繼承者瑞典企業聯合會（Svenskt Niiringsliv, SN）——內引起了衝突，製造業的僱主指責他們的零售業同伴沒有遵從產業界的領導。這也讓勞方內部變得緊繃，在低薪、女性主導的工會，和認為應由競爭性產業來領導談判的男性製造業技術勞工之間尤為嚴重。

二〇一〇年的下一輪談判也用了相同的策略，使得工程業僱主所屬的科技企業聯合會（Teknikföretagen, TF）以撤出產業協議來抗議工會聯合會的協調。這引發了勞資關係危機，因為科技企業聯合會是整個產業—部門協議的錨點，轄下廠商僱用的勞工大約佔企業聯合會的20%。而他們重回產業級協議的條件，則是金屬加工工會不得參與工會聯合會所發起的協調。

金屬加工業的勞工因而進退兩難。加入工會聯合會的協調會增強僱主們的敵意，也會搞壞與白領的工業文書技術工會（SIF）之間的關係，他們從一九九七年起就一直在《產業發展與工資形成協議》的條件下為談判進行協調。工業文書及技術受僱者工會才剛拒絕過與金屬加工工會正式合併的倡議，因為後者和工會聯合會走得太近，而前者並不中意工會聯合會的影響力。工業文書技術工會沒有和他們的藍領同志結合，而是選擇和另一個白領的受薪僱員工會合併。[46]

雖然工程業僱主們激烈地反對產業層級以上的協調，但就像德國一樣，他們仍對產業部門內廠商與工會間的協調相當支持。因此，儘管金屬加工業僱主們會週期性地對工業聯合會爆發不滿，產業協議仍顯得相當穩定，而製造業的社會夥伴也順利渡過了最近的壓力。比如說，不像衝突更劇烈的運輸和營造產業，金屬加工工會處理日漸嚴重的移工（「海外派遣」）議題的方式，不是組織這些勞工，而是與僱主協會達成協議，保障這些人能領到現行工資。瑞典產業裡社會夥伴恢復的另一個跡象，是金屬加工工會和僱主協會在最近經濟危機中的作為，他們共同向政府要求實行和德國一樣的短工時工作政策，以保全製造業的就業。在要求國家援助的請求遭到拒絕後，他們就改以集體談判籌組基金。

批評產業協議的族群各自代表了不同利益。比如就工會這方，戰鬥性格較強烈的運輸和營造工會對新體制便有所批判，因為他們認為這是限制，尤其是對罷工等產業行動的限制。此外，有些批評是來自性別的立場，特別是來自商業僱員工會（Handelsanställdas Förbund, Handels）和基層政府工會（Svenska Kommunalarbetareförbundet, Kommunal）等女性主導的工會。如前所述，她們即使沒有嘗試拆除，至少也不斷對新制度的障礙提出質疑。而在僱主這方，Almega——一個不停擴張的服務業廠商協會——則公開挑戰工業界在工資設定上的角色，要求整個談判體系採取更基進（自由化）的改變。無論如何，產業協議有部分正因為這些利益的分歧，目前仍顯得相當穩定。

向二元化漂移的瑞典

政策僵局和不作為是漂移盛行的條件，而漂移又會牽扯到二元化。儘管瑞典人一再嘗試以新的全國級談判重振統合主義，眾工會和僱主們期待的協議內容卻相距甚遠。工會聯合會一直試著墊高低技術勞工的工資，這解釋了瑞典為何少有全職勞工落入低薪區間（見圖 4.4）。同時，在保障良好的全職工作和愈來愈多的不穩定就業形式之間，則出現了一段嚴重的差距。

如前段所述，瑞典全職勞工的就業保障比丹麥好，這在遇上自由化時就成了引爆點。九〇年代初期的中間偏右政府極力改變一九七四年的《就業保護法》（前面提到的「後進先出」原則），但他們達成的立法卻在一九九四年社會民主黨重新執政後被反轉。不過，即便瑞典工會「用上了每一種可能的方法」去捍衛長期勞工的勞動保障，但是定期和臨時僱用的限制遭到鬆綁，使得非典型勞工的彈性增加。從圖 4.6 可以清楚看出這和丹麥之間的差別。丹麥的臨時勞工享有和標準就業者差不多的保障，而兩者在瑞典就像在德國一樣，有著非常大的差距。

因此，雖然目前為止僱主尚未成功拆除對一般勞工的現存保障，但就和德國一樣，瑞典僱主並不難找到辦法繞過這些約束。臨時僱用在一九九〇年後穩定增加，但在一九九六年通過的法案減少了對這類僱用的限制後，增加速度加快。如圖 4.8 所示，這段時間裡瑞典的非自願部分工時就業也一飛沖天，後來才稍有回跌。Engblom（2009）指出，瑞典在定期契約勞動和部分工時勞動兩方面，都高於歐盟十五個核心成員國的平均值。

瑞典已跟上其他國家的腳步，建立起積極就業的相關規定，推動失業者回歸職場，[48] 但不像丹麥，這些規定並沒有配合完善的再訓練系統。主要的技能形成措施由社會民主黨在九〇年代發起，但這些只是持續時間有限的針對性干預。比如說，一九九七年該國實行了野心勃勃的「成人教育促進法」（Adult Education Initiative, AEI，又名「知識電梯」，Knowledge Lift），即是以低教育程度的失業勞工為重點目標。參加者會進入正規的成人教育，課程由現有的基層成人教育中心提供（Komvux）。這是一個大型計劃，「無論規模還是範圍都前所未有」。根據 Stenberg 和 Westerlund 的報告，「在一九九七年秋季學期到一九九九年春季學期之間，《成人教育促進法》的參加者佔了總勞動力的 1.2% 到 1.5%」。但該法案一到期，成人教育體系又縮回原本的規模，維持在每年一萬個職訓位缺的水準，遠低於巔峰時期的每年十萬個。另一個短期計畫則是《瑞典資訊科技》（SWIT），該計畫也以失業者為目標，並試圖解決全國性的資訊科技技能短缺，但這項措施只維持了兩年——從一九九八到二〇〇〇年。《瑞典資訊科技》和「知識電梯」計畫一到期，瑞典的積極勞動市場政策支出，特別是針對職訓的部分，就如圖

4.2 所示的快速滑落。

另一個和丹麥大大相反（而且和德國很像）的，則是進修技職教育訓練相對缺乏發展。丹麥的積極就業政策和職訓措施在既有的廠內或校內技職訓練體系中結合得相當緊密，但在瑞典，青年們在數十年前就失去了個別的技職路線，廠商也沒有提供成人進修技職教育訓練的義務，這屬於產業或企業層級談判的問題。一項九〇年代末期發起，並在二〇〇二年正式制度化的先導計畫，引入了更多進修技職教育訓練，希望僱主積極參與，但瑞典工會卻對於讓廠商掌控更多職訓內容感到疑慮。而比起丹麥，瑞典僱主較缺乏大規模提供這類職訓的誘因，進修技職教育訓練因此繼續維持相對低度發展，國家資助的職訓數量比起丹麥甚至荷蘭也相形失色。[49]

同時，中間偏右政府從二〇〇六年以來就收緊了積極就業計畫，並且沒有像我們在丹麥見到的那麼多配套政策，因此加速了二元化。先前在二〇〇〇年由社會民主黨通過的「積極就業保障」被新的「工作與就業保障」取代，後者的要求更為嚴格。中間偏右政府也持續讓派遣勞動更加彈性化、鬆綁對定期僱用的限制和減少部分工時勞工的失業給付，來促進次級勞動市場興起，最近更因減免家務協助的稅金而引發爭議。

二〇〇九年該國引進了新的職訓機會，但這些機會是針對「問題」人口，而受僱者若要自願參加進修技職教育，則需透過社會夥伴。國家另行資助（針對目標族群的）職訓的作法和德國類似，和丹麥結合較密切的體系有著明顯差別，後者有著僱主參與和國家支持，並向各類勞工提供職訓。相較之下，瑞典當今的積極勞動市場政策大致脫離了普適性的積極勞動市場支持，轉向各種令人眼花撩亂、針對長期失業者、青年和移民等特定問題族群的項目。

比較觀點下的瑞典

整體來說，比較瑞典和丹麥是為了強調在新自由主義時期，為團結建立和維持政治支持的諸多困難。這兩個國家有一些共通的結構條件，比如在階級分野的兩方各自高度組織化，同時也有強大的協調能力。瑞典的勞工組織不像德國，而是像丹麥一樣，不只在傳統的藍領族群有強韌的根基，在從受薪專業人士到低技術勞工的新興服務業部門勞工之間亦然。後者中的強大組織防止了瑞典像德國一樣出現徹底不受管制的區域，但這並未能完全抑制二元化。

這裡就是與丹麥的不同之處。在瑞典歷史上，白領和藍領勞工分屬不同工會聯盟，這代表服務業部門和受薪白領勞工組織率的大部份成長，都直接等於工會聯合會的擴張。而金屬加工工會——最重要的工程業藍領工會——如今因與工會聯合會和白領工會關係緊繃而坐立不安。主導其中的政治動力像是一座蹺蹺板，上頭的工會聯合會一直能夠徵召製造業工會捍衛傳統制度和實踐——有時甚至包括跨產業的工資團結，而白領工會則愈來愈追求獨立運作。[50] 工會聯合會領導下的藍領工會間一直進行著協調，透過確保低技術成員的補償性所得，以避免朝二元化急轉直下。然而這恰好也讓瑞典僱主，特別是製造業的僱主變得更加基進。工程業僱主們已具備足夠的否決能力，來阻止全國級協調回歸，只是尚不足以左右其他部門的結果。

瑞典工程業的僱主們以邊緣化工會聯合會為目的而集結起來，在這樣的背景下，勞動階級中較具特權的族群，和身為工會聯合會主要成員的低技術工人，雙方利益要透全國級協議來得到平衡就顯得不太有希望。而確實到目前為止，幾次締結全面性《成長協議》來涵蓋各種議題的嘗試都失敗了。瑞典企業聯合會要求就一九七〇年以來的勞動保障法案，以及管理間接罷工（secondary strike）的規定重新談判，而工會聯合會認為這沒有談判空間。但實際上，與漂移的邏輯一致，僵局可能會是僱主目前所偏好的結果，因為同一時間，像是專業技術聯盟等不從屬於傳統制度的白領工會聯盟正在快速成長。事實上，企業聯合會可能正要開始與白領的聯盟進行一場大談判，而工會聯合會並不在列，這對後者所代表的低技術成員可說是個噩耗。[51]

不同於丹麥，瑞典政府幾乎沒有能力破解這場僵局。國家可以勸導或懇求，但沒有力量能強制談判達成解決方案，彌合工會運動內的利益和廠商間分歧的利益，更遑論跨越階級的議題。簡單來說，雖然強大的組織——特別是勞方組織，似乎是防止像德國一樣朝二元化自由落體的重要因素，但瑞典仍出現二元化傾向。瑞典的三方談判像丹麥一樣因製造業利益主導而式微，但要重建一個更全面的結盟進行協調，目前為止又因國家力量不足而困難重重。

最後，總結本章節的教訓，我們可以說荷蘭和德國的對比顯示出，即便有強大的國家保證某些團結形式的可能性，立基狹隘的工會運動仍然非常不利於達成高度平等。丹麥和瑞典的對比則示範了，強力的組織，特別是低技術勞工之間的組織一直很重要，並凸顯了國家撮合聯盟、調和傳統製造業與新興白領勞工之間利益的重要性。

註釋

1. 這是以每週 35 小時的工時為準。如果用更嚴格的定義，每週 30 小時的話，這個數據會掉到 36.1%，但仍遠高於其他富裕民主國家。這表示荷蘭許多部分工時工作者每週上四個八小時工作日的班。

2. 在二〇一〇年，荷蘭有 4.4% 的非自願部分工時工作者；在德國，相對的統計數據是 19.5%，是二〇〇〇年的兩倍；而在丹麥，二〇一〇年的數據則是 11.6%。

3. 其他形式的非典型工作——派遣和定期契約僱用——更不穩定。以臨時派遣工來說，他們只要受派遣公司僱用二十六週，就享有和正職勞工相同的解僱保障，在職訓、工資保障和補充退休金上也享有相同權利。然而，就業保障資格所要求的就業期間現在已經變長了。至於荷蘭的定期契約，請見 Bovenberg 等人（2008: 9）。

4. 此外，認為自己的工作「安全」的荷蘭勞工也多於德國勞工（Schulze-Cleven 2011: slide 17, 基於歐洲生活及工作環境促進基金會所提供的資料）。

5. 可取得的證據也指出這些連動有賴於這些基金。歐盟執委會最近的歐洲溫度計（Eurobarometer）資料顯示，有 41.5% 的荷蘭勞工回報，他們去年有參加教育和職訓。雖然仍低於丹麥的 56.2%，但也超過德國的 32% 很多。事實上，荷蘭在這方面已經超越了其他歐陸國家。

6. 丹麥 8.8%；德國 9.7%。

7. 基督教民主黨參加了戰後的每一屆政府，唯一身為反對黨的例外是從一九九四年到二〇〇二年，社會民主黨和自由派政黨組成紫色聯盟的這一小段時期。

8. 實際上，有些觀察者將瓦森納前後的荷蘭問題——七〇年代的僵局和八〇年代的勞動參與低落——都歸咎於勞動基金會和社會經濟理事會等諮詢制度失靈。舉例來說，Hemerijck（1995）就主張荷蘭七、八〇年代的慘澹經濟表現「直接駁斥」Katzenstein 的主張，後者認為小而開放的經濟體如果有統合主義的利益協調途徑，就能有彈性地適應外來經濟衝擊。

9. 製造業的就業率到處都在下降，但荷蘭的下降程度格外劇烈，與其最接近的案例則是英國。

10. 在這層意義上，「非自願」部分工時就業的數據可能有點誤導，因為我們不知道如果可以找到優良的托育選項，父母是否會偏好更長的工時。

11. 一九三七年的《集體協議延伸法案》在成立後頭幾年幾乎沒有被援用，但在戰後的勞資關係上開始被普遍運用。

12. 以下提供一九六二到一九七五年之間的女性勞動市場參與率做為對照。丹麥在這段時間提升了 16%（從 48% 到 64%），挪威也是 16%（從 37% 到 53%），瑞典則是 14%（從 54% 到 68%）。

13. 一九八五年，中間偏右政府收緊了失業資格要求，並將給付額從前一份工資的 80% 調降到 70%，以控制社會支出，這可能提高了藉由失能退場的吸引力。

14. 病假支薪多數來自僱主提撥，但失能給付的資金主要靠勞工提撥。

15. 在後來的選舉中，社會民主黨與自由民主人民黨（VVD）組成了執政聯盟，澄清了這份擔憂。新政府廢止了規定政府應諮詢三方架構的社會經濟理事會的法規，並以新的獨立監管機構和國家社會保險局（National Institute for Social Insurance，荷文縮寫 LISV），取代雙邊架構的社會保障管理機關。Ebbinghaus 認為荷蘭政府的改革在社會政策領域修正了社會夥伴關係以克服改革的障礙，限制社會夥伴的外部化策略並重新灌輸了社會責任。

16. 後來，一份由包括 Wim Kok 本人在內的委員會所提出的報告，呼籲建立「更開放的政黨組織」。

17. 國際勞工組織的數據指出，女性工會成員的比例從一九九一年的 20% 增加到了二〇〇八年的 32%，雖然工會密度仍落後男性。在二〇〇一年，荷蘭的女性工會密度是 19%，男性則是 29%。在調查涵蓋的十四個國家中，只有奧地利和德國的性別差距更大，而在瑞典、挪威、芬蘭和英國，工會裡的女性成員要多於男性，至於加拿大及愛爾蘭基本上是各半。

18. 這項法案稱為《禁止工時歧視法》（Wet Verbod on der scheid arbeidsduur, WVOA）。

19. 事實上，對包括許多部分工時工作者在內的低收入勞工而言，失業給付是稍微比較有利的。失業保險有部分和收入連動，但是比起高收入族群，低收入族群享有稍微較高一點的替代率。

20. 社會事務部長 Ad Melkert（2008）秘密參與了這些談判，並指出如果享有的權利與主流全職勞工相同，工會較容易接受部分工時工作增長和放鬆對派遣勞動的限制。同時，轉為不定期契約所要求的僱用期間長度，卻如本章稍後所討論，又再次延長了。

21. 實際上，許多集體協議已有了部分工時條款（一九九六年有 70%），但工會對這些條款的實施情況並不滿意。

22. 這項立法讓附有部分工時條款的集體協議，從二〇〇〇年的 60%，快速增加到二〇〇九年的 88%。

23. 荷蘭女性到一九五六年才有加入獨立法律契約的完整權利，在一九五七年以前，結婚的女性公僕都會遭受解僱。

24. 不像德國的工會與企業雙方對強化校內替代職訓一事都興趣缺缺，荷蘭最近的改革則是針對校內職訓的提升和改良。舉例來說，為了符合「僱主和學生們，特別是其中較弱勢者的需求」，一九九四年有項法案大幅修改和精簡了公立技職學校，以讓「僱主

（和工會）對技職訓練內容和技能認證有更多影響力」。

25. 提撥率依部門有所不同，從零售業不到總工資的 1%，到營造業的 3%。

26. 如圖 4.2 所示，雖然積極勞動市場政策支出在九〇年代末期稍有增長，而失業給付隨失業率有所下降，但整體而言荷蘭政府並沒有為職訓花很多錢。

27. 荷蘭式彈性安全還有一個特徵，是「生命歷程」儲蓄帳戶這個制度，在二〇〇六年由政府建立，並由社會夥伴在集體談判中實行。這種帳戶讓勞工可以儲存最多為年薪 210% 的金額，以正常工資的 70% 支付最多三年的個人休假。在一些例子裡，集體談判也會規定僱主對這些計畫提撥。生命歷程儲蓄帳戶的設計目的是讓勞工擁有處理親職假、教育、長假或提早退休等生命事件的彈性。在二〇〇六年，70% 的集體協議都含有生命歷程儲蓄帳戶的規定。

28. 舉例來說，社會夥伴同意將定期契約轉為不定期契約的期限，從二十六週展延至七十八週。

29. 在二〇〇八年，荷蘭婦女占工會所有成員約略低於三分之一（32%），和德國（31.8%）差不多，但遠遠落後北歐國家（超過 50%）。

30. 瑞典的不平等和丹麥一樣，從一九八〇年開始顯著提升，不過他們的起點本來就很低。

31. 實際上，二〇〇六年以來執政的一直是中間偏右政府 *。

32. 如圖 4.2 所示，勞動市場在職訓和積極勞動市場政策的支出在九

* 二〇〇六年至二〇一四年間，瑞典政府是由溫和聯合黨（Moderata samlingspartiet）、中間黨（Centerpartiet）、自由人民黨（Liberalerna）和基督教民主黨（Kristdemokraterna）共組名為瑞典聯盟（Allians）所聯合執政。

〇年代下跌，並且從二〇〇〇年來就不再回應失業率。儘管失業人口增加，職訓和積極勞動市場政策上的支出自一九九八年以來就持續減少。

33. 因此，Nycander（2011）認為一九七四年的這項法案象徵了一種與傳統瑞典模式的強力決裂。

34. 這個目標對勞動部長暨自由黨主席 Per Ahlmark 可能更重要，他很積極地想要鞏固該黨是可信賴的充分就業捍衛者的形象。

35. 社會民主黨不久後（一九八九年）將這間公司予以私有化。

36. 受危機衝擊的公司們一再重複這樣的故事。當時偏好新自由主義的保守黨主席同樣「受到那些總經理們的影響，這些人可說是爬進他的房間乞求饒他們免於破產」。

37. 除此之外，一九七六到一九八〇年間的這些措施還伴隨著對產業的選擇性金融支援，額度比社會民主黨治理的一九七一到一九七六年這段時期高出五倍（中間偏右政府金援數目達五百億瑞典克朗，而社會民主黨政府該項目支出則是九十億瑞典克朗）。實際上，這些措施佔產業政策的平均支出，從一九七〇到一九七六年間（社會主義政府治理）的 11.3%，提高到了一九七六到一九八〇年間（中間偏右政府治理）的 43.8%。

38. 在二〇〇九年，十五個最大的工會中，有九個都是白領工會。

39. Kjellberg（1992）指出，在一九八四年，製造業藍領勞工最高和最低工資之間的差異，只有 34%，遠遠低於英國（210%）和美國（490%）。

40. 公部門就業從一九八九年佔總就業數量的 32%，掉到只剩二〇〇八年的 25%——從高於丹麥變成低於丹麥。

41. 關鍵有以下幾項：（1）個人工資增漲完全取決於區域談判，有時則是直接由員工與僱主談判，但無論如何都會經過工會簽字。（2）特定集合款為儲備來支應區域談判者無法同意的事項。（3）

以集合款為儲備加上某種個人保障。（4）集中同意的工資集合款，但沒有個人保障。（5）集中同意的工資共同基金，並有個人保障。（6）所有勞工一致的總薪資成長，加上共同資金（和過去類似）。（7）所有勞工一致的總薪資成長。

42. 飛行員／機師是其中一個例外，他們的契約和運輸業勞工一樣，規定了一致的總薪資（百分比）成長幅度。

43. 感謝 Erik Bengtsson 向我強調這點的重要性。

44. 感謝 Göran Trogen 為我解釋這個詞的來源。

45. 如上所述，瑞典工業文書技術工會（SIF）所屬成員是工業部門的白領員工。

46. 受薪僱員工會（HTF）組織的對象包括量販和零售業、運輸業和旅行社等產業的白領受薪僱員。這個工會後來與工業文書技術工會（SIF）合併為 Unionen。在二〇一〇年的談判中，Unionen（代表工業文書技術工會的成員）沒有等待金屬加工工會就達成決議，使得工業界兩大工會產生了嚴重的嫌隙。主要的歧見在於，金屬加工工會希望能夠延長契約時限，以便令其部門的談判再度與工會聯合會旗下的其他工會保持一致。

47. 我要為這幾點感謝 Erik Bengtsson。

48. 九〇年代以來最重要的改革之一正是二〇〇〇年新的「積極就業保障」計畫，該計畫消滅了透過加入勞動市場計畫重新取得失業給付資格的可能性。

49. 二〇〇九年的改革將成人技職教育的責任轉交給新的高等技職教育署，該署負責發展及執行統一的高等技職教育訓練架構。

50. 這些族群也是瑞典最近「選擇革命」的主要受益者。自兩千年代以來，從教育到日間托育，從老人護理到健康照護等各種社會服務，都因這場革命而多了許多私人機構的選項。正如 Blomqvist 所指出的，高收入族群更偏好選擇民間業者（健康照護、學校教育等等）。

51. 感謝 Johan Davidsson 讓我注意到這點。

第六章 終曲——

鑑其過往平等式資本主義的未來

The Future of Egalitarian Capitalism, in Light of Its Past

這份研究的核心目標是要嘗試重構有關資本主義類型的論戰，並從中闡明以往所觀察到那些富裕民主國家政經制度變化的不同軌跡。在過去二十年的學術研究中，自由放任式的資本主義政經制度往往和不平等畫上等號，而協商式資本主義則被認為和較高的社會團結彼此密切相連。這些論戰聚焦於傳統制度穩定性的來源和改變的程度，特別是有關協商式市場經濟的部分。由於這些國家的既有策略安排十分有效，僱主們也持續支持這些安排，因此資本主義類型學的支持者咸認這些安排具備本質上的韌性。相反地，他們的批評者則認為，這些制度正面臨新自由主義的全面侵襲，並主張其存續是依靠勞工的抵抗能力。這樣的背景似乎暗示了，保護平等式資本主義最好的方法，就是極力捍衛傳統上定義為協商式資本主義的制度。

先前的章節分析過美國、德國、丹麥、荷蘭和瑞典五個國家，在他們的勞資關係、技職教育訓練和勞動市場政策三個領域裡，政治動力是如何運作的。這項研究並非建立在相關利益的假設上，而是根據實證調查各國不同部門裡僱主們和眾工會在這些領域內的實踐目標。結果，在證實自由化存在一條全面、共通的軌跡之餘，我也發現不同類型的自由化確實和不同的分配結果有關。我的分析將不同的利益集團與政治聯盟的動態區分為三條變遷軌跡：去管制式自由化、二元化以及鑲嵌式彈性化。

和傳統觀點不同，我發現不是所有捍衛傳統制度的做法都能促進團結，也不是所有朝自由化方向的改革都會減損社會團結。在德國的三個領域裡，所有被成功捍衛的協商式資本主義制度，都因二元化降低了涵蓋率，不平等也更為嚴重。同時，丹麥則在三個領域的實踐，都顯得大幅背離傳統的策略性協商。丹麥的薪資談判變得比德國高度組織的產業更加去中心化，薪資都在企業甚或個人層級決定；訓練也更形個人化，重視通用更勝專門技能；勞動市場政策的基礎不再是保障勞工在廠商或產業內的穩定職涯，而是促進勞工在廠商甚至部門之間流動。這些發展和典型的協調式市場經濟模式並不相符，卻能持續維繫相對的高度平等。

我指出的這三條變遷路徑大致上符合 Esping-Andersen 有名的三個世界：去管制（自由放任式市場經濟）、二元化（歐陸基督教民主國家）和鑲嵌式彈性化（北歐社會民主國家）。很顯然，慷慨的社會政策仍是高度社會團結的必要條件，至於我從鑲嵌式彈性化裏頭辨識出來的的「鑲嵌」這部分，很大部分係藉由 Christer Peterson（2011）所謂的「賦能型福利國家」（enabling welfare state），才能夠防止在三個制度領域裡的自由化，不會如同像在自由放任經濟體裡那樣墮落為「赤裸的去管制」。因此在我的分析中，美國就成了一個重要的極端案例，用來凸顯保護社會中最脆弱族群所必要的條件，而最重要的是勞工利益在政治場域和市場都必須擁有強大的代表性。

在這份研究裡，我拋開了大部分的福利體制變遷，著重於集體談判、技職教育訓練和勞動市場政策這三個制度場域。本研究核心的政經制度，和定義不同福利體制的政經制度，兩者所發生變遷之間的連結確實需要進一步研究。有些學者指出，像是勞資關係或職訓等形塑政經制度的動力，與治理福利國家制度的動力之間，運作的邏輯有所不同；前者主要依循利益組織（或生產者團體）的邏輯，而福利政策更傾向由選舉政治所主導。這和我的分析一樣，這兩個領域有可能並非相聯共進。

然而我的分析與一般認知的差別，在於對穩定和變遷有不同看法。多數資本主義類型學的擁護者認為，協商式市場經濟體的政經制度，包括集體談判、職訓和勞動保障，大體而言較為穩定，但福利體制卻有極其根本的轉變。我的主張正好相反：我認為即便福利國家三大類型的核心邏輯都已被證明相當堅韌，勞動相關的政經制度在有組織的利益團體政治推動下，仍在經歷重大的變革。[1]

我的研究作為一份對變遷的分析，揭開了為什麼平等式和協商式資本主義的制度，能在戰後資本主義發展的黃金時期相映互補，而為什麼現在又無法這麼做。有大量重要的歷史研究告訴我們，協商式資本主義的制度仰賴製造業各廠商和其員工的跨階級結盟（例如 Swenson 2002）。我的研究顯示，製造業的就業人口減少並向服務業轉移，代表強大且多少仍有活力的跨階級結盟，過去雖曾是協商式市場經濟裡協調政治的核心，現在卻已經不再有（勞方）能力和（資方）意願去領導整個經濟體的政治。此外，無論在哪個富裕民主國家，都因為大量婦女在服務業興起下進入勞動市場，還有收入光譜兩端各種非典型就業大幅增加，而產生出形形色色的新興選民。對這些族群而言，傳統的策略性協商制度不是失去吸引力（對白領受薪勞工而言），無法維繫下去（對低技術非典型勞工來說），或者就是無法涵蓋這些族群在市場上所面臨的各種前所未有的風險（專業人士和有工作的家長）。在這種脈絡下，捍衛傳統安排就可能構成制度侵蝕和漂移的主因。

平等式資本主義的結盟基礎

關於先進工業化國家政治經濟發展的經典論著告訴我們，平等式資本主義需仰賴社會民主政黨的核心選民與其他選民結為聯盟。北歐國家在這方面的成功不只是因為勞工的力量與組織，也是因為勞動階級政黨的聯盟能夠拉攏其他經濟利益的代表，特別是農民。同樣地在今天，較為平等的資本主義要生存下來，關鍵似乎也在於傳統製造業的代表是否能夠拉攏逐漸成為後工業經濟核心的新興利益。這些聯盟並非憑空出現，而是像我主張的一樣，反映了相關團體——勞工組織、企業和國家——繼承自過往，並能在今日運用的組織和政治資源。

在我的分析中，其核心——當代的政經制度變遷和 Esping-Andersen 經典的社會政策分析很像，與戰後資本主義黃金時期裡政治抉擇的遺產有著密不可分的關係。在自由放任市場經濟體裡面，即便核心製造業的勞資雙方也從未達成穩定的解決方案。雖然產業中的工會實現了某種組織力量，僱主卻從未發展出支持高技術生產所需的協商能力。沒有組織的廠商因而將工會勢力當作競爭的包袱，使得僱主們積極打擊勞工組織以維持競爭力。製造業衰落更是增強了這種動向，因為傳統工業利益和日漸抬頭的服務業部門廠商在新自由主義的旗幟下結盟，推動就業朝服務業轉型。這樣的結果拆解了一度存在的協商機制，讓工會崩解，帶來的是收入光譜兩端的不平等提升，頂層族群的工資和薪水高飛，低收入族群只能看著自己的處境相對於中間族群更加低落。

相反地，基督教民主國家在戰後立即著手強化工業部門的勞資結盟並予以制度化。在多數國家裡，傳統藍領的利益一直主導著生產者族群的地景。工會仍高度集中於製造業，而服務業和婦女的組織率則很低。在這些國家，經濟朝服務業轉型的同時，製造業牢固的跨階級聯盟通常也成功捍衛了各種協商式資本主義裡的傳統策略安排。然而，也是這個成功阻止全面去管制自由化的跨階級聯盟，讓二元化得以日漸擴大。後者悄悄透過漂移在進行，也就是就業流出工會紮根的領域，轉移到工會從未站穩腳跟的部門。

最後，社會民主國家的當代政治動力也深受過去發展所形塑，尤其是女性較早進入勞動市場、以及公私部門的服務業都因此較早成長的這部分。在這些國家，公部門工會組織完善，擁有足夠力量和製造業分庭抗禮。多數這些國家的婦女已經成為工會運動主力，而低技術職業也充分組織化。全面性組織化並未消除利益衝突；事實正好相反，北歐國家如我們所見，不只是工會和僱主之間，工運內部也有大規模的衝突。實際上，我的分析中有些重大變革就是從這些衝突所產生，這些變革反映了利益各自迥異的不同族群，包括製造業技術勞工、公部門勞工和低技術服務業勞工等族群間談判後的利益交換。

Eric Patashnik（2008）的研究顯示了制度變遷通常同時有分解和重組的成分，他主張改革能否持續，高度取決於新政策「打破既有的結盟模式並刺激新興既得利益與政治聯盟崛起」的程度。依照這樣的脈絡，在兩組「家族內部」的比較中，比較「團結」的都是在八〇年代轉向新自由主義的國家，這或許並非巧合。當時，荷蘭由基督教民主黨首相 Lubbers 推出的政策都是轉往勞動市場自由化，提升服務業部門；而德國總理柯爾的路線溫和得多，還增強了對製造業的支持。同樣地，在丹麥和瑞典這組的比較中，丹麥更劇烈地轉向新自由主義，保守派首相 Poul Schlüter 率先打造了本書所分析的三個領域裡各式各樣的自由化舉措。瑞典在這段時間對新自由主義的接受，相較之下就比較猶疑保留。藉著 Patashnik 的洞見，我們可以主張，藉由解散過去的聯盟、開啟階級內和跨階級形成新聯盟的可能性，大力擁抱新自由主義的路線促成了聯盟重組。

在協商式市場經濟體中，荷蘭與丹麥對製造業的依賴程度，皆低於其他富裕民主國家，這或許也不是巧合。圖 6.1 比較了各國製造業出口額佔總出口額的百分比。荷蘭二〇〇九年的製造業出口佔了總出口的 57%，丹麥則是 65%。這兩國對製造業的依賴程度遠低於其他協商式市場經濟體（如瑞典是 77%，而德國是 83%），也低於英國和美國等主要的自由放任式市場經濟體。[2]

然而，圖 6.1 也顯示，經濟危機前的丹麥和荷蘭，對積極勞

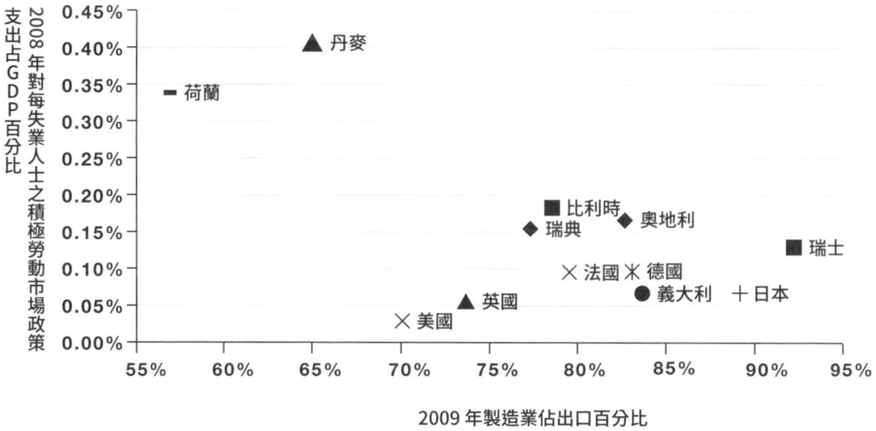

圖 6.1　2009 年出口對製造業的依賴及 2008 年對每失業人士之積極勞動市場政策支出佔 GDP 百分比

來源：OECD (ALMP); UN Comtrade SITC Rev 4. (Exports)

動市場政策的支出也甚為突出（指標為對每個失業者所分配的積極就業支出，占 GDP 的百分比）。因此，我的分析也強調，在促進和承擔大致團結的分配結果這方面，國家扮演著建設性的關鍵角色。在丹麥，三方談判的重新平衡和強力的全國協議主要依賴一份清楚的交易，這份交易由國家促成並支持，調和了低技術勞工（雖不全然，但特別是服務業部門）及更具特權的藍白領族群之間的利益。這份交易牽涉了一個重大的轉折，讓集中談判制度脫離工資團結，轉向著重個人資本的形成。在這層意義上，丹麥現今知名的彈性安全並不是一致性社會結盟的產物，而是一個打造社會結盟用的機制。

簡單來說，國家社會政策仍以社會團結的新政治為中心，但國家和政策的類型都與過去有所不同。正如 Esping-Andersen 很久以前就強調過的，受薪白領勞工逐漸成為社會民主聯盟的中心。受薪族群，特別是專業及半專業人士不見得會反對福利國家。他們通常也重視普世價值，然而，他們傾向擁抱另一種版本的普世價值：強調個人發展、國際化、性別平等和功績主義。在本書所分析的三個領域裡，調和這些族群和勞動階級中最脆弱者的利益，似乎暗示了首先應根據社會投資的邏輯進行不同類型的介入。如果工資差距逐漸來自按功論酬，國家政策的關鍵就會變成保障和資助所有人的教育機會。如果愈有保障的工作需要愈通用的技能，國家的重要性就會體現在投資私部門不願花錢的地方。如果勞動市場更具彈性，國家政策就會承擔起終其生涯所需的再訓練機會。

教育訓練因此在社會團結的新政治中佔據非常核心的位置，而正如我們所見，這可能正是勞動市場上境遇各異的不同族群利益交集之處。

鑲嵌式彈性化的可能與陷阱

我主張過鑲嵌式彈性化介入的方式牽涉到全面性聯盟的建立與維繫，也就是 Ahlquist 和 Levi 用語精準的強大「命運共同體」。學術界對丹麥等國家的描述有時令人窒息——包括荷蘭，不過程度稍低——這些報告來自 OECD 等組織，他們將丹麥描述為新的彈性安全模式典範。因此我們在結束這些國家的探討之前，必須先再次聲明，這樣的模式也有其黑暗面。

無論是荷蘭還是丹麥，都存在著激烈的反移民情緒，在選舉場域表現得尤其強烈。荷蘭自由黨（Partij voor de Vriheid, PVV）乘著兩千年代的反移民（特別是反穆斯林）風潮而快速崛起。在口無遮攔的 Geert Wilders 領導下，他們成為國會的第三大黨，直到最近為止，都是 Mark Rutte 首相領導的少數派政府的關鍵支持者。雖然自由黨在上次大選中（二〇一二）的席次下降，但仍有百分之十的選民支持，在荷蘭政治中仍不容小覷。

排外色彩強烈的丹麥人民黨（Dansk Folkeparti, DF）於稍早的一九九五年成立，並且成長快速，在一九九九年的丹麥移民法改革中扮演重要角色，形成了當今歐洲最嚴苛的移民體制之一。丹麥人民黨持續在投票上有所斬獲，獲得了 15% 的選票，成為丹麥第三大黨。在二〇〇一到二〇一一年間，丹麥人民黨為中間偏右的少數派政府提供了執政的關鍵支持。在第四章所提到對移民所設下的限制，尤其是接受社會福利方面，該黨的立場與主張再清楚不過。和荷蘭及歐洲其他地方的基進右派政黨一樣，丹麥人民黨也使用了保存丹麥獨特民族特色的種族民族主義（ethno-nationalist）之語彙。

丹麥的基進右派也顯然比他們的瑞典同志更成功有勢。在瑞典，主流政黨「已經拉起警戒線」阻擋基進右派，而丹麥的主流政黨卻讓丹麥人民黨的主張取得合法化。因此有些丹麥重要的政經成就，必須放在移民政策漸趨嚴格，以及對移民的公開敵意等背景下解讀。比如說，土生土長的丹麥人和非西方移民就業率的差距下降——從九〇年代中的 **42%** 下降到現在的 **24%**——就比瑞典表現得更好，後者的就業差距一直都較大，但對移民的政策限制也較少。[4]

這裡的重點是，荷蘭及丹麥對社會團結的強力捍衛——強力的內部「命運共同體」——似乎也伴隨著對外人的嚴苛壁壘。[5] 某種程度上確實如此，荷蘭和丹麥與其說沒有中堅 - 邊緣的分別，不如說是有著另一條不同的界線。

新挑戰，新解方

本書的實證分析所顯露的模式，既不符合傳統的資本主義類型學理論（強調制度的穩定），也不符合另一種將一切自由化改革和破壞社會團結畫上等號的觀點。圖 **6.2** 和 **6.3** 提供了一幅簡略的圖像，告訴我們該如何思考富裕民主國家所面對的許多政策選擇，從八〇年代以來已經有所改變的事實。這兩張圖將這些國家放在一個二維平面上，一個維度是勞動市場協商制度的變化（在資本主義類型學的意義上），另一個維度則是平等程度。

因此，我們可以認為 X 軸捕捉到了國家在採用勞動市場政策時，整體而言是「市場傾向」（向左：降低就業保護、藉由積極勞動市場政策提高彈性）還是更為「保護傾向」（向右：

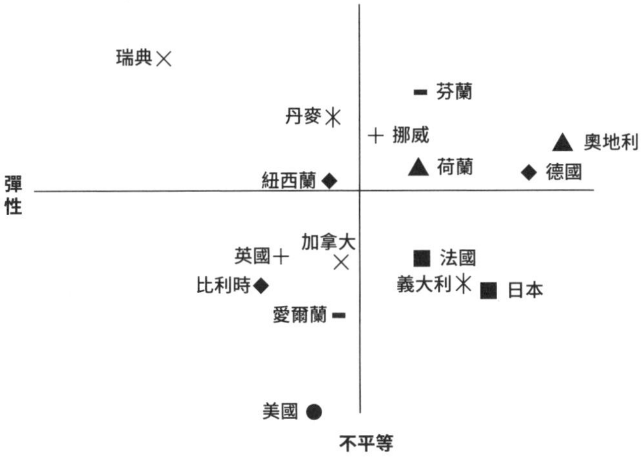

圖 6.2　八〇年代中期的彈性與平等

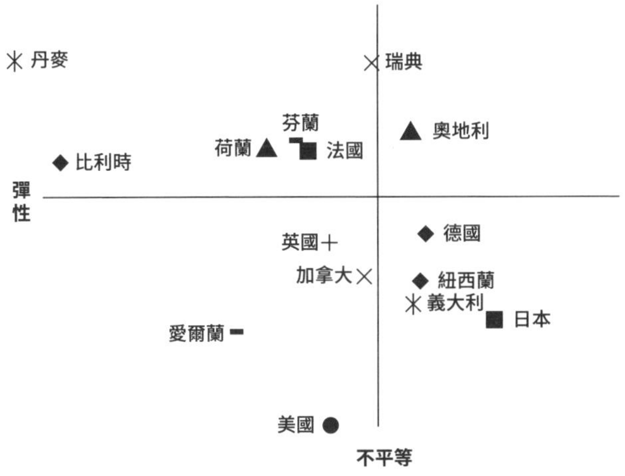

圖 6.3　兩千年代中後期的彈性與平等

更強的就業保護、對積極勞動市場政策支出較少）。這是基於一個簡單的雙變數指標，用來衡量正規勞工的就業保護和積極勞動市場政策支出這兩者之間的差異。Y 軸則藉兩個衡量不平等的指標，表示各國的相對位置（再次根據由貧窮率和稅後吉尼係數所構成的雙變數指標）。根據這些指標，上面的國家比下面的國家來得平等。

圖 6.2 則捕捉了各個民主國家八〇年代在這兩個維度上的態勢。我們可以在這裡看見，在戰後資本主義的黃金時期，各國大致上（有少數例外）在第三至第一象限間鬆散排成一列；勞動市場較有彈性的國家不平等程度也較高，而勞動市場較有保障的國家在全國層級上的平等程度也較高。[6]

然而到了兩千年代，這幅圖像就如圖 6.3 所示，有了戲劇化的改變。這時候，勞動市場較有保障（較無彈性）的國家，開始受較高的不平等所侵襲。

舉例來說，德國、日本和義大利都維持較優的保障，但這些經濟體顯然也變得沒那麼平等。相反地，有一些國家的勞動市場變得更有彈性，卻沒有淪落到不平等提高的地步。舉例來說，丹麥、奧地利和荷蘭都相對變得比較有彈性，但他們所採取的措施也抑制了貧窮和不平等的增長。整體來說，第一象限（高保障、高平等）的國家已相當稀少，原本的排列也變為從第二朝第四象限排列。

為避免過度解讀這幅顯然粗略的圖像，我要指出，自由放任式市場經濟國家一直兼具彈性的勞動市場和高度的不平等，同時間協商式市場經濟體也逐漸走向其中一個方向。有些國家明顯地往二元化沉淪，傳統的保障只保留給一個不斷縮小的核心（從第一掉到第四象限）。相反地，能維持高度平等的並非那些捍衛傳統勞動市場政策與實踐（第一象限）的國家，而是那些違背策略性協商、擁抱市場要素的國家，他們靠著社會政策補足缺失，以免走向不平等的英美模式，因此能遷入第二而非第三象限。

我的分析所提出的模式與 Schneider 和 Paunescu（2011）的研究相近，他們追蹤了富裕民主國家在一九九〇到二〇〇五年之間的政策與制度改革，並將之與特定部門的比較優勢變化連繫起來。Schneider 和 Paunescu 用了一些指標捕捉那些一般認為是區分自由放任與協商式市場經濟的主要特徵，指出許多歐陸政治經濟體仍保有一堆整體上堅持原有（協商式）模式的制度與政策。然而，他們也觀察到協商式市場經濟有一個子群——也就是丹麥、瑞典、荷蘭和芬蘭這些國家——發生了重大的變化；他們都在這段時間採用了更像自由主義市場經濟體的制度與實踐。[7] Schneider 和 Paunescu 對此的分布不太有興趣，他們關心的是出口成分的改變。因此他們所謂「不變」的協商式市場經濟體仍在中等科技（如汽車產業）出口上享有比較優勢，但那些「變動的」協商式市場經濟體（也就是經歷大幅自由化的那些）都逐漸轉向傳統上屬於自由放任市場經濟體的高科技（研發密集）出口。[8]

就我在本書的目標而言，重要的是 Schneider 和 Paunescu 所描述的那些變動的政治經濟體（丹麥、瑞典、荷蘭和芬蘭），政策和制度的自由化並沒有帶來像典型自由放任式市場經濟模式那種高度的不平等。因此他們雖驚訝於這些政治經濟體會在重要的領域上擁抱自由化，但我的分析強調這些國家的自由化，係重新鑲嵌在那些曾經阻止過英美式不平等的安排與政策之中。

這些分析同時為自由放任式市場經濟帶來了好消息與壞消

息。資本主義類型學論著傾向於強調結構限制和強烈的路線依賴，在此觀點下，十九世紀末以來的各國是較為協調還是自由成為一件「天生注定」的事。如果我們遵循常規看法，自由放任式經濟體多少都注定有較高程度的不平等。而這本書所傳達的訊息卻充滿希望（至少我自己這麼認為），因為它打開了可能性，一個國家不見得擁有協商式資本主義的特殊制度遺產，也能夠實現政策創新。因此，好消息是一旦我們可以將協商式和平等式的資本主義區分開來，就能看到即便是自由放任式的政治經濟體，也有可能達到更為平等的成果。

但壞消息是，自由放任式市場經濟體仍舊缺乏其他如今重要性更勝過往的要素——例如全面性的利益聯盟（特別是工會）和國家力量。資方高度組織化是有幫助的，因為從勞方角度來看，唯一比起強大而有組織的企業階級更糟的就是虛弱而無序的企業階級。然而我們也見到，只有僱主的組織完善還不夠。要引導資方力量和組織進入正軌協助經濟效率和平等，還需要全面性的工會和強大積極的國家力量。而當然，這些仍舊是自由放任式市場經濟體所欠缺的元素。

總結

透過從經驗探索關鍵政經行動者所表達的利益，和分析他們在有關資本主義類型學論著的三個主要場域所發生的衝突，我們就能洞察富裕民主國家變遷路徑的不同屬性。我的分析可以歸結為以下四點：

（1）僱主協商或許必要，但不足以保證平等式資本主義的存續

在八、九〇年代，政治經濟學文獻的一般看法被一股強大的修正主義研究浪潮給推翻，這股浪潮強調僱主和商會在打造和維持許多今天被我們認為有關平等式資本主義的制度安排上，所扮演的創制性角色。儘管統合主義論著從勞工運動的結構和力量來解釋跨國差異，卻有新一波理論風潮轉而強調僱主進行策略性協商的組織和相關能力，才是區分不同資本主義類型的主要重點。Martin 和 Swank（2012）最近提出一份有力的研究，顯示強大的全國性商會通常能藉著影響僱主們對長期利益的觀念，還有提升他們對短視近利及削價競爭的抵抗力，來支持平等的分配結果。

我的分析證實了僱主組織的重要性，而且對他們的研究補充了一個重要提醒：雖然廠商間的高度協商能力對高度社會團結或許有必要，但並不足夠。前面幾章的案例研究充分證明了 Hilferding 歷久不衰的洞見，那就是資本主義的政治管理會愈形困難——如果資本家缺乏集體行動能力的話。不過同時我們也看到許多案例中，擁有協調能力的僱主們將他們可觀的組織力量用來追求顯然有害社會團結的目標，包括消滅工會（美國的案例）、妨礙原本能夠遏止集體談判涵蓋率繼續受侵蝕的改革（德國），還有阻擋主要代表低技術勞工的工會聯合會能夠恢復協商力量的機制（瑞典）。

如先前的分析所示，問題並非簡單的「僱主們是否有協調能力？」，而是「誰和誰在進行協調，還有其行動目標是什麼？」

（2）勞方的高度組織和團結一致，對維持高度社會團結必不可少

相反地，前面章節的分析再次確認了一個權力資源理論的核心主張，顯示出勞方如果虛弱破碎，將是平等式資本主義的災難。美國正是其中典範，因為他們工會的積弱正能解釋過去數十年來不平等的攀升。不過，也有其他國家為我們提供有力的警示：如果工會強大，力量卻集中在特定部門，同樣難以維持全面的社會團結。比如在德國，勞工組織就無法拓展至傳統核心製造業之外的產業；總體統合主義制度安排的特點反而容易在漂移之中遭受制度侵蝕和造成二元化。確實，北歐國家和歐陸的關鍵差異之一，就是包括受薪白領、婦女和私人服務業部門的低技術勞工在內等核心產業外的勞動族群，在勞工運動中組織化和充分代表的程度。在這些國家裡，傳統安排並未被拆解，而（經常）是轉變成新的目標，以反映勞方新興族群的利益，並與傳統製造業的利益調和。[9]

（3）在目前新自由主義時期，國家支持是維持團結的關鍵

國家在支持社會團結上的角色再怎麼強調也不為過。對於勞工團結、僱主合作，尤其是緩減自由化的衝擊——特別是對社會最脆弱族群來說，國家擁有莫大的影響力。在美國，政府的政策，尤其是雷根時期，加速了勞工組織的崩潰和集體談判的衰微。而丹麥正好相反，九〇年代的國家介入成為維持勞工團結的關鍵；藉著以工資談判去中心化交換大力支持（與補助）再訓練，牽成了高低技術勞工的結盟。而在荷蘭和瑞典，中間

偏右政府一面維持積極就業政策，一面縮減對職訓的支持，使得不平等持續擴大。

此外，如我們所見，重要的不只是政府所為，還有政府所不為。德國集體談判所受的侵蝕在很大程度上，其實是肇因於國家面對明顯二元化跡象時的不作為和無能。德國集體談判自主的原則來自工會企圖防範國家抱著敵意侵犯的時代；然而，從近期趨勢來看，自主談判原則提升平等的效果很大部分取決於維持全面性的涵蓋率。最近，自主談判對分配的影響力在工會涵蓋率萎縮下大幅轉變，而國家無力也無意利用傳統措施（如延伸條款）或新倡議（如法定最低工資），來處理隨之而生的落差。國家應對失能，政策也不見效果，這些都讓國內低薪部門加速增長。同樣的問題在瑞典以不同方式發生，該國（相較於丹麥）的國家力量較有限（如相對較弱的國家調解機能），這使得即便其涵蓋率高於德國，勞資關係仍衝突不斷、不得安穩。

（4）制度存續需要不斷動員新的支持聯盟

在先前的研究中，我曾主張政經制度的存續無關乎惰性或停滯，也不只是單純的反饋。不只如此，事實上我還主張由於制度所鑲嵌的經濟和政治環境會隨時間變化，這些安排的存續也經常伴隨著制度變革的成分。因此最後，或許也是最聳動地，我主張傳統制度所依恃的聯盟基礎一旦發生改變，必定會對制度形式、以及這些制度在市場及社會所發揮的機能，一併帶來重大變遷。

傳統上，政治經濟學論著將平等式資本主義和僱主間高度策略性協商的制度連結在一起。對處於我分析中心的制度而言，所代表的是協商式工資談判及相關的工資節制、鼓勵獲取產業或企業導向技能的技職訓練體系，還有支持強力就業保障與長期任職的勞動市場政策。當然，這些制度實際上正是當今某部分資本力量最急於自由化的目標。但是許多這些傳統制度也不一定能反映勞方新興族群那些差異甚大的利益（也不見得能解決他們所面對的風險），這使得相關政治變得複雜化。例如一些上述案例研究的觀察：受薪勞工（Esping-Andersen 所謂的關鍵白領階層）不滿以工資團結為目標而拉低他們薪資的集體談判協議。製造業主導時期有利於男性藍領勞工的勞僱和職訓協議也讓女性處於不利的地位。而低技術勞工尤其暴露於高度變動的市場，他們更少受益於以穩定就業於某一廠商或產業為前提的職訓體制，更具彈性、能夠終身累積通用（可攜性）技能的安排才符合他們所需。

因為這些原因，變遷條件的談判——自由化路徑——就不只是對傳統策略安排的成功捍衛那麼簡單。事實上，正如我所主張，在那些核心製造業萎縮、但是其利益仍持續主宰著制度的國家，自由化也一樣在發生，只不過是在侵蝕與漂移中悄然發生。因此，維持高度社會團結需要締結新的聯盟、重組制度以適應新興族群的利益，並且和傳統利益互相調和。有愈來愈多的學者和我一樣，強調在新自由主義時期，社會投資政策具有調和廠商和勞工利益衝突的潛力。這些政策的目標是「使國家的角色從被動保證幸福，變成積極創造未來成長」，並同時提供保障給原有制度難以涵蓋的脆弱族群。

然而，雖然我的分析指出有些途徑較其他途徑更有成效，我並未找到哪個模式值得徹底肯定，能體現所有可能而沒有任何缺陷。反而，我已經指出過締結新的聯盟有多困難，其穩定需要持續的社會動員，以及來自國家的積極支持。[10] 除此之外，前面的章節分析暗示，這仍是一個才剛起步的過程。

最後，本書的主張是借力自第一章所檢視的三家思想。我從權力資源理論借用的關鍵洞見是，僱主利益成形和明朗的一個關鍵（或許是唯一關鍵），在於勞工的組織及力量，資方必須圍繞著工會這個事實來組織策略與目標——不過我並不認為結盟政治與可行性，能夠化約成勞工力量與資本對抗的問題。我從二元化理論借用的洞見是，當代的市場趨勢讓勞方團結變得複雜，因為對於不同部門、不同市場地位的勞工，市場趨勢的影響也不同；但我也將這個洞見結合其他分析，指出在不同僱主之間，同樣的趨勢也有不同結果，因而造成了不同類型的聯盟。而藉著統合主義理論，我主張僱主的高度組織化是維持高度社會團結的關鍵前提條件 - 雖然我不認為僱主彼此間的協調能力能保證與勞方合作的意願，重點在於國家的角色，如何促成統合式協商的形式得以不斷重新談判，尤其是促成協商所能發揮的許多隨著時代變化的功能。

回到資本主義類型學與其批評者的論戰，我認為不必在論著裡常見的兩個選項——誕生於十九世紀的資本主義不同類型之永恆延續，以及平等式資本主義只是必然消逝的曇花一現——之間選擇其一。檢視平等式資本主義制度的政治結盟基礎，能揭開其所仰仗的政治結盟持續性的競合與重大轉變。事實的發展顯示，只依賴著往日聯盟的制度將最難以存續，而跟上新社會聯盟並轉向嶄新目標的制度，則最能保有活力。

註釋

1. 感謝匿名審稿人為我指出這個重點。

2. 如果看看製造業佔 GDP 的百分比，這兩個故事其實很像。丹麥和荷蘭都在協商式市場經濟體中敬陪末座（兩國的製造業在二〇〇九年都只占 GDP 的 13%）。只有法國（11%）和挪威（10%）低於這個數字，幾乎其他協商式市場經濟體都高得多（如德國為 19%）。瑞典的數字為 16%，位於中間。至於製造業佔所有就業人口的百分比，荷蘭也是其中最低（二〇〇九年為 10.8%）。丹麥稍高，有 13.7%，但仍顯著低於德國的 19% 和瑞典的 16%。以上數字皆來自 OECD。

3. 丹麥兩千年代的後續改革進一步增加移民限制，儘管根據統計，其移民人口僅占 7%，是歐洲移民人口最少的國家。舉例來說，最近的立法收緊了家庭團聚的規定，並讓移民更難申請社會福利。

4. 84% 的本土瑞典人都有工作，相較之下非歐洲裔僅有 51% 有工作，瑞典有整整 46% 的失業人士為非歐洲裔。

5. 感謝 David Soskice 為我指出這個重點。

6. 瑞典是例外，因為積極勞動市場政策在五、六〇年代就對一開始的 Rehn-Meidner 模式十分重要（見第五章）。

7. 在類似的脈絡下，右派自由主義的佛瑞塞研究機構（Fraser Institute）發明了一個指數，指出在其「經濟自由」指標上，瑞典、丹麥和芬蘭都迎頭趕上美國。

8. 高科技及中等科技部門的區分是基於 OECD 的產業分類法。Darius Ornston（2012）的主張方向相同，都描述了一些歐洲最統合的政治經濟體，如何從八〇年代以來逐漸重視以高科技「破壞式」創新為主的出口。一般認為後者是自由放任主義市場經濟體的模式，而協調式市場經濟體較傾向漸進式科技變革。

9. 我的發現也和新興的選舉行為研究類似，這些研究告訴我們，影響政治結盟類型的深遠因素，是將這些族群連結成為選民的網絡。

10. 如 Wolfgang Streeck 所強調，以及本書案例研究所顯示：社會投資政策（通常是基於政府日常運作開支）一直都特別容易在財政面臨壓力的時期裡遭到刪減。

附錄A

圖 1.1 的指數結構及變量說明

X 和 Y 軸代表幾個變數的加權平均值（請見下一節）。平均前的每個變數皆經由以下的 OECD 公式予以標準化：

$$I_{qc}^{t}=\frac{x_{qc}^{t}-\min_{c}(x_{q}^{to})}{\mathrm{man}_{c}(x_{q}^{to})-\min_{c}(x_{q}^{to})}$$

經標準化的數值皆在 0 到 1 之間，1 表示最高觀測值。

協調維度（X 軸）：

權重	**名稱**
1	**工資協調**（Swank: WAGEBC）

Lane Kenworthy 的工資設定協調評分提供了五個分類：

1 = 架構化的工資談判，大多侷限於個別廠商或工廠；

2= 綜合產業和廠商層級的談判，沒有或僅有少量的模式設定，同時，設定基本薪資率或工資指數化等政府協調的成分相對較弱；

3= 產業層級談判，模式設定較為不規則且含糊，工會參與率低微；

4= 由全國級的聯合會進行集中談判，或由政府設定工資表／工資凍結，沒有和平義務（peace obligation）；

5= 由全國級的聯合會進行集中談判，或由政府設定工資表

/ 工資凍結，並有和平義務（peace obligation）。*

權重 **名稱**

權重	名稱
1	**勞資協調**（Swank: LABMANC）

勞資合作是一種以對話為基礎的長期買賣關係。

資料來源：見 Lane Kenworthy and Alex Hicks,Departments of Sociology, University of Arizona and Emory University, "Economic Cooperation in 18 Industrialized Democracies."

1	**全國級雇主協會的力量** (Swank: EMPPOW)

將全國級雇主聯合會的力量分為 0 到 4 級；這些能力包括控制停工、集體談判策略、共同基金。

資料來源：見 Miriam Golden, Michael Wallerstein, and Peter Lange, "Unions, Employers, Collective Bargaining and Industrial Relations for 16 OECD Countries, 1950-2000," Department of Political Science, UCLA; Franz Traxler et al, 2001, National Labour Relations in International Markets (Oxford U. Press, 2001); 九〇年代末期至二〇〇五年：各國資料來源及勞動與勞資關係期刊。

團結維度（Y 軸）：

-1	青年失業率（OECD 統計資料庫）
-1	非自願部分工時就業（OECD 統計資料庫）
1	集體談判涵蓋率（OECD: 2004）

* 見 http://www.u.arizona.edu/~lkenwor/data.html for documentation.

附錄 B

圖 6.2 及 6.3 的指數結構

此處的指數所使用的方法與圖 1.1 相同

彈性維度（X 軸）：

權重	名稱
1	就業保障指數（OECD 統計資料庫）
-1	積極勞動市場支出占 GDP 之百分比（OECD 統計資料庫）

平等維度（Y 軸）：

-1	貧窮率（OECD 統計資料庫）
-1	稅後基尼係數（OECD 統計資料庫）

参考文獻

ABC News. 2009. "Daimler Reaches Labor Deal at Sindelfingen Plant." December 9.

Acemoglu, Daron. 1998. "Why Do New Technologies Complement Skills? Directed Technical Change and Wage Inequality." *Quarterly Journal of Economics* 113 (4):1055–89.

Acemoglu, Daron, James A. Robinson, and Thierry Verdier. 2012. "Can't We All Be More Like Scandinavians? Asymmetric Growth and Institutions in an Interdepen- dent World." *NBER Working Paper Series.* Cambridge, MA: National Bureau of Economic Research.

Addison, John T., Claus Schnabel, and Joachim Wagner. 2007. "The (Parlous) State of German Unions." *Journal of Labor Research* 28 (1):3–18.

Ahlberg, Kerstin. 1997a. "Blue-Collar Unions Concentrate on Low-Paid Workers." In *EIROnline*: Eurofound. http://www.eurofound.europa.eu/eiro/1997/10/feature/ se9710145f.htm.

Ahlberg, Kerstin. 1997b. "Personal Educational Accounts May Complement Collectively Agreed Measures." In *EIROnline*: Eurofound. http://www.eurofound.europa.eu/eiro/1997/08/feature/se9708132f.htm.

Ahlberg, Kerstin, and Niklas Bruun. 2005. "Sweden: Transition through Collective Bargaining." In *Collective Bargaining and Wages in Comparative Perspective*, ed. T. Blanke and E. Rose. The Hague: Kluwer Law International.

Ahlquist, John, and Margaret Levi. 2013. *In the Interest of Others: Leaders, Governance, and Political Activism in Membership Organizations*. Princeton, NJ: Princeton University Press.

Aktürk, Sener. 2011. "Regimes of Ethnicity: Comparative Analysis of Germany, the Soviet Union/Post-Soviet Russia, and Turkey." *World Politics* 63 (1):115–64.

Albrecht, James, Gerard J. van den Berg, and Susan Vroman. 2005. The Knowledge Lift: The Swedish Adult Education Program That Aimed to Eliminate Low Worker Skill Levels. Bonn: IZA.

Andersen, Jørgen Goul. 1984. "Decline of Class Voting or Change in Class Voting? Social Classes and Party Choice in Denmark in the

1970s." *European Journal of Political Research* 12:243–59.
Andersen, Jørgen Goul. 1992. "The Decline of Class Voting Revisited." In From Voters to Participants: *Essays in Honour of Ole Borre*, ed. P. Gundelach and K. Siune. Aarhus: Forlaget Politica.
Andersen, Jørgen Goul. 2010. "Activation as Element of Two Decades of Labour Market Policy Reforms in Denmark." Background paper for presentation at International Symposium, "Activation or Basic Income? Towards a Sustainable Social Framework," Tokyo, February 26.
Andersen, Søren Kaj. 2010. *Tackling Job-Losses: Varieties of European Responses.* Copenhagen: FAOS.
Andersen, Søren Kaj, and Mikkel Mailand. 2005. "The Danish Flexicurity Model: The Role of the Collective Bargaining System." Copenhagen: FAOS.
Anderson, Karen M, and Anke Hassel. 2012. "Pathways of Change in CMEs: Training Regimes in Germany and the Netherlands." In *The Political Economy of the Service Transition*, ed. A. Wren. Oxford: Oxford University Press.
Anderson, Theresa, Katharine Kairys, Michael Wiseman. 2011. "Activation and Reform in the United States: What Time has Told." Working Paper, George Washington Institute of Public Policy, Washington, DC, July 1.
Anthonson, Mette, Johannes Lindvall, and Ulrich Schmidt-Hansen. 2010. "Social Democrats, Unions, and Corporatism: Denmark and Sweden Compared." *Party Politics 46* (September): 1030–57.
Arpaia, A., N. Curci, E. Meyermans, J Peschner, and F. Pierini. 2010. "Short Time Working Arrangements as Responses to Cyclical Fluctuations." Occasional Paper 64 of the European Commission Directorate-General for Employment, Social Affairs and Equal Opportunities. Brussels: European Commission.
Astheimer, Sven. 2010. "Wenn sich die Arbeit nicht mehr lohnt." *Tageszeitung*, January 19.
"Aufstocker arbeiten meist Teilzeit," 2013. *Die Zeit,* July 18. http://www.faz.net/ aktuell/wirtschaft/wirtschaftspolitik/armut-und-reichtum/studie-aufstocker-arbeiten- meistens-teilzeit-12286335.html.
Autor, David H., Lawrence F. Katz, and Melissa S. Kearney. 2008. "Trends in U.S. Wage Inequality: Revising the Revisionists." *The Review of Economics and Statistics 90* (2):300–23.
BA (Bundesagentur für Arbeit). 2009. Der Arbeitsmarkt in Deutschland:

Kurzarbeit, Aktuelle Entwicklungen. Berlin: Bundesagentur für Arbeit.

Baccaro, Lucio, and Chris Howell. 2011. "A Common Neoliberal Trajectory: The Transformation of Industrial Relations in Advanced Capitalism." *Politics & Society* 39 (4):521–63.

Baccaro, Lucio, and Richard M. Locke. 1998. "The End of Solidarity? The Decline of Egalitarian Wage Policies in Italy and Sweden." *European Journal of Industrial Relations* 4 (3):283–308.

Bäcker, Gerhard. 2006. "Was heisst hier geringfügig? Minijobs als wachsendes Segment prekärer Beschäftigung." *WSI-Mitteilungen* 56 (5):255–261.

Baethge, Martin. 1999. "Glanz und Elend des deutschen Korporatismus in der Berufsbildung." *Die Mitbestimmung online* 4:15.

Baethge, Martin, Heike Solga, and Markus Wieck. 2007. *Berufsbildung im Umbruch*. Berlin: Friedrich-Ebert-Stiftung.

Barbier, Jean-Claude, and Matthias Knuth. 2010. "Of Similarities and Divergences: Why There is No Continental Ideal-Type of 'Activation Reforms'." *CNRS Working Paper Series*. Paris: CNRS.

Barrows, Samuel. 2011. "Inside-Outsiders: The Role of Partner Job Status in the Formation of Welfare Preferences." Paper presented at the Midwest Political Science Association Meetings, Chicago, March 31–April 1.

BDA (Bundesvereinigung der deutschen Arbeitgeberverbände). 2007. "Beschluss, Sitzung des Präsdiums: Bilanz in der Tarifautonomie wahren: Position der Arbeit- geber zur Mindestlohndebatte," Position Paper. Berlin: BDA.

BDA (Bundesvereinigung der deutschen Arbeitgeberverbände). 2010. "Kompakt: Mindestlohn," Position Paper. Berlin: BDA.

Becker, Gary S. 1993. *Human Capital.* 3rd ed. Chicago: University of Chicago Press. Beile, Judith and Christine Priessner. 2011. "Industrial Relations Developments in the Commerce Sector in Europe: Country Report Germany." Brussels: European Foun- dation for the Improvement of Living and Working Conditions.

Bekker, Sonja, and Ton Wilthagen. 2008. Europe's Pathways to Flexicurity: Lessons Presented from and to the Netherlands. Tilburg: Tilburg University.

Beland, Daniel and Alex Waddan. 2012. *The Politics of Policy Change: Welfare, Medicare, and Social Security Reform in the United States.*

Washington, DC: Georgetown University Press.
Bengtsson, Erik. 2013. "Swedish Trade Unions and European Union Migrant Workers." *Journal of Industrial Relations* 55 (2):174–89.
Berg, Annika. 2002. "Blue-Collar Workers' Pay Falls Behind." In *EIROnline*: Eurofound. http://www.eurofound.europa.eu/eiro/2002/12/feature/se0212104f.htm.
Berger,Klaus, Dick Moraal. 2012."Tarifliche Weiterbildungspolitik in den Niederlanden und in Deutschland." *WSI Mitteilungen* 5:382–90.
Bernhardt, Annette, Ruth Milkman, Nikolas Theodore, Douglas Heckathorn, and Mirabai Auer. 2009. *Broken Laws, Unprotected Workers: Violations of Employment and Labor Laws in America's Cities.* Los Angeles: UCLA Institute for Research on Labor and Employment.
BIBB (Bundesinstitut für Berufsbildung). 2005. "Schaubilder zur Berufsbildung: Struk- turen und Entwicklungen." Bonn: BIBB.
BIBB (Bundesinstitut für Berufsbildung). 2010. AusbildungPlus 2004–2010. www. ausbildungplus.de.
BIBB(Bundesinstitut für Berufsbildung).2011a."Berufsbildungsbericht 2011." Berlin: BIBB.
BIBB (Bundesinstitut für Berufsbildung).2011b."Duale Studienga¨ nge immer beliebter."*Press release*. Berlin: BIBB.
Bishop, John H. 1995. "Vocational Education and At-Risk Youth in the United States." *CAHRS Working Paper Series*. Ithaca, NY: Cornell University ILR School.
Bispinck, Reinhard. 2010a. "Niedriglöhne und der Flickenteppich von (unzureichendend) Mindestlöhnen in Deutschland." *WSI Report*. Du¨ sseldorf: WSI.
Bispinck, Reinhard. 2010b. Tarifliche Regelung zur Kurzarbeit. Düsseldorf: WSI.
Blagg, Deborah. 2012. "Exploring the Outcomes of Economic Loss." *Radcliffe Magazine*. http://www.radcliffe.harvard.edu/news/radcliffe-magazine/exploring- outcomes-economic-loss.
Blomqvist, Paula. 2004. "The Choice Revolution: Privatization of Swedish Welfare Services in the 1990s." *Social Policy and Administration* 38 (2):139–55.
BMBF (Bundesministerium für Bildung und Forschung). 2000. Berufsbildungsbericht. Berlin: BMBF.
BMBF (Bundesministerium für Bildung und Forschung). 2001.

Berufsbildungsbericht. Berlin: BMBF.
BMBF (Bundesministerium für Bildung und Forschung). 2005. Reform der Berufsbil- dung. Berlin: BMBF.
BMAS (Bundesministerium für Arbeit und Soziales). 2011.Verzeichnis der für allgemeinverbindlich erklärten Tarifvertra¨ ge. Bonn: BMAS.
Bohle, Dorothee, and Bela Greskovits. 2009. "Varieties of Capitalism and Capitalism 'tout court'." *European Journal of Sociology* 3:355–86.
Bonoli, Giuliano. 2005. "The Politics of the New Social Policies: Providing Coverage Against New Social Risks in Mature Welfare States." *Policy & Politics* 33 (3):431– 49.
Bonoli, Giuliano. 2012. *The Origins of Active Social Policy*. Oxford: Oxford University Press.
Bosch, Gerhard. 2008. "Auflösung des deutschen Tarifsystems." *Wirtschaftsdienst* 88 (1):16–20.
Bosch, Gerhard, and Jean Charest. 2008. "Vocational Training and the Labour Market in Liberal and Coordinated Economies." *Industrial Relations Journal* 39 (5):428–47.
Bosch, Gerhard, Claudia Weinkopf, and Thorsten Kalina. 2009. "Mindestlo¨ hne in Deutschland." Düsseldorf: Friedrich Ebert Stiftung.
Bouwens, Bram, and Joost Dankers.2010. "The Invisible Handshake: Cartelization in the Netherlands, 1930–2000." *Business History Review* 84 (4):751–72.
Bovenberg, Lans, Ton Wilthagen, and Sonja Bekker. 2008. "Flexicurity: Lessons and Proposals from the Netherlands." *CESifo DICE Report* 6 (4):9–14.
Bowman, John R., and Alyson M. Cole. 2009. "Do Working Mothers Oppress Other Women? The Swedish 'Maid Debate' and the Welfare State Politics of Gender Equality." *Journal of Women in Culture and Society* 35 (1):157–84.
Bredgaard, Thomas, and Flemming Larsen. 2010. "External and Internal Flexicurity." Paper presented at the 2010 Meeting of the IIRA European Congress, Copenhagen, June 28–July 1.
Brenke, Karl, Ulf Rinne, and Klaus F. Zimmermann. 2011. "Short-Time Work: The German Answer to the Great Recession." *IZA Discussion Paper 5780.* Bonn: IZA.
Broadberry, Stephen N. 1993. "Manufacturing and the Convergence Hypothesis: What the Long-Run Data Show." *Journal of Economic*

History 53 (4):772–95.
Bronfenbrenner, Kate. 2009. "No Holds Barred: The Intensification of Employer Opposition to Organizing." *EPI Briefing Paper*. Washington, DC: Economic Policy Insti- tute.
Brönstrup, Carsten. 2011. "Arbeitsmarkt ist gespalten wie lange nicht." *Tageszeitung*, May 30.
Brown, Bettina Landard. 2002. "School to Work after the School to Work Opportunities Act." Columbus, OH: Center on Education and Training for Employment.
Büchtemann, Christoph F., Ju¨ rgen Schupp, and Dana Soloff. 1993. "Roads to Work: School-to-Work Transition Patterns in Germany and the United States." *Industrial Relations Journal* 24 (2):97–111.
Buhse, Malte. 2012. "Auf Azubisuche in Bulgarien." In *Zeit Online*. http://www.zeit.de/wirtschaft/2012-08/lehrstellen-deutschland.
"Bundesarbeitsgericht lässt mehrere Tarifverträge zu." 2010. In *Spiegel Online*, June23. http://www.spiegel.de/wirtschaft/unternehmen/0,1518,702404,00.html.
Bundesregierung, Deutsche. 2009. "Konjunkturpaket II: Die Krise Meistern," February 25. http://www.bundesregierung.de/Content/DE/Artikel/2009/01/2009-01-27-zweites-konjunkturpaket.html.
Bundestag, Deutcher. 1999. "Minutes of the Deutscher Bundestag 14, Wahlperiode, 17, Sitzubg 22, Januar 1999." Bonn: Deustcher Bubdestag,
Buschoff, Karin Schulze and Paula Protsch. 2008. "(A-)Typical and (In-) Secure? Social Protection and Non-Standard Forms of Employment in Europe." *International Social Security Review* 61 (4):51–73.
Busemeyer, Marius. 2009. *Wandel trotz Reformstau: Die Politik der beruflichen Bildung seit 1970.* Frankfurt: Campus.
Busemeyer, Marius R., and Torben Iversen. 2012. "Collective Skill Systems, Wage Bargaining, and Labor Market Stratification." In *The Political Economy of Collective Skill Formation*, ed. M. Busemeyer and C. Trampusch. Oxford: Oxford University Press.
Busemeyer, Marius, and Christine Trampusch. 2012. "The Comparative Political Economy of Collective Skill Formation." In *The Political Economy of Collective Skill Formation*, ed. M. Busemeyer and C. Trampusch. Oxford: Oxford University Press.
Calmfors, Lars, and John Driffill. 1988. "Centralization of Wage Bargaining." *Economic Policy* 3 (6):13–61.

Campbell, John L., and John A. Hall. 2006. "Introduction: The State of Denmark." In *National Identity and the Varieties of Capitalism: The Danish Experience*, ed. J. L. Campbell, J. A. Hall, and O. K. Pedersen. Montreal: McGill-Queen's University Press.

Card, David. 2001. "The Effect of Unions on Wage Inequality in the U.S. Labor Market." *Industrial and Labor Relations Review* 54 (2):296–315.

Carley, Mark. 2009. "Trade Union Membership 2003-2008." In *EIROnline*: Eurofound. http://www.eurofound.europa.eu/eiro/studies/tn0904019s/tn0904019s.htm.

CDU/CSU-Fraktion. 2011. "Hände weg vom Ehegattensplitting." *Press release*. Berlin: CDU/CSU-Fraktion, November 1, http://www.cducsu.de/Title haende-weg vom _ehegattensplitting.htm.

"CDU-Spitze erwägt Ehegattensplitting-Reform," 2006. *Handelsblatt* June 16. http://www.handelsblatt.com/politik/deutschland/cdu-spitze-erwaegt-ehegattensplitting- reform.htm.

CEDEFOP. 2009. *Vocational Education and Training in Sweden*. Luxembourg: European Centre for the Development of Vocational Training.

CEDEFOP. 2012. *Vocational Education and Training in Denmark*. Luxembourg: European Centre for the Development of Vocational Training.

CO-industri. 2008. *Flexicurity: A Danish Trade Union View*. Copenhagen: CO-industri.

Cook, Robert F., Charles F. Adams, and V. Lane Rawlins. 1985. "The Public Service Employment Program." In *Public Service Employment: The Experience of a Decade*, ed. R. F. Cook, C. F. Adams, and V. L. Rawlins. Kalamazoo, MI: W.E. Upjohn Institute for Employment Research.

Cort, Pia. 2002. "Vocational Education and Training in Denmark." In CEDEFOP Panorama Series. Luxembourg: European Centre for the Development of Vocational Training.

Cowie, Jefferson. 2010. *Stayin' Alive*. New York: The New Press.

Cox, Robert Henry. 2001. "The Social Construction of an Imperative." *World Politics* 53:463–98.

Crouch, Colin. 1993. *Industrial Relations and European State Traditions*. Oxford: Clarendon Press.

Crouch, Colin, David Finegold, and Mari Sako. 1999. *Are Skills the Answer?* Oxford: Oxford University Press.

Culpepper, Pepper D., and Kathleen Thelen. 2007. "Institutions and

Collective Actors in the Provision of Training: Historical and Cross-National Comparisons." In *Skill Formation: Interdisciplinary and Cross-National Perspectives*, ed. K.-U. Mayer and H. Solga. New York: Cambridge University Press.
Daimler AG. 2010. "Daimler AG zieht Tariferhöhung auf Februar vor." Stuttgart, November 29, 2010. http://www.daimler.com/dccom/0-5-7153-49-1351662-1.html.
Daley, Suzanne, and Nicholas Kulish. 2012. "Brain Drain Feared as German Jobs Lure Southern Europeans." *New York Times*, April 28.
Dansk Arbejdsgiverforening.2013. *Arbejdsmarkedsrapport 2012*. København: Dansk Arbejdsgiverforening.
Dansk Arbejdsgiverforening.2005. *Arbejdsmarkedsrapport 2004*. København: Dansk Arbejdsgiverforening.
Dansk Arbejdsgiverforening. n.d. *Flexicurity in Denmark*. Copenhagen: DA.
Darren, Mara and David Levitz. 2010. "Referendum Quashes Hamburg School Reform, Cripples Coalition," Deutsche Welle, July 19, 2010, www.dw.de/referendum-quashes-hamburg-school-reform-cripples-coalition/a-5814250.
Davidsson, Johan Bo. 2009. "The Politics of Employment Policy in Europe: Two Patterns of Reform." Presented at ECPR Conference. Lisbon. April 14–19.
Davidsson, Johann. 2010. *Unions in Hard Times: Labor Market Politics in Western Europe*. Ph.D. Thesis, Department of Political and Social Sciences, European University Institute, Florence.
Deckstein, Dinah, Sebastian Ramspeck, and Janko Tietz. 2006. "Schnell Rein, Schnell Raus." *Der Spiegel* 5/2008. December 30. http://www.spiegel.de/spiegel/ spiegelspecial/d-59462272.html.
Deeke, Alex. 2005. Kurzarbeit als Instrument betrieblicher Flexibilität: Ergebnisse aus dem IAB-Betriebspanel 2003. Berlin: Bundesagentur für Arbeit.
DeHoGa (Deutscher Hotel- und Gaststättenverband). 1999. "Stellungnahme des Deutschen Hotel- und Gaststättenverbandes DEHOGA zum Entwurf eines Gesetzes zur Neuregelung der geringfügigen Beschäftigungsverhältnisse." Position paper submitted to Parliamentary Committee (Ausschuss für Arbeit und Sozialordnung), Drucksache 14/280. Bonn: Deutscher Bundestag.
DeHoGa (Deutscher Hotel- und Gaststättenverband). 2010. *Tarifsynopse*

für das Hotel- und Gaststättengewerbe. Berlin: Deutscher Hotel- und Gaststättenverband.

Dekker, Ronald, and Lutz C. Kaiser. 2000. "Atypical or Flexible: How to Define Non- Standard Employment Patterns: The Cases of Germany, the Netherlands, and the United Kingdom." Tilburg Institute for Social Security Research and German Institute for Economic Research.

Delsen, Lei. 2002. *Exit Polder Model? Socioeconomic Changes in the Netherlands.* Westport, CT: Praeger.

DeParle, Jason. 2012. "Welfare Limits Left Poor Adrift as Recession Hit." *New York Times*, April 7, www.nytimes.com/2012/04/08/us/welfare-limits-left- poor-adrift-as-recession-hit-html.

"Der beste Mann der IG Metall war der Arbeitgeberchef," *Der Tagesspiegel*, June 29, 2003: 24.

Desjardins, Richard, Kjell Rubenson, and Marcella Milana. 2006. *Unequal Chances to Participate in Adult Learning: International Perspectives*. Paris: UNESCO.

Dettmer, Markus, Peter Müller, and Janko Tietz. 2011. "Kehrtwende der Kanzlerin," *Der Spiegel* 45/2011. November 7.

Dølvik, Jon-Erik. 2007. "The Nordic Regimes of Labour Market Governance: From Crisis to Success-Story?" Fafo-paper 2007: 07. In *Fafos Rådsprogram 2006–2008*. Copenhagen: Fafo.

Dribbusch, Heiner. 2004. "Debate on Introduction of Statutory Minimum Wage." In *EIROnline*: Eurofound. http://www.eurofound.europa.eu/eiro/2004/09/feature/DE0409205F.htm.

Dribbusch, Heiner. 2009. "Germany: Wage Formation." In *EIROnline:* Eurofound. http://www.eurofound.europa.eu/eiro/studies/tn0808019s/de0808019q.htm.

Due, Jesper, and Jørgen Steen Madsen. 2008. "The Danish Model of Industrial Relations: Erosion or Renewal?" *Journal of Industrial Relations* 50:513–29.

Due, Jesper, Jørgen Steen Madsen, and Christian Lyhne Ibsen. 2012. LO's andel af de fagligt organiserede er for først gang under 50 pct. Copenhagen: FAOS.

Due, Jesper, Jorgen Steen Madsen, C. Strøby Jensen, and L. K. Petersen. 1994. *The Survival of the Danish Model.* Copenhagen: DJØF Forlag.

"Dutch Surprise." 2012. *The Economist*, September 15.

Ebbinghaus, Bernhard. 2000. "Denmark." In *Trade Unions in Europe since*

1945, ed. B. Ebbinghaus and J. Visser. Oxford: MacMillan.
Ebbinghaus, Bernhard. 2002. "Trade Unions' Changing Role: Membership Erosion, Organisational Reform, and Social Partnership in Europe." *EU Paper Series*. Madison: European Union Center, University of Wisconsin.
Ebbinghaus, Bernhard. 2010. "Reforming Bismarckian Corporatism: The Changing Role of Social Partnership in Continental Europe." In *A Long Goodbye to Bismarck? The Politics of Welfare Reform in Continental Europe,* ed. B. Palier. Amsterdam: Amsterdam University Press.
Ebbinghaus, Bernhard, and Werner Eichhorst. 2007. "Distribution of Responsibil- ity for Social Security and Labour Market Policy, Country Report: Germany." *Amsterdam Institute for Advanced Labour Studies Working Paper.* University of Amsterdam.
Ebner, Christian, and Rita Nikolai. 2010. "Duale oder schulische Berufsausbildung? Entwicklungen und Weichenstellungen in Deutschland, Österreich, und der Schweiz." *Swiss Political Science Review* 16 (4):617–48.
EC. 2006. *Employment for Europe*. Luxembourg: Office for Official Publications of the European Community.
Economist, The. 2013. "The Next Supermodel: Why the World Should Look at the Nordic Countries." Special Report. February 2.
Edelstein, Benjamin. n.d. "Continuity and Change in the German School System: Structural School Reform in Historial Perspective," Dissertation Prospectus, Wissenschaftszentrum Berlin für Sozialforschung.
Edin, Per-Anders, and Bertil Holmlund. 1995. "The Swedish Wage Structure: The Rise and Fall of Solidarity Wage Policy?" In *Differences and Changes in Wage Structures*, ed. R. B. Freeman and L. F. Katz. Chicago: University of Chicago Press.
Edwards, Richard C., Michael Reich, and David M. Gordon. 1973. *Labor Market Segmentation.* Lexington, MA: D.C. Heath and Company.
Eichhorst, Werner. 2012. "Reformen der geringfügiger Beschäftigung und deren arbeits- marktpolitischen und fiskalischen Effekte." Paper presented at the 2012 Meeting of SASE. Boston, June 28–30.
Eichhorst, Werner. 2012. "The Unexpected Appearance of a New German Model," IZA Discussion Paper No. 6625, Bonn: Forschungsinstitut zur Zukunft der Arbeit.
Eichhorst, Werner and Lutz C. Kaiser. 2006. "The German Labor

Market: Still Adjusting Badly?" IZA Discussion Paper No. 2215, Bonn: Forschungsinstitut zur Zukunft der Arbeit.

Eichhorst, Werner, and Paul Marx. 2009. "Reforming German Labor Market Institutions: A Dual Path to Flexibility." *IZA Discussion Papers*. Bonn: IZA.

Eichhorst, Werner, and Paul Marx. 2012a. "Non-Standard Employment across Occupations in Germany: The Role of Replaceability and Labor Market Flexibility." IZA Discussion Paper 7662. Bonn: Forschungsinstitut zur Zukunft der Arbeit.

Eichhorst, Werner, and Paul Marx. 2012b. "Whatever Works: Dualisation and the Service Economy in Bismarckian Welfare States." In *The Age of Dualization*, ed. P. Emmenegger, S. Häusermann, B. Palier, and M. Seeleib-Kaiser. Oxford: Oxford University Press.

EIRR. 1998a. "Denmark: New Trade Union Structure Proposed." *European Industrial Relations Review* 297 (October):4–5.

EIRR. 1998b. "Denmark: Tripartism under Pressure." *European Industrial Relations Review 298* (November):5.

Elvander, Nils. 1997. "The Swedish Bargaining System in the Melting Pot." In *The Swedish Bargaining System in the Melting Pot: Institutions, Norms, and Outcomes in the 1990s,* ed. N. Elvander and B. Holmlund. Solna: Arbetslivsinstitutet.

Emmenegger, Patrick. 2009. *Regulatory Social Policy: The Politics of Job Security Regulations*. Bern: Haupt.

Emmenegger, Patrick. 2010. "The Long Road to Flexicurity: The Development of Job Security Regulations in Denmark and Sweden." *Scandinavian Political Studies* 33 (3):271–94.

Emmenegger, Patrick, Silja Häusermann, Bruno Palier, and Martin Seeleib-Kaiser, eds. 2011. *The Age of Dualization: Structure, Policies, Politics*. Oxford: Oxford University Press.

Engblom, Samuel. 2009. "Regulatory Frameworks and Law Enforcement in New Forms of Employment National Report: Sweden." In *World Congress of Labour and Social Security Law*. Sydney.

Esping-Andersen, Gøsta. 1985. *Politics Against Markets: The Social Democratic Road to Power. Princeton*, NJ: Princeton University Press.

Esping-Andersen, Gøsta. 1990. *Three Worlds of Welfare Capitalism. Princeton,* NJ: Princeton University Press.

Estevez-Abe, Margarita. 2006. "Gendering the Varieties of Capitalism:

A Study of Occupational Segregation by Sex in Advanced Industrial Societies." *World Politics* 59 (1):142–75.
Estevez-Abe, Margarita, Torben Iversen, and David Soskice. 2001. "Social Protection and the Formation of Skills: A Reinterpretation of the Welfare State." In *Varieties of Capitalism: The Institutional Foundations of Comparative Advantage*, ed. P. A. Hall and D. Soskice. New York: Oxford University Press.
Etherington, David. 1995. "Decentralisation and Local Economic Initiatives: The Danish Free Local Government Initiative." *Local Economy* 10 (3):246–58.
"Falscher Ort, falsche Zeit," *Süddeutsche Zeitung*, June 30, 2003: 2.
Ferguson, Thomas, and Joel Rogers. 1979. "Labor Law Reform and Its Enemies." *The Nation*, January 6–14: 19–20.
Finegold, David, and David Soskice. 1988. "The Failure of Training in Britain: Analysis and Prescription." *Oxford Review of Economic Policy* 4 (3):21–53.
"'Flächentarif als Modell für die Zukunft': Präsident von Gesamtmetall sieht Fortschritte bei Sicherung von Arbeitsplätzen in Deutschland," *Süddeutsche Zeitung*, November 20, 2006.
Fleming, Daniel, and Henrik Søborg. n.d. "Skill Formation, Employment Relations and Institutional Support." Roskilde University: Roskilde University Denmark.
Forslund, Anders, and Alan Krueger. 2008. "Did Active Labour Market Policies Help Sweden Rebound from the Depression of the Early 1990s?" *Center for Economic Policy Studies Working Paper* 1035. Princeton, NJ: Princeton University.
Fransson, Susanne, and Christer Thörnquist. 2004. "Gender, Bargaining Strategies and Strikes in Sweden." In *Nordic Equality at a Crossroads: Feminist Legal Studies Coping with Difference*, ed. E.-M. Svensson, A. Pylkkänen, and J. Niemi-Kiesilinen. Hants: Ashgate.
Freeman, Richard B. 2007. "Do Workers Still Want Unions? More than Ever." *EPI Briefing Paper*. Washington, DC: Economic Policy Institute.
Führin, Katharina, and Rene Pfister. 2011. "Grünes Lob, Schwarzer Frust." *Der Spiegel* 27 (July 4). http://www.spiegel.de/spiegel/print/d-79303792.html.
Funk, Lothar. 2003. "New Legislation Promotes 'Minor Jobs'," *EIROnline:* Eurofound. http://www.eurofound.europa.eu/eiro/2003/02/feature/

DE0302105F.htm.
Garme, Cecilia. 2001. *Newcomers to Power*. Uppsala: Uppsala University Library.
Gash, Vanessa. 2008. "Bridge or Trap? Temporary Workers' Transitions to Unemployment and to the Standard Employment Contract." *European Sociological Review* 24 (5):651–668.
Gehrmann, Wolfgang. 1998. "Bündnis in Arbeit." *Die Zeit*, December 10. http://www.zeit.de/1998/51/199851.buendnis_.xml.
Gingrich, Jane and Ben Ansell. 2012. "The Dynamics of Social Investment: Human Capital, Activation, and Care," Paper presented at the conference "The Future of Democratic Capitalism," Duke University, October 11–13.
Glyn, Andrew. 2006. *Capitalism Unleashed: Finance Globalization and Welfare*. Oxford: Oxford University Press.
Godard, John. 2009. "The Exceptional Decline of the American Labor Movement." *Industrial and Labor Relations Review* 63 (1):82–108.
Gold, Stephen F. 1971. "The Failure of the Work Incentive (WIN) Program." *University of Pennsylvania Law Review* 119 (3):485–501.
Goldfield, Michael. 1987. *The Decline of Organized Labor in the United States*. Chicago: University of Chicago Press.
Gordon, David M., Richard Edwards, and Michael Reich. 1982. *Segmented Work, Divided Workers: The Historical Transformation of Labor in the United States.* New York: Cambridge University Press.
Gourevitch, Peter. 1986. *Politics in Hard Times. Ithaca*, NY: Cornell University Press.
Graf, Lukas. 2011. "Locating Hybridity at the Nexus of VET and HE: The Case of Dual Study Programs in Germany." Berlin: WZB.
Green-Pedersen, Christoffer. 2001. "Minority Governments and Party Politics: The Political and Institutional Background to the 'Danish Miracle.'" *Journal of Public Policy* 21 (1):53–70.
Groll, Tina, and Marcus Gatzke.2012. "'Ein Mindestlohn in Deutschland hilft auch Europa.'" In *Zeit Online*. http://www.zeit.de/wirtschaft/2012-02/interview-ursula-von-der-leyen.
Grollmann, Philipp, Susanne Gottlieb, and Sabine Kurz. 2003. *Co-operation between Enterprises and Vocational Schools: Danish Prospects*. Bremen: Institut Technik und Bildung.
Grünell, Marianne. 2005. "2004 Annual Review for the Netherlands." In

EIROnline: Eurofound. http://www.eurofound.europa.eu/eiro/2005/01/feature/nl0501104f.htm.

Güßgen, Florian. 2006. "Mindestlohn-Debatte: Wieviel soll es sein?" *Stern.de.* March 14. http://www.stern.de/politik/deutschland/mindestlohn-debatte-wieviel-soll-es-sein-557672.html.

Hacker, Jacob. 2002. *The Divided Welfare State: The Battle over Public and Private Social Benefits in the United States*. New York: Cambridge University Press.

Hacker, Jacob. 2006. *The Great Risk Shift. New York*: Oxford University Press.

Hacker, Jacob, and Paul Pierson. 2010a. "Drift and Democracy: The Neglected Politics of Policy Inaction." Paper presented at the 2010 Meeting of the American Political Science Association, Washington, DC (August).

Hacker, Jacob, and Paul Pierson. 2010b. *Winner-Take-All Politics: How Washington Made the Rich Richer – and Turned its Back on the Middle Class*. New York: Simon and Schuster.

Hacker, Jacob, and Paul Pierson. 2010c. "Winner-Take-All Politics: Public Policy, Political Organization, and the Precipitous Rise of Top Incomes in the United States." *Politics & Society* 38 (2):152–4.

Hacker, Jacob, Philipp Rehm, and Mark Schlesinger. 2013. "The Insecure American: Economic Experiences, Financial Worries, and Policy Attitudes." *Perspectives on Politics* 11 (1):23–50.

Halepli, Leo. n.d. *The Political Economy of Immigrant Incorporation: The Cases of Germany and the Netherlands*. London: London School of Economics.

Hall, Peter A., and Daniel Gingerich. 2009. "Varieties of Capitalism and Institutional Complementarities in the Political Economy." *British Journal of Political Science* 39:449–82.

Hall, Peter A., and David Soskice, eds. 2001. *Varieties of Capitalism: The Institutional Foundations of Comparative Advantage*. New York: Oxford University Press.

Hall, Peter A., and Kathleen Thelen. 2009. "Institutional Change in Varieties of Capitalism." *Socio-Economic Review* 7:7–34.

Halperin, Samuel. 1994. "School-to-Work: A Larger Vision." Paper presented at Statewide School-to-Work Conference, Newport, RI, November 4.

Handelsblatt. 2006. "CDU-Spitze erwägt Ehegattensplitting-Reform." *Handelsblatt*, June 16.

Hansen, Hal. 1999. "Caps and Gowns: Historical Reflections on the Institutions that Shaped Learning for and at Work in Germany and the United States, 1800–1945." *Business and Economic History* 28 (1):19–24.

Hassel, Anke. 1999. "The Erosion of the German System of Industrial Relations." *British Journal of Industrial Relations* 37 (3):484–505.

Hassel, Anke. 2011. "The Paradox of Liberalization: Understanding Dualism and the Recovery of the German Political Economy." Paper presented at the Conference of the Council for European Studies, Barcelona, June 20–22.

Hassel, Anke. 2012. "The Paradox of Liberalization: Understanding Dualism and the Recovery of the German Political Economy." *British Journal of Industrial Relations*: 1–18.

Hassel, Anke and Britta Rehder. 2001. "Institutional Change in the German Wage Bargaining System: The Role of Big Companies." *MPIfG Working Paper 01/9*. Cologne: MPIfG.

Häusermann, Silja and Hanspeter Kriesi. 2012. What Do Voters Want? Dimensions and Configurations in Individual-Level Preferences and Party Choice. Paper presented at the conference "The Future of Democratic Capitalism," Duke University, October 11–13.

HBV. 1999. "Schriftliche Stellungnahme zur öffentlichen Anhörung am 10. Februar 1999." Position paper submitted to the Parliamentary Committee (Ausschuss für Arbeit und Sozialordnung, Drucksache 14/280). Bonn: Deutscher Bundestag.

Hemerijck, Anton. 1995. "Corporatist Immobility in the Netherlands." In *Organized Industrial Relations in Europe: What Future?* ed. C. Crouch and F. Traxler. Aldershot: Avebury.

Hemerijck, Anton. 2003. "A Paradoxical Miracle: The Politics of Coalition Government and Social Concertation in Dutch Welfare Reform." In *Konzertierung, Verhand- lungsdemokratie und Reformpolitik im Wohlfahrtstaat: Das Modell Deutschland im Vergleich,* ed. S. Jochem and N. A. Siegel. Opladen: Leske Budrich.

Hemerijck, Anton. 2013. *Changing Welfare States*. Oxford: Oxford University Press.

Hemerijck, Anton, and Ive Marx. 2010. "Continental Welfare at a

Crossroads: The Choice between Activation and Minimum Income Protection in Belgium and the Netherlands." In *A Long Goodbye to Bismarck? The Politics of Welfare Reform in Continental Europe*, ed. B. Palier. Amsterdam: Amsterdam University Press.

Hemerijck, Anton, and Franca van Hooren. 2012. *Stress-Testing the Dutch Welfare State, Once Again*. Amsterdam: VU University.

Hemerijck, Anton, and Jelle Visser. 2000. "Change and Immobility: Three Decades of Policy Adjustment in the Netherlands and Belgium." *West European Politics* 23 (2):229–56.

Henning, Roger. 1984. "Industrial Policy or Employment Policy? Sweden's Response to Unemployment." In *Unemployment: Policy Responses of Western Democracies*, ed. J. Richardson and R. Henning. London: Sage.

Herrigel, Gary. 1996. *Industrial Constructions: The Sources of German Industrial Power*. New York: Cambridge University Press.

Hibbs, Douglas A., and Håkan Locking. 2000. "Wage Dispersion and Productive Efficiency: Evidence for Sweden." *Journal of Labor Economics* 18 (4):755–82.

Hicks, Josh. 2013. "Obama nominates new NLRB Members as House threatens to halt board actions," *Washington Post*, www.washingtonpost.com (published April 9, 2013).

Hijzen, Alexander, and Danielle Venn. 2011. "The Role of Short-Time Work Schemes during the 2008–09 Recession." *OECD Social, Employment and Migration Working Papers*. Paris: OECD.

Hilferding, Rudolf, 1910. *Das Finanzkapital*. Vienna: Wiener Volksbuchhandlung.

Höpner, Martin. 2000. "Unternehmensverflechtung im Zwielicht." *WSI-Mitteilungen* 53:655–63.

Höpner, Martin. 2007. "Coordination and Organization: The Two Dimensions of Nonliberal Capitalism." *MPIfG Discussion Paper* 07/2012. Cologne: MPIfG.

Höpner, Martin, and Lothar Krempel. 2003. "The Politics of the German Company Network." *Competition and Change* 8 (4):339–56.

Höpner, Martin, and Maximilian Waclawczyk. 2012. "Opportunismus oder Ungewissheit? Mitbestimmte Unternehmen zwischen Klassenkampf und Produktionsregime." *MPIfG Discussion Paper* 12/1. Cologne: MPIfG.

Houseman, Susan N. 1995. "Job Growth and the Quality of Jobs in the U.S. Economy." *Upjohn Institute Working Papers. Kalamazoo*, MI: W.E.

Upjohn Institute for Employment Research.
Howell, Chris. 2003. "Varieties of Capitalism: And Then There Was One?" *Comparative Politics* 36 (1):103–24.
Huber, Evelyne, and John D. Stephens. 2000. "Partisan Governance, Women's Employment, and the Social Democratic Service State." *American Sociological Review* 65 (3):323–42.
Huber, Evelyne, and John D. Stephens. 2012. "Post-Industrial Social Policy," Paper presented at the conference "The Future of Democratic Capitalism," Duke University, October 11–13.
"Hungerlohn trotz Vollzeitjob." 2010. *Spiegel online*. November 19. http://www.spiegel.de/wirtschaft/soziales/billiglohnsektor-hungerlohn-trotz-vollzeitjob-a-729972.html.
Ibsen, Christian Lyhne. 2012. *The "Real" End of Solidarity?* Presented at a workshop at the Institute for Work and Employment Research, MIT, Cambridge, MA.
Ibsen, Christian Lyhne. 2013. *Consensus or Coercion: Collective Bargaining Coordination and Third Party Intervention*. Ph.D. Thesis, Department of Sociology, University of Copenhagen.
Ibsen, Christian Lyhne, Søren Kaj Andersen, Jesper Due, and Jørgen Steen Madsen. 2011. "Bargaining in the Crisis: A Comparison of the 2010 Collective Bargaining Round in the Danish and Swedish Manufacturing Sectors." *Transfers: European Review of Labour and Research* 17 (3):323–39.
Ibsen, Christian Lyhne, nTrine Pernille Larsen, Jørgen Steen Madsen, and Jesper Due. 2011. "Challenging Scandinavian Employment Relations: The Effects of New Public Management Reforms." *The International Journal of Human Resource Management* 22 (11):2295–2310.
Ibsen, Christian Lyhne, and Mikkel Mailand. 2009. "Flexicurity and Collective Bargaining: Balancing Acts Across Sectors and Countries." *FAOS Forskningsnotat*. Copenhagen: FAOS.
Imel, Susan. 1999. "School-to-Work Myths and Realities No. 4." Columbus, OH: Center on Education and Training for Employment.
"The Ins and the Outs: Immigration and Growing Inequality are Making the Nordics less Homogenous." 2013. *The Economist*, February 2. http://www.economist.com/news/special-report/21570836-immigration-and-growing-inequality.htm.
Iversen, Torben. 1996. "Power, Flexibility and the Breakdown of

Centralized Wage Bargaining: The Cases of Denmark and Sweden in Comparative Perspective." *Comparative Politics* 28 (4):399–436.
Iversen, Torben. 1999. *Contested Economic Institutions: The Politics of Macroeconomics and Wage Bargaining in Advanced Democracies.* New York: Cambridge University Press.
Iversen, Torben, and Frances Rosenbluth. 2010. *Women, Work and Power: The Political Economy of Gender Inequality*. New Haven, CT: Yale University Press.
Iversen, Torben, and Frances Rosenbluth. 2012. "The Political Economy of Gender in Service Sector Economies." In *The Political Economy of the Service Transition*, ed. A. Wren. Oxford: Oxford University Press.
Iversen, Torben, and David Soskice. 2009. "Distribution and Redistribution: The Shadow from the Nineteenth Century." *World Politics* 61 (3):438–86.
Iversen, Torben, and David Soskice. 2010. "Dualism and Social Coalitions: Inclusionary versus Exclusionary Reforms in an Age of Rising Inequality." Paper presented at the 2009 Annual Meeting of the American Political Science Association, Toronto, September 3–6.
Iversen, Torben, and John D. Stephens. 2008. "Partisan Politics, the Welfare State, and the Three Worlds of Human Capital Formation." *Comparative Political Studies* 41 (4/5):600–37.
Iversen, Torben, and Anne Wren. 1998. "Equality, Employment, and Budgetary Restraint: The Trilemma of the Service Economy." *World Politics* 50 (4):507–46.
Jørgensen, Carsten. 2004. "New Collective Agreements Concluded in Industry." In *EIROnline*: Eurofound. http://www.eurofound.europa.eu/eiro/2012/06/articles/ de1206019i.htm.
Jørgensen, Carsten. 2005. "Seminar Highlights Flexicurity in the Labour Market." In EIROnline: Eurofound. http://www.eurofound.europa.eu/eiro/2005/06/feature/ dk0506103f.htm.
Jørgensen, Carsten. 2009a. "Denmark: Collective Bargaining and Continuous Vocational Training." In *EIROnline*: Eurofound. http://www.eurofound.europa.eu/eiro/ studies/tn0804048s/dk0804049q.htm.
Jørgensen, Carsten. 2009b. "Les conse´quences de la re´cession e´conomique [Consequences of the Economic Recession in Denmark]." *Chronique Internationale de l'IRES* 121 (November).
Jørgensen, Henning. 2002. *Consensus, Cooperation and Conflict: The*

Policy Making Process in Denmark. Cheltenham: Edward Elgar.

Kapstein, Ethan. 1996. "Workers and the World Economy." *Foreign Affairs* 75 (3):16–37.

Karger, Howard Jacob. 2003. "Ending Public Assistance: The Transformation of US Public Assistance Policy into Labour Policy." *Journal of Social Policy* 32 (3):383–401.

Karlson, Nils. 2010. *Four Cases of Decentralized Bargaining*. Stockholm: Ratio Institute.

Katz, Harry, and Owen Darbishire. 1999. *Converging Divergences*. Ithaca, NY: Cornell University Press.

Katz, Lawrence F. 1994. "Active Labor Market Policies to Expand Employment and Opportunity." In *Reducing Unemployment: Current Issues and Policy Options.* Kansas City, MO: Federal Reserve Bank of Kansas City.

Keizer, Arjan. 2011. *Non-Regular Employment in the Netherlands*. Tokyo: JILPT.

Keller, Berndt and Hartmut Seifert. 2006. "Atypische Beschäftigungsverha¨ ltnisse: Flexbilität, soziale Sicherheit und Prekarität." *WSI Mitteilungen* 5:235–240.

Kitschelt, Herbert, Peter Lange, Gary Marks, and John D. Stephens. 1999a. "Convergence and Divergence in Advanced Capitalist Democracies." In *Continuity and Change in Contemporary Capitalism,* ed. H. Kitschelt, P. Lange, G. Marks, and J. D. Stephens. New York: Cambridge University Press.

Kitschelt, Herbert, Peter Lange, Gary Marks, and John D. Stephens, eds. 1999b. *Continuity and Change in Contemporary Capitalism*. New York: Cambridge University Press.

Kittner, Michael. 1985. *Beschäftigungsförderungsgesetz.* Cologne: Bund Verlag.

Kjellberg, Anders. 1992. "Sweden: Can the Model Survive?" In *Industrial Relations in the New Europe,* ed. A. Ferner and R. Hyman. Oxford: Blackwell.

Kjellberg, Anders. 1998. "Sweden: Restoring the Model?" In *Changing Industrial Relations in Europe,* ed. A. Ferner and R. Hyman. Oxford: Blackwell.

Kjellberg, Anders. 2009. "The Swedish Model of Industrial Relations: Self-Regulation and Combined Centralisation-Decentralisation." In *Trade*

Unionism since 1945: Towards a Global History, ed. C. Phelan. Bern: Peter Lang Publishing Group.

Kjellberg, Anders. 2011. "Trade Unions and Collective Agreements in a Changing World." In *Precarious Employment in Perspective: Old and New Challenges to Working Conditions in Sweden*, ed. A. Thörnquist and A.-K. Engstrand. Brussels: Peter Lange.

Klausen, Jytte. 1999. "The Declining Significance of Male Workers: Trade-Union Responses to Changing Labor Markets." In *Continuity and Change in Contemporary Capitalism*, ed. H. Kitschelt, P. Lange, G. Marks, and J. D. Stephens. New York: Cambridge University Press.

"Koalitionswirren um geringfügige Bescha¨ftigung." 1998. *Frankfurter Allgemeine Zeitung*, November 19.

Kochan, Thomas A., Harry C. Katz, and Robert B. McKersie. 1994. *The Transformation of American Industrial Relations,* 2nd ed. Ithaca, NY: ILR Press.

Konle-Seidl, Regina. 2008. "Changes in the Governance of Employment Services in Germany since 2003." *IAB Discussion Papers*. Nuremberg: IAB.

Konle-Seidl, Regina. 2012. "Wirkung von Hartz IV auf die Rückkehr in die Arbeit." Paper presented at conference on Soziale Herausforderungen. Paris: CIRAC, February 13.

Krämer, Birgit. 2010. "Agreement to safeguard Jobs signed in Metalworking Industry." In *EIROnline*: Eurofound. http://www.eurofound.europa.eu/eiro/2010/04/articles/de1004029i.htm.

Krämer, Birgit. 2011. "Germany: EIRO Annual Review 2009." In *EIROnline*: Eurofound. http://www.eurofound.europa.eu/eiro/studies/tn1004019s/de1004019q.htm.

Kremen, Gladys Roth. 1974. *MDTA: The Origins of the Manpower Development and Training Act of 1962.* Washington, DC: U.S. Department of Labor.

Kreysing, Matthias. 2001. "Vocational Education in the United States: Reforms and Results." *European Journal: Vocational Training* 23:27–35.

Kristensen, Peer Hull. 2006. "Business Systems in the Age of the 'New Economy': Denmark Facing the Challenge." In *National Identity and the Varieties of Capitalism: The Danish Experience,* ed. J. L. Campbell, J. A. Hall, and O. K. Pedersen. Montreal: McGill-Queen's University Press.

Kristensen, Peer Hull, Maja Lotz, and Raimo Rocha. 2011. "Denmark:

Tailoring Flexicurity for Changing Roles in Global Games." In *Nordic Capitalisms and Globalization: New Forms of Economic Organization and Welfare Institutions*, ed. P. H. Kristensen and K. Lilja. Oxford: Oxford University Press.

Krugman, Paul. 2010. "The Conscience of a Liberal." *New York Times*, September 2.

Kuipers, Susanne. 2004. *Cast in Concrete? The Institutional Dynamics of Belgian and Dutch Social Policy Reform*. Amsterdam: Eburon.

Kullander, Mats and Jenny Norlin. 2010. "Social Partners Review Temporary Layoff Agreements," *EIROnline*: Eurofound. http://www.eurofound.europa.eu/eiro/2009/12/articles/se0912019i.htm.

Kuo, Alexander. 2009. *The Political Origins of Employer Coordination, Political Science*. Ph.D. Thesis, Stanford University, Palo Alto, CA.

Kupfer, Antonia. 2010. "The Socio-Political Significance of Changes to the Vocational Education System in Germany." *British Journal of Sociology of Education* 31 (1):85– 97.

Kupfer, Franziska, and Andrea Startz. 2011. *Dual Courses of Study: The Supply and Demand Situation*. Berlin: BIBB.

Lacey, Nicola. 2008. *The Prisoners' Dilemma: Political Economy and Punishment in Contemporary Democracies*. Cambridge: Cambridge University Press.

Lafer, Gordon. 2002. *The Job Training Charade*. Ithaca, NY: Cornell University Press.

Lamparter, Dietmar. 2012. "Liegt hier unsere Zukunft?" *Die Zeit*, January 12.

Lassen, Morten, John Houman Sørensen, Anja Lindkvist Jørgensen, and Rasmus Juul Møberg. 2006. *A Study of the Impact of Skills Needs and Institutional and Financial Factors on Enterprise-Sponsored CVT in Denmark.* Aalborg: Aalborg University Center for Labour Market Research.

Lesch, Hagen. 2010. "Tarifeinheit: BDA und DGB mit einer Stimme." In *Gewerkschaftsspiegel*. Cologne: Institut der deutschen Wirtschaft.

Levy, Jonah. 1999. "Vice into Virtue? Progressive Politics and Welfare Reform in Continental Europe." *Politics & Society* 27 (2):239–73.

Liebig, Thomas. 2007. "The Labour Market Integration of Immigrants in Denmark." *OECD Social, Employment and Migration Working Papers* No. 50. Paris: OECD.

Lijphart, Arend. 1989. "From the Politics of Accommodation to Adversarial Politics in the Netherlands." *West European Politics* 12:139–54.

Lindbeck, Assar, and Dennis J. Snower. 1988. *The Insider-Outsider Theory of Employment and Unemployment*. Cambridge, MA: MIT Press.

Lindell, Mats. 2004. "From Conflicting Interests to Collective Consent in Advanced Vocational Education: Policymaking and the Role of Stakeholders in Sweden." *Journal of Education and Work* 17 (2):257–77.

Lindell, Mats. 2006. "From Formulation to Realisation: The Process of Swedish Reform in Advanced Vocational Education." *Education Training* 48 (4):222–40.

Lindvall, Johannes. 2010. *Mass Unemployment and the State*. Oxford: Oxford Univer- sity Press.

Lindvall, Johannes, and David Rueda. 2012. "Insider-Outsider Politics: Party Strategies and Political Behavior in Sweden." In *The Age of Dualization: The Changing Face of Inequality in Deindustrializing Societies*, ed. P. Emmenegger, S. Häusermann, B. Palier, and M. Seeleib-Kaiser. Oxford: Oxford University Press.

Llorens, Maria Caprile-Clara. 1998. "Collective Bargaining and Continuing Vocational Training in Europe." In *EIROnline*: Eurofound. http://www.eurofound.europa.eu/eiro/1998/04/study/tn9804201s.htm.

Locke, Richard M., and Kathleen Thelen. 1995. "Apples and Oranges Revisited: Contextualized Comparisons and the Study of Comparative Labor Politics." *Politics & Society* 23 (3):337–67.

Lødemel, Ivar and Heather Trickey (eds.). 2001. *'An Offer You Can't Refuse:' Workfare in International Perspective*. Bristol: The Policy Press.

Love´n, Karolin. 2009a. "Deadlock in Negotiations on New Central Agreement." In *EIROnline*: Eurofound. http://www.eurofound.europa.eu/eiro/2009/03/articles/se0903029i.htm.

Love´n, Karolin. 2009b. "Social Partners Disagree on Solutions for Youth Unemployment." In *EIROnline*: Eurofound. http://www.eurofound.europa.eu/eiro/2009/08/articles/se0908019i.htm.

Lundberg, Urban, and Klaus Petersen. 2012. "Wanted: A Good Cleavage! Body Snatchers, Desperadoes and the Real McCoy." Presented at a workshop on "Political Cleavages: Revolutions and Conflicts in the 21st Century," Paris (March).

Lupu, Noam, and Jonas Pontusson. 2011. "The Structure of Inequality and the Politics of Redistribution." *American Political Science Review* 105

(2):316–36.
Lynch, Lisa M. 1994. *Training and the Private Sector: International Comparisons.* Chicago: University of Chicago Press.
Madsen, Jørgen Steen. 1998. "1998 Annual Review for Denmark." In *EIROnline*: Eurofound. http://www.eurofound.europa.eu/eiro/1998/12/feature/dk9812107f.htm.
Madsen, Per Kongshøj. 2002. "The Danish Model of Flexicurity: A Paradise–with Some Snakes." In *Labour Market and Social Protections Reforms in International Perspective*, ed. H. Sarfati and G. Bonoli. Aldershot: Ashgate.
Madsen, Per Kongshøj. 2006. "How Can it Possibly Fly? The Paradox of a Dynamic Labour Marekt in a Scandinavian Welfare State." In *National Identity and the Varieties of Capitalism: The Danish Experience*, ed. J. L. Campbell, J. A. Hall, and O. K. Pedersen. Montreal: McGill-Queen's University Press.
Madsen, Per Kongshøj. 2007. "Distribution of Responsibility for Social Security and Labour Market Policy. Country Report: Denmark." Working Paper 07/51, Amster- dam Institute for Advanced Labour Studies. Amsterdam: University of Amsterdam.
Madsen, Per Kongshøj. 2013. "Labour Market Flexibility in the Danish Service Sector: Same, Same, but Still Different." Paper presented at Conference on Non-Standard Employment in Comparative Perspective, Bonn, May 25–26.
Madsen, Per Kongshøj, and Henrik Larsen. 1998. "Training and Development in the Danish Context: Challenging Education?" *Journal of European Industrial Training* 22 (4/5):158.
Mahon, Rianne. 1991. "Lonetagare and Medarbetare? The Swedish Unions Confront the 'Double Shift'." Paper presented at workshop on The Changing Place of Labor in European Society: The End of Labor's Century? Center for European Studies, Harvard University, November 23–24.
Mahoney, James, and Kathleen Thelen. 2009. "A Theory of Gradual Institutional Change." In *Explaining Institutional Change: Ambiguity, Agency, and Power,* ed. J. Mahoney and K. Thelen. New York: Cambridge University Press.
Mailand, Mikkel. 1999. *Denmark as a Further Training Utopia?* Copenhagen: FAOS.

Mailand, Mikkel. 2002. "Denmark in the 1990s: Status Quo or a More Self-Confident State?" In *Policy Concertation and Social Partnership in Western Europe: Lessons for the 21st Century,* ed. S. Berger and H. Compston. New York: Berghahn.

Mailand, Mikkel. 2006. "Dynamic Neo-Corporatism: Regulating Work and Welfare in Denmark." *Transfer* 3/06 12 (3):371–87.

Mailand, Mikkel. 2009. "Corporatism in Denmark and Norway: Yet Another Century of Scandinavian Corporatism?" *WSI Mitteilungen* 1.

Mares, Isabela. 2000. "Strategic Alliances and Social Policy Reform: Unemployment Insurance in Comparative Perspective." *Politics & Society* 28 (2):223–44.

Martin, Andrew. 1991. "Wage Bargaining and Swedish Politics: The Political Implications of the End of Central Negotiations." *Center for European Studies Working Paper Series* #6. Harvard University.

Martin, Andrew, and George Ross, eds. 1999. *The Brave New World of European Labour: Comparing Trade Unions Responses to the New European Economy*. Oxford: Berghahn.

Martin, Cathie Jo. 2000. *Stuck in Neutral: Business and the Politics of Human Capital Investment Policy.* Princeton, NJ: Princeton University Press.

Martin, Cathie Jo. 2012. "Political Institutions and the Origins of Collective Skill Formation Systems." In *The Political Economy of Collective Skill Formation,* ed. M. Busemeyer and C. Trampusch. Oxford: Oxford University Press.

Martin, Cathie Jo, and Jette Steen Knudsen. 2010. "Scenes from a Mall: Retail Training and the Social Exclusion of Low-Skilled Workers." *Regulation & Governance* 4:345– 64.

Martin, Cathie Jo, and Duane Swank. 2004. "Does the Organization of Capital Matter?" *American Political Science Review* 98 (4):593–611.

Martin, Cathie Jo, and Duane Swank. 2012. *The Political Construction of Business Interests: Coordination, Growth and Equality*. New York: Cambridge University Press.

Martin, Cathie Jo, and Kathleen Thelen. 2007. "The State and Coordinated Capitalism: Contributions of the Public Sector to Social Solidarity in Post-Industrial Societies." *World Politics* 60 (October):1–36.

Martin, John P. 1998. "What Works Among Active Labor Market Policies: Evidence from OECD Countries' Experiences." Paris: OECD.

Mayer, Karl Ulrich,and Heike Solga.2008."Skill Formation: Interdisciplinary and Cross-National Perspectives." In *Skill Formation: Interdisciplinary and Cross-National Perspectives*, ed. K. U. Mayer and H. Solga. New York: Cambridge University Press.

Medlingsinstitutet. 2010."Summary of the Annual Report: Wage Bargaining and Wage Formation in 2010," in National Mediation Office Sweden, Annual Report 2010. http://www.mi.se/files/PDF-er/ar foreign/eng smftn feb2011.pdf.

Meiritz, Annett and Philipp Wittrock. 2008. "Entsendegesetz: Sieben Branchen für den Mindestlohn." *Spiegel online*. March 31. http://www.spiegel.de/wirtschaft/entsendegesetz-sieben-branchen-fuer-den-mindestlohn-a-544363.html.

Melkert, Ad. 2008. "The Dutch Job and Welfare Experience." Paper presented at International Workshop on "Jobs and Equity in a Global World," Santiago, Chile, January 8.

Minijobzentrale. 2012. *Aktuelle Entwicklungen im Bereich der geringfügigen Beschäftigung*. Essen: Die Minijob Zentrale.

Ministeriet, Undervisnings. 2008. *Adult Vocational Training in Denmark.* Copenhagen: Ministry of Education.

Ministry of Children and Education in Denmark. 2012. *Education and Training in Denmark: Facts and Key Figures*. Copenhagen: Ministry of Children and Education.

Mishel, Lawrence, Josh Bivens, Elise Gould, and Heidi Shierholz. 2012. *The State of Working America*. Washington, DC: Economic Policy Institute.

Mitlacher, Lars W. 2007."The Role of Temporary Agency Work in Different Industrial Relations Systems." *British Journal of Industrial Relations* 45 (3):581–606.

Moene, Karl Ove, and Michael Wallerstein. 1993. "The Decline of Social Democracy." In *The Economic Development of Denmark and Norway since 1870*, ed. K. G. Persson. Aldershot: Edward Elgar.

Moody, Kim. 2007. *US Labor in Trouble and Transition: The Failure of Reform from Above, the Promise of Revival from Below.* New York: Verso.

Morel, Nathalie, Bruno Palier, and Joakim Palme. 2011."Beyond the Welfare State as We Knew it?" In *Towards a Social Investment Welfare State?* ed. N. Morel, B. Palier, and J. Palme. Bristol: Policy Press.

Morgan, Kimberly J. 2006. *Working Mothers and the Welfare State.*

Stanford: Stanford University Press.
Morgan, Kimberly J. 2012. "Promoting Social Investment through Work-Family Policies: Which Nations Do It and Why?" In *Towards a Social Investment Welfare State?* ed. N. Morel, B. Palier, and J. Palme. Bristol: Policy Press.
Mouritsen, Per and Tore Vincents Olsen. 2013. "Denmark between Liberalism and Nationalism." *Ethnic and Racial Studies* 36 (4):691–710.
NCES. 2012. "The Condition of Education." National Center for Education Statistics, U.S. Department of Education. http://nces.ed.gov/programs/coe/.
NEA (National Education Authority). 2008. *The Danish Vocational Education and Training System.* Copenhagen: Danish Ministry of Education.
Nelson, Moira. 2010. "The Adjustment of National Education Systems to a Knowledge-Based Economy: A New Approach." *Comparative Education* 46 (4):463– 86.
Nelson, Moira. 2012. "Continued Collectivism: The Role of Trade Self-Management and the Social Democratic Party in Danish Vocational Education and Training." In *The Political Economy of Collective Skill Formation,* ed. M. Busemeyer and C. Trampusch. Oxford: Oxford University Press.
Nelson, Moira, and John D. Stephens. 2012. "The Service Transition and Women's Employment." In *The Political Economy of the Service Transition*, ed. A. Wren. Oxford: Oxford University Press.
Neubäumer, Renate. 2007. "Mehr Beschäftigung durch weniger Kündigungsschutz?" *Wirtschaftsdienst* 3:1–8.
Neubäumer, Renate, Harald Pfeifer, Günter Walden, and Felix Wenzelmann. 2011. "The Costs of Apprenticeship Training in Germany: The Influence of Production Processes, Tasks, and Skill Requirements." University of Koblenz and BIBB.
Neubäumer, Renate and Dominik Tretter. 2008. "Mehr atypische Bescha¨ftigung aus theoretischer Sicht." *Industrielle Bezhiehungen* 15 (3):256–278.
NGG. 1999. "Stellungnahme der Gewerkschaft Nahrung-Genuss-Gaststätten zur Anhörung des Bundestagsausschusses für Arbeit und Sozialordung zum Thema'geringfügige Beschäftigung'am 10. Februar 1999." Position paper submitted to Parliamentary Committee

(Ausschuss für Arbeit und Sozialordnung, Drucksache 14/280). Bonn: Deutscher Bundestag.

Nickell, Stephen. 1997. "Unemployment and Labor Market Rigidities: Europe versus North America." *Journal of Economic Perspectives* 11 (3):55–74.

"Niedriglöhne machen Betriebsräten zunehmend zu schaffen." 2010. *Böckler impuls* 17:4–5.

Nielsen, Søren. 1995. *Vocational Education and Training in Denmark*. Brussels: CEDE- FOP.

Nycander, Svante. 2010. "Misunderstanding the Swedish Model," unpublished manuscript, Stockholm.

Obinger, Herbert, Peter Starke, and Alexandra Kaasch. 2012. "Responses to Labor Market Divides in Small States since the 1990s." In *The Age of Dualization: The Changing Face of Inequality in Deindustrializing Societies*, ed. P. Emmenegger, S. Ha¨usermann, B. Palier, and M. Seeleib-Kaiser. Oxford: Oxford University Press.

OECD. 1999. *OECD Historical Statistics 1960–1997*. Paris: OECD.

OECD. 2002. Thematic Review of Adult Learning: Denmark. Paris: OECD.

OECD. 2004. Employment Outlook. Paris: OECD. http://www.oecd.org/els/emp/34846881.pdf.

OECD. 2006. "Boosting Jobs and Incomes." In *Employment Outlook.* Paris: OECD.

OECD. 2008. *Growing Unequal? Income Distribution and Poverty in OECD Countries*. Paris: OECD.

OECD. 2010. "Moving Beyond the Jobs Crisis: Further Material," Annex 1.A1. The Institutional Features of Short-Time Work Schemes in OECD Countries. Paris: OECD.

OECD. 2011a. *Divided We Stand: Why Inequality Keeps Rising*. Paris: OECD.

OECD. 2011b. "Employment in General Government and Public Corporations." In *Government at a Glance 2011*. Paris: OECD.

OECD. 2011c. "Education at a Glance 2011." Paris: OECD.

OECD. 2012a. "Employment and Labour Markets: Key Tables from OECD." Paris: OECD. http://www.oecd-ilibrary.org/employment/employment-and-labour-markets- key-tables-from-oecd_20752342.

OECD. 2012b. *OECD Economic Surveys: Denmark*. Paris: OECD.

OECD. 2012c. *OECD Outlook 2012*. Paris: OECD.

OECD. 2012. OECD.Stat Database. Paris: OECD.

OECD. n.d. Calculating Summary Indicators of Employment Protection Strictness. Paris: OECD.

OECD. n.d. OECD Stat Database. stats.oecd.org.

"On the March: Populist Anti-Immigration Parties are Performing Strongly Across Northern Europe." 2011. *The Economist*, March 17, http://www.economist.com/ node/18398641/print.

Orloff, Ann. 1993. "Gender and the Social Rights of Citizenship: The Comparative Analysis of Gender Relations and Welfare States." *American Sociological Review* 58:303–28.

Ornston, Darius. 2012. *When Small States Make Big Leaps: Institutional Innovation and High-Tech Competition in Western Europe*. Ithaca, NY: Cornell University Press.

Osterman, Paul. 2011. "The Promise, Performance, and Policies of Community Colleges." In *Reinventing Higher Education*, ed. B. Wildavsky, A. P. Kelly, and K. Carey. Cambridge, MA: Harvard Education Press.

Palier, Bruno. 2005. "Ambiguous Agreement, Cumulative Change: French Social Policy in the 1990s." In *Continuity and Discontinuity in Institutional Analysis,* ed. W. Streeck and K. Thelen. Oxford: Oxford University Press.

Palier, Bruno, and Kathleen Thelen. 2010. "Institutionalizing Dualism: Complementarities and Change in France and Germany." *Politics & Society* 38 (1):119–48.

Pancaldi, Federico. 2011. "Capitalists against Crisis: Employers and Short Time Work in Germany and Italy, 2008–2010." Paper presented at ESPAnet Annual Conference, Valencia, September 8–10.

Paster, Thomas. 2009. *Choosing Lesser Evils: The Role of Business in the Development of the German Welfare State from the 1880s to the 1990s*. Ph.D. Thesis, Department of Political and Social Sciences, Florence, European University Institute.

Patashnik, Eric M. 2008. *Reforms at Risk: What Happens After Major Policy Changes Are Enacted*. Princeton, NJ: Princeton University Press.

Peck, Jamie, and Nikolas Theodore. 2000. "'Work First': Workfare and the Regulation of Contingent Labour Markets." *Cambridge Journal of Economics* 24:119–38.

Pedersini, Roberto. 2009. "Flexicurity and Industrial Relations." In

EIROnline: Eurofound. http://www.eurofound.europa.eu/eiro/studies/tn0803038s/tn0803038s 3.htm.

Petersen, Kåre F.V. 1997a. "The Danish Model Under Threat?" In *EIROnline*: Eurofound. http://www.eurofound.europa.eu/eiro/1997/08/feature/dk9708122f.htm.

Petersen, Kåre F. V. 1997b. "Ministry of Labour Launches Vocational Training Campaign." *EIROnline*: Eurofound. http://www.eurofound.europa.eu/eiro/1997/03/ feature/dk9703104f.htm.

Petersen, Kåre F. V. 1997c. "Women's Trade Union Fights for its Independent Status." In *EIROnline*: Eurofound. http://www.eurofound.europa.eu/eiro/1997/10/feature/ dk9710134f.htm.

Petersen, Kåre F. V. 1998a. "1998 Bargaining Round Ends in Major Conflict." In *EIROnline*: Eurofound. http://www.eurofound.europa.eu/eiro/1998/04/inbrief/ dk9804166n.htm.

Petersen, Kåre F. V. 1998b. "1998 Collective Bargaining Commences in Industry." In *EIROnline*: Eurofound. http://www.eurofound.europa.eu/eiro/1998/01/feature/ dk9801147f.htm.

Petersen, Kåre F. V. 1998c. "Breakthrough in Industry on Brink of Conflict." In *EIROnline*: Eurofound. http://www.eurofound.europa.eu/eiro/1998/03/feature/ dk9803158f.htm.

Petersen, Kåre F. V. 1998d. "Parliament Intervenes to End Major Conflict." In *EIROnline*: Eurofound. http://www.eurofound.europa.eu/eiro/1998/05/feature/ dk9805168f.htm.

Petersen, Kåre F. V. 1998e. "Social Partners Accept Joint Mediation Proposal for 1998 Bargaining Round." In *EIROnline*: Eurofound. http://www.eurofound.europa.eu/ eiro/1998/04/feature/dk9804163f.htm.

Petersen, Kåre F. V. 1998f. "Third Reform of Labour Market Policy is Underway." In *EIROnline:* Eurofound. http://www.eurofound.europa.eu/eiro/1998/09/feature/ dk9809177f.htm.

Peterson, Christer. 2011. "Sweden: From Large Corporations towards a Knowledge- Intensive Economy." In *Nordic Capitalisms and Globalization: New Forms of Eco- nomic Organization and Welfare Institutions*, ed. P. H. Kristensen and K. Lilja. Oxford: Oxford University Press.

Pierce, Brooks. 2001. "Compensation Inequality." *Quarterly Journal of Economics* 116 (4):1493–1505.

Piketty, Thomas, and Emmanuel Saez. 2003. "Income Inequality in the

United States, 1913–1998." *Quarterly Journal of Economics* 118 (1):1–39.

Pontusson, Jonas. 1992. *The Limits of Social Democracy: Investment Politics in Sweden*. Ithaca, NY: Cornell University Press.

Pontusson, Jonas. 1997. "Between Neo-Liberalism and the German Model: Swedish Capitalism in Transition." In *Political Economy of Modern Capitalism*, ed. C. Crouch and W. Streeck. Thousand Oaks, CA: Sage.

Pontusson, Jonas. 2005a. *Inequality and Prosperity: Social Europe vs. Liberal America*. New York: Century Foundation.

Pontusson, Jonas. 2005b. "Varieties and Commonalities of Capitalism." In *Varieties of Capitalism, Varieties of Approaches,* ed. D. Coates. London: Palgrave.

Pontusson, Jonas. 2009. "Once Again a Model: Nordic Social Democracy in a Globalized World." In *Futures of the Left*, ed. James Cronin, George Ross, and James Shoch. Durham, NC: Duke University Press.

Pontusson, Jonas. 2013. "Trade Unions and Redistributive Politics." Geneva: University of Geneva.

Pontusson, Jonas, and Peter Swenson. 1996. "Labor Markets, Production Strategies, and Wage Bargaining Institutions." *Comparative Political Studies* 29 (2):223–50.

Powell, Justin J.W., and Heike Solga. 2011. "Why Are Higher Education Participation Rates in Germany So Low? Institutional Barriers to Higher Education Expansion." *Journal of Education and Work* 24 (1):49–68.

Pruijt, Hans, and Pascal Dérogée. 2010. "Employability and Job Security, Friends or Foes? The Paradoxical Reception of Employacurity in the Netherlands." *Socio- Economic Review* 8:437–60.

Przeworski, Adam, and John Sprague. 1986. *Paper Stones: A History of Electoral Socialism*. Chicago: University of Chicago Press.

Quack, Sigrid, and Swen Hildebrandt. 1996. "Rekrutierung, Berufsausbildung und Personaleinsatz: Deutsche und französische Kreditinstitute im Anpassungsprozess an veränderte Markbedingungen." *Zeitschrift für Berufs- und Wirtschaftspädagogik* 92:467–89.

Quack, Sigrid, Jacqueline O'Reilly, and Swen Hildebrandt. 1995. "Structuring Change: Training and Recruitment in Retail Banking in Germany, Britain, and France." *International Journal of Human Resource Management* 6 (4):759–94.

Quadagno, Jill. 1996. *The Color of Welfare: How Racism Undermined the War on Poverty.* New York: Oxford University Press.

Rath, Jan. 2009. "The Netherlands: A Reluctant Country of Immigration." *Tijdschrift Voor Economische En Sociale Geografie* 100 (5):674–81.

Ravitch, Dana. 2012. "How, and How Not, to Improve the Schools." *New York Review of Books*, March 22.

Rehder, Britta. 2003. *Betriebliche Bündnisse für Arbeit in Deutschland: Mitbestimmung und Flächentarif im Wandel*. Frankfurt: Campus.

Rehm, Philipp, Jacob Hacker, and Mark Schlesinger, 2012. "Insecure Alliances: Risk, Inequality, and Support for the Welfare State." *American Political Science Review* 106 (2):386–406.

Reich, Helmut. 2010. "IG Metall: Die kompromissbereite Gewerkschaft." *Zeit Online*. January 25.http://www.zeit.de/wirtschaft/2010-01/ig-metall-huber.

Reich, Robert. 1996. "Investing in People 'Good for Us as a Nation,' Says Secretary of Labor." In *National Center for Research in Vocational Education*, University of California, Berkeley. http://ncrve.berkeley.edu/CW73/Reich.html.

Reisch, Michael. 2006. "Welfare Reform and the Transformation of the U.S. Welfare State." In *The Promise of Welfare Reform: Political Rhetoric and the Reality of Poverty in the Twenty First Century*, ed. K. M. Kilty and E. Segal. Binghamton, NY: Haworth Press.

Rinne, Ulf, and Klaus F. Zimmermann. 2011. "Another Economic Miracle? The German Labor Market and the Great Recession." *IZA Discussion Paper* 6250. Bonn: IZA.

Rose, Nancy E. 1999. "Jobs for Whom? Employment Policy in the United States and Western Europe." *Journal of Economic Issues* 33 (2):453–60.

Rosenbaum, James E. 2001. *Beyond College For All.* New York: Russell Sage Foundation.

Rosenbaum, James E. 2011. "The Complexities of College for All: Beyond Fairy-Tale Dreams." *Sociology of Education* 84 (2):113–7.

Rothstein, Bo. 1996. *The Social Democratic State: The Swedish Model and the Bureaucratic Problems of Social Reforms*. Pittsburgh, PA: University of Pittsburgh Press.

Rueda,David.2007. *Social Democracy Inside Out: Government Partisanship, Insiders, and Outsiders in Industrialized Democracies*. Oxford: Oxford University Press.

Ruggie, John Gerard. 1982. "International Regimes, Transactions, and Change: Embedded Liberalism in the Postwar Economic Order." *International Organization* 36 (2):379–415.

Rydgren, Jens. 2010. "Radical Right-wing Populism in Denmark and Sweden: Explaining Party System Change and Stability." *SAIS Review of International Affairs* 30 (1): 57–71.

Sacchi, Stefano, Federico Pancaldi, and Claudia Arisi. 2011. "The Economic Crisis as a Trigger of Convergence? Short-Time Work in Italy, Germany and Austria." *Carlo Alberto Working Papers*. Milan: University of Milan.

Sako, Mari. 2012. "Professionals Between Market and Hierarchy in Comparative Political Economy." Paper presented at the Conference of the Society for the Study of Socio-Economics, Boston. June 28–30.

Salverda, Wiemer. 2009. "The Dutch Minimum Wage: A Radical Reduction Shifts the Main Focus to Part Time Jobs." *AIAS Working Paper* 09-71. Amsterdam: AIAS University of Amsterdam.

Scharpf, Fritz. 1997. *Games Real Actors Play*. Boulder, CO: Westview.

Scheele, Alexandra. 2001. "Unified Service Sector Union (ver.di) Created." In *EIROnline*: Eurofound. http://www.eurofound.europa.eu/eiro/2001/04/feature/de0104220f.htm.

Scheuer, Steen. 1992. "Denmark: Return to Decentralization." In *Industrial Relations in the New Europe*, ed. A. Ferner and R. Hyman. Oxford: Basil Blackwell.

Scheuer, Steen. 1998. "Denmark: A Less Regulated Model." In *Changing Industrial Relations in Europe*, ed. A. Ferner and R. Hyman. Oxford: Blackwell.

Scheuer, Steen. 2007. "Dilemmas of Collectivism: Danish Trade Unions in the Twenty-First Century." *Journal of Labor Research* 28 (2):233–54.

Schludi, Martin. 2005. *The Reform of Bismarckian Pension Systems.* Amsterdam: Amsterdam University Press.

Schmitt, John. 2011. "Labor Market Policy in the Great Recession: Some Lessons from Germany and Denmark." Washington, DC: Center for Economic and Policy Research.

Schmitt, John. 2012. "Low-Wage Lessons." Washington, DC: Center for Economic and Policy Research.

Schmitt, John, and Alexandra Mitukiewicz. 2011. "Politics Matter: Changes in Unionization Rates in Rich Countries, 1960–2010." Washington DC: Center for Economic and Policy Research.

Schmitt, John, and Ben Zipperer. 2009. "Dropping the Ax: Illegal Firings During Union Election Campaigns, 1951–2007." Washington, DC: Center for Economic and Policy Research.

Schneibel, Gerhard. 2010. "Siemens Agrees to Open-Ended Employment Guarantee." *Deutsche Welle,* September 23. http://www.dw.de/siemens-agrees-to-open-ended-employment-guarantee/a-6039620.

Schneider, Martin R., and Mihai Paunescu. 2011. "Changing Varieties of Capitalism and Revealed Comparative Advantages from 1990 to 2005: A Test of the Hall and Soskice Claims." *Socio-Economic Review* 10:731–53.

Schnyder, Gerhard. 2012. "Like a Phoenix from the Ashes? Reassessing the Transformation of the Swedish Political Economy Since the 1970s." *Journal of European Public Policy* 19 (8):1126–45.

Schnyder, Gerhard, and Gregory Jackson. 2011. "Diverging Paths of Post-Fordism: The German and Swedish Models from the Oil Shocks to the Global Financial Crisis." Paper presented at Council for European Studies, Barcelona, June 20–22.

Schochet, Peter Z., John Burghardt, and Sheena McConnell. 2008. "Does Job Corps Work? Impact Findings from the National Job Corps Study." *American Economic Review* 98 (5):1864–86.

Schulten, Thorsten. 1999a. "Verdi Overture: Five Unions Agree to form Unified Ser- vice Sector Union." In *EIROnline*: Eurofound. http://www.eurofound.europa.eu/eiro/1999/11/feature/de9911225f.htm.

Schulten, Thorsten. 1999b. "Union Demands Statutory Minimum Wage." In *EIROnline*: Eurofound. http://www.eurofound.europa.eu/eiro/1999/11/inbrief/ de9911221n.htm.

Schulten, Thorsten. 2002. "Pilot Agreements Signed in Metalworking After Strike." In *EIROnline*: Eurofound. http://www.eurofound.europa.eu/eiro/2002/05/feature/de0205206f.htm.

Schulze-Cleven, Tobias. 2009. *Flexible Markets, Protected Workers: Adjustment Pathways in Europe's New Economy*. Ph.D. Thesis, Political Science, University of California, Berkeley.

Schulze-Cleven, Tobias. 2011. "Diverging Pathways to Flexibility: Labor Market Adjustment in Germany and Denmark during Neoliberal Times." Paper presented at Center for European Studies Visiting Scholars Seminar, Cambridge, MA, March 30.

Schulze-Cleven, Tobias. n.d. "Toward Lifelong Learning in Europe? Policy

Feedback, Union Strategy and the Politics of Continuing Education." Manuscript, Center for European Studies, Harvard University.
Schulze Buschoff, Karin, and Paula Protsch. 2008. "(A-)typical and (In-) secure? Social Protection and 'Non-Standard' Forms of Employment in Europe." *International Social Security Review* 61 (4):51–73.
Schwartz, Herman. 1994. "Small States in Big Trouble." *World Politics* 46 (4):527–55.
Schwartz, Herman. 2001. "The Danish 'Miracle': Luck, Pluck, or Stuck?" *Comparative Political Studies* 34 (2):131–55.
Schwengler, Barbara. and Veronika Loibl. 2010. "Beschäftigung, Arbeitslosigkeit und Kurzarbeit: Aufschwung und Krise wirken regional unterschiedlich." *IAB Kurzbericht* 1. Nürnberg: Institut für Arbeitsmarkt- und Berufsforschung.
Seeleib-Kaiser, Martin, Silke van Dyk, and Martin Roggenkamp. 2008. *Party Politics and Social Welfare*. Cheltenham: Edward Elgar.
Shierholz, Heidi. 2009. "Fix It and Forget It: Index the Minimum Wage to Growth in Average Wages." *EPI Briefing Paper*. Washington, DC: Economic Policy Institute.
Siebert, Horst. 1997. "Labour Market Rigidities: At the Root of Unemployment in Europe." *Journal of Economic Perspectives* 11 (3):37–54.
Silvia, Stephen. 2002. "The Rise and Fall of Unemployment in Germany." *German Politics* 11 (1):14.
Simonsen, Marianne, and Lars Skipper. 2006. "The Incidence and Intensity of Formal Lifelong Learning." Department of Economics, University of Aarhus.
Skocpol, Theda. 1985. "Bringing the State Back In: Strategies of Analysis in Current Research." In *Bringing the State Back In*, ed. P. B. Evans, D. Rueschemeyer, and T. Skocpol. New York: Cambridge University Press.
Sluyterman, Keetie. 2010. "Introduction: Changing Business Systems in the Netherlands in the Twentieth Century." *Business History Review* 84 (4):737–50.
Sluyterman, Keetie, and Ben Wubs. 2010. "Multinationals and the Dutch Business System: The Cases of Royal Dutch Shell and Sara Lee." *Business History Review* 84 (4):799–822.
Smith, Michael. 2000. "Warning over IT Skills Gap." *Financial Times,* March 7, 3.

Solga, Heike. 2009. "Der Blick nach vorn: Herausforderungen an das deutsche Ausbildungssystem." *WZB Discussion Papers*. Berlin: WZB.
Solga, Heike. 2010. "Vier Thesen zur Reform des deutschen Ausbildungssystems." *Pädagogik* 62 (6):46–9.
Sørensen, John Houman, and Grethe Jensen. 1988. *The Role of the Social Partners in Youth and Adult Vocational Education and Training in Denmark*. Berlin: CEDEFOP.
Soss, Joe, and Sanford F. Schram. 2007. "A Public Transformed? Welfare Reform as Policy Feedback." *American Political Science Review* 101 (1):111–27.
Spangenberg, Ulrike. 2005. "Neuorientierung der Ehebesteuerung: Ehegattensplitting und Lohnsteuerverfahren." *Hans Böckler Stiftung Working Paper*. Düsseldorf: Hans Böckler Stiftung.
"SPD will Beitragspflicht für Billig-Jobs einführen." 1998. *Handelsblatt*, August 11.
"SPD zweifelt am Splitting für Ehegatten." 2011. *Zeit Online*, January 11. http://www.zeit.de/politik/deutschland/2011-01/SPD-Splitting-Ehegatten.htm.
Spiegel. 2008. "Ländervergleich: Niedriglohnsektor wächst in Deutschland rasant." *Spiegel online*, April 18. http://www.spiegel.de/wirtschaft/laendervergleich-niedrig lohnsektor-waechst-in-deutschland-rasant-a-548185.html.
Spiegel. 2010a. "Unternehmen fordern Mindestlohn für Leiharbeiter." *Spiegel online*, October 5. http://www.spiegel.de/wirtschaft/soziales/druck-auf-regierung-unternehmen-fordern-mindestlohn-fuer-leiharbeiter-a-721442.html.
Spiegel. 2010b. "Hungerlohn trotz Vollzeitjob." *Spiegel online*. November 19.
Spiegel. 2011a. "Gewerkschaften kritisieren CDU-Mindestlohnpläne als nicht verfas- sungskonform." *Der Spiegel* 45/2011. November 6.
Spiegel. 2011b. "Gewerkschaften loben Merkels Mindestlohnwende." Spiegel online, October 31. http://www.spiegel.de/politik/deutschland/cdu-initiative-gewerkschaften-loben-merkels-mindestlohn-wende-a-794987.html.
Steedman, Hilary, and Karin Wagner. 2005. "Changing Skill Needs in Europe and Responsiveness of Apprenticeship/Work-Based Learning." Paper presented at the Jacobs Foundation Conference on Interdisciplinary

Perspectives on Skill Formation and the Reform of Vocational and Professional Training. Schloss Marbach, April 14–16.
Steinmo, Sven. 2011. "Why is Sweden so Successful?" Manuscript, European University Institute, Florence, Italy.
Stenberg, Anders, and Olle Westerlund. 2008. "Does Comprehensive Education Work for the Long-Term Unemployed?" *Labour Economics* 15:54–7.
Stephan, Jennifer L, James E. Rosenbaum, and Ann E. Person. 2009. "Stratification in College Entry and Completion." *Social Science Research* 38:572–93.
Stephens, Geralyn E. 1995. "A Comparative Analysis of Findings: Smith-Hughes Act of 1917 and the School-to-Work Opportunities Act of 1994." Institute of Education Sciences. http://www.iab.de/194/section.aspx/Publikation/k100202n02.
Stettes, Oliver. 2005. "Modernisation of Metalworking Pay Framework starts in four Regions." In *EIROnline*: Eurofound. http://www.eurofound.europa.eu/eiro/2005/04/feature/de0504106f.htm.
Stratmann, Karlwilhelm. 1994. "Das duale System der Berufsbildung: Eine historisch-systematische Analyse." In *Lernorte im dualen System der Berufsbilder,* ed. G. Pätzold and G. Walden. Berlin und Bonn: Bundesinstitut für Berufsbildung.
Streeck, Wolfgang. 1989. "Skills and the Limits of Neo-Liberalism." *Work, Employment & Society* 3:90–104.
Streeck, Wolfgang. 1991. "On the Institutional Conditions of Diversified Quality Pro- duction." In *Beyond Keynesianism,* ed. E. Matzner and W. Streeck. Aldershot: Edward Elgar.
Streeck, Wolfgang. 1999. "Die Gewerkschaften im Bündnis für Arbeit." *MPIfG Working Papers* 99/11 (October). Cologne: MPIfG.
Streeck, Wolfgang. 2000. "Ist die Einrichtung eines "Niedriglohnsektors" die letzte Beschäftigungschance für gering qualifizierte Arbeitnehmer?" In *Niedriglohnsektor und Lohnsubventionen im Spiegel des Arbeits- und Sozialrechts*, ed. Otto Brenner Stiftung. Frankfurt: Bund.
Streeck, Wolfgang. 2005. "From State Weakness as Strength to State Weakness as Weakness." In *Governance in Contemporary Germany: The Semisovereign State Revisited*, ed. S. Green and W. E. Paterson. Cambridge, MA: Cambridge University Press.
Streeck, Wolfgang. 2009. *Re-Forming Capitalism*. Oxford: Oxford

University Press.

Streeck, Wolfgang. 2010. "Noch so ein Sieg, und wir sind verloren: der Nationalstaat nach der Finanzkrise." *Leviathan* 38 (2):159–73.

Streeck, Wolfgang, and Rolf Heinze. 1999. "An Arbeit fehlt es nicht." *Der Spiegel* 19/1999, May 5.

Streeck, Wolfgang, and Daniel Mertens. 2010. "Politik im Defizit: Austerität als fiskalpolitisches Regime." *Der moderne Staat* 3 (1):7–29.

Streeck, Wolfgang, and Kathleen Thelen. 2005. "Introduction: Institutional Change in Advanced Political Economies." In *Beyond Continuity: Institutional Change in Advanced Political Economies*, ed. W. Streeck and K. Thelen. Oxford: Oxford University Press.

Streeck, Wolfgang and Kozo Yamamura, eds. 2001. *The Origins of Nonliberal Capitalism: Germany and Japan*. Ithaca, NY: Cornell University Press.

Swenson, Peter. 1989. *Fair Shares: Unions, Pay and Politics in Sweden and Germany.* Ithaca, NY: Cornell University Press.

Swenson, Peter. 2002. *Capitalists Against Markets*. New York: Oxford University Press.

"Tarifeinheit: IG Metall widerspricht dem DGB." 2010. *Der Spiegel* 26:68.

Thelen, Kathleen. 1991. *Union of Parts: Labor Politics in Postwar Germany.* Ithaca, NY: Cornell University Press.

Thelen, Kathleen. 2001. "Varieties of Labor Politics in the Developed Democracies." In *Varieties of Capitalism*, ed. P. A. Hall and D. Soskice. New York: Oxford University Press.

Thelen, Kathleen. 2004. *How Institutions Evolve: The Political Economy of Skills in Comparative-Historical Perspective*. New York: Cambridge University Press.

Thelen, Kathleen. 2007a. "Contemporary Challenges to the German Vocational Training System." *Regulation and Governance* 1 (3):247–60.

Thelen, Kathleen. 2007b. "Skill Formation and Training." In *The Oxford Handbook of Business History,* ed. G. Jones and J. Zeitlin. Oxford: Oxford University Press.

Thelen, Kathleen. 2009. "Institutional Change in Advanced Political Economies." *British Journal of Industrial Relations* 47 (3):471–98.

Thelen, Kathleen. 2010. "Economic Regulation and Social Solidarity: Conceptual and Analytic Innovations in the Study of Advanced Capitalism." *Socio-Economic Review* 8:187–207.

Thelen, Kathleen. 2012. "Varieties of Capitalism: Trajectories of Liberalization and the New Politics of Social Solidarity." *Annual Review of Political Science* 15:137– 59

Thelen, Kathleen, and Marius Busemeyer. 2012. "Institutional Change in German Voca- tional Training: From Collectivism toward Segmentalism." In *The Political Economy of Collective Skill Formation*, ed. M. Busemeyer and C. Trampusch. Oxford: Oxford University Press.

Thelen, Kathleen, and Ikuo Kume. 2006. "Coordination as a Political Problem in Coordinated Market Economies." *Governance* 19 (1):11–42.

Thelen, Kathleen, and Christa van Wijnbergen. 2003. "The Paradox of Globalization: Labor Relations in Germany and Beyond." *Comparative Political Studies* 36 (8):859– 80.

Therborn, Göran. 1986. *Why Some People are More Unemployed than Others*. London: Verso.

Torfing, Jacob. 1999. "Workfare with Welfare: Recent Reforms of the Danish Welfare State." *Journal of European Social Policy* 9 (1):5–28.

Trampusch, Christine. 2007. "Industrial Relations as a Source of Solidarity in Times of Welfare State Retrenchment." *Journal of Social Policy* 36 (2):197–215.

Trampusch, Christine. 2009. *Der erschöpfte Sozialstaat: Transformation eines Politikfeldes*. Frankfurt: Campus.

Trampusch, Christine, and Pierre Eichenberger. 2012. "Skills and Industrial Relations in Coordinated Market Economies: Continuing Vocational Training in Denmark, the Netherlands, Austria, and Switzerland." *British Journal of Industrial Relations* 50 (4):644–66.

Troltsch, Klaus. 2005. "Berufsbildung und Strukturwandel: Zum Einfluss wirtschaftsstruktureller Veränderungen auf das betriebliche Ausbildungsstellenangebot seit 1980." In *Der Ausbildungsmarkt und seine Einflussfaktoren,* ed. BIBB. Bonn: BIBB.

Tros, Frank. 2009. "The Netherlands: Flexicurity and Industrial Relations." In *EIROnline*: Eurofound. http://www.eurofound.europa.eu/eiro/studies/tn0803038s/nl0803039q.htm.

Ulrich, Joachim Gerd. 2005. "Probleme bei der Bestimmung von Ausbildungsplatznachfrage und Ausbildungsplatzangebot." In *Der Ausbildungsmarkt und seine Einflussfaktoren*, ed. BIBB. Bonn: BIBB.

Ulrich, Joachim Gerd. 2008. "Jugendliche im U¨bergangssystem: eine Bestandsaufnahme." In *bwp@ Spezial* 4. http://www.bwpat.de/ht2008/

ws12/ulrich_ws12- ht2008_spezial4.shtml.
"Unternehmen fordern Mindestlohn für Leiharbeiter." 2010. *Spiegel online*. October 5. http://www.spiegel.de/wirtschaft/soziales/druck-auf-regierung-unternehmen-fordern-mindestlohn-fuer-leiharbeiter-a-721442.html.
van Keersbergen, Kees. 1999. "Contemporary Christian Democracy and the Demise of the Politics of Mediation." In *Continuity and Change in Contemporary Capitalism*, ed. H. Kitschelt, P. Lange, G. Marks, and J. D. Stephens. New York: Cambridge University Press.
van Oorschot, Wim. 2004a. "Balancing Work and Welfare: Activation and Flexicurity Policies in the Netherlands, 1980–2000." *International Journal of Social Welfare* 13:15–27.
van Oorschot, Wim. 2004b. "Flexible Work and Flexicurity Policies in the Netherlands: Trends and Experiences." *Transfer* 2:208ff.
van Oorschot, Wim, and Peter Abrahamson. 2003. "The Dutch and Danish Miracles Revisited: A Critical Discussion of Activation Policies in Two Small Welfare States." *Social Policy & Administration* 37 (3):288–304.
van Wijnbergen, Christa. 2002. *Imposing Consensus: State Steering of Welfare and Labor Market Reforms in Continental Europe*. Ph.D. Thesis, Political Science, Northwestern University, Evanston, IL.
Vanselow, Achim. 2009. "Entfesseln oder Einhegen? Zeitarbeit in der Krise." *IAQ Report*. Universita¨t Duisberg/Essen: Institut Arbeit und Qualifikation
Vartiainen, Juhana. 2011. "Nordic Collective Agreements: A Continuous Institution in a Changing Economic Environment." In *The Nordic Varieties of Capitalism. Comparative Social Research* (28), ed. Lars Mjøset. Emerald Group Publishing Limited: 331–63. http://www.emeraldinsight.com/books.htm?chapterid=17004237.
Vasta, Ellie. 2007. "From Ethnic Minorities to Ethnic Majority Policy: Multiculturalism and the Shift to Assimilationism in the Netherlands." *Ethnic and Racial Studies* 30 (5): 713–40.
Viebrock, Elke, and Jochen Clasen. 2009. "Flexicurity and Welfare Reform: A Review." *Socio-Economic Review* 7:305–31.
Vis, Barbara. 2010. *Politics of Risk-Taking: Welfare State Reform in Advanced Democracies*. Amsterdam: Amsterdam University Press.
Visser, Jelle. 1991. "Key Issues for Labour Market and Social Policy." Report prepared for the Organisation for Economic Cooperation and

Development. Paris: OECD.
Visser, Jelle. 1992. "The Netherlands: The End of an Era and the End of a System." In *Industrial Relations in the New Europe*, ed. A. Ferner and R. Hyman. Cambridge, MA: Blackwell.
Visser, Jelle. 1998. "Two Cheers for Corporatism, One for the Market: Industrial Relations, Wage Moderation and Job Growth in the Netherlands." *British Journal of Industrial Relations* 36 (2):269–92.
Visser, Jelle. 2002. "The First Part-time Economy in the World: A Model to be Fol- lowed?" *Journal of European Social Policy* 12 (1):23–42.
Visser, Jelle. 2006. "Union Membership Statistics in 24 Countries." *Monthly Labor Review* (January):38–49. http://www.bls.gov/opub/mlr/2006/01/art3full.pdf.
Visser, Jelle. 2011. "Flexibility and Security in Post-Standard Employment Relations: The Case of the Netherlands." *Working Paper*. Amsterdam Institute of Advanced Labour Studies: University of Amsterdam.
Visser, Jelle, and Anton Hemerijck. 1997. *A Dutch Miracle: Job Growth, Welfare Reform, and Corporatism in the Netherlands*. Amsterdam: Amsterdam University Press.
Vogel, David. 1978. "Why Businessmen Distrust Their State: The Political Conscious- ness of American Corporate Executives." *British Journal of Political Science* 8 (1):45– 78.
Vogel, David. 1983. "The Power of Business in America: A Re-Appraisal." *British Journal of Political Science* 13 (1):19–43.
Vogel, Sandra. 2009a. "Minimum Wages in Postal Services Suspended." In *EIROnline*: Eurofound. http://www.eurofound.europa.eu/eiro/2009/01/articles/ de0901029i.htm.
Vogel, Sandra. 2009b. "New Allowances for Short-Time Work in Bid to Offset Economic Crisis." In *EIROnline*: Eurofound. http://www.eurofound.europa.eu/eiro/2009/04/articles/de0904039i.htm.
Vogel, Sandra. 2009c. "New Collective Agreement in Metalworking Sector." In *EIROnline*: Eurofound. http://www.eurofound.europa.eu/eiro/2009/05/articles/ de0905049i.htm.
Vogel, Sandra. 2010. "Assessing Employee Representation and Collective Bargaining Coverage." In *EIROnline:* Eurofound. http://www.eurofound.europa.eu/eiro/2010/ 05/articles/de1005029i.htm.
Vogel, Sandra. 2011. "Social Partners Debate Pay Rises." In *EIROnline*: Eurofound. http://www.eurofound.europa.eu/eiro/2010/12/articles/

de1012019i.htm.
Völk, Daniel. 2011. "Strukturen des dualen Studienangebots in Deutschland," Institut für Hochschulforschung. Presentation in Duisburg, October 14.
Wallerstein, Michael. 1999. "Wage-Setting Institutions and Pay Inequality in Advanced Industrial Societies." *American Journal of Political Science* 43:649–80.
Walsh, Janet. 1995. "Convergence or Divergence? Corporatism and the Dynamics of European Wage Bargaining." *International Review of Applied Economics* 9 (2):169– 91.
Watson, C. Maxwell, Bas B. Bakker, Jan Kees Martijn, and Ioannis Halikias. 1999. *The Netherlands: Transforming a Market Economy*. Washington, DC: International Monetary Fund.
Weaver, R. Kent. 1998. "Ending Welfare As We Know It." In *The Social Divide: Political Parties and the Future of Activist Government,* ed. M. Weir. Washington, DC: Brookings Institution Press.
Weinkopf, Claudia. n.d. "Germany: Precarious Employment and the Rise of Mini-Jobs." *Comparative Perspectives Database Working Paper Series.* http://www.genderwork.ca/cpdworkingpapers/weinkopf.pdf.
Weinkopf, Claudia, and Gerhard Bosch. 2010. "The Minimum Wage System and Changing Industrial Relations in Germany (Executive Summary)." Report prepared for the research project "Minimum wage systems and changing industrial relations in Europe" for the European Commission, DG Employment, Social Affairs and Equal Opportunities, September.
Weir, Margaret. 1992. *Politics and Jobs: The Boundaries of Employment Policy in the United States*. Princeton, NJ: Princeton University Press.
Weir, Margaret. 1998. "Wages and Jobs: What is the Public Role?" In *The Social Divide: Political Parties and the Future of Activist Government,* ed. M. Weir. Washington, DC: Brookings Institution Press.
Weir, Margaret. 2010. "Beyond the Plant Gates: Postwar Labor and the Organizational Substructure of Liberalism." *Institute for Research on Labor and Employment Working Paper Series*. Berkeley: University of California, Berkeley.
"Wenn sich die Arbeit nicht mehr lohnt." 2010. *Frankfurter Allgemeine Zeitung*, January 20: 11.
Werner, Dirk. 2004. "Ausbildung zwischen Strukturwandel und Investitionskalkül." Paper presented at Expert Workshop. Bonn, July 1–2.

Western, Bruce. 1997. *Between Class and Market: Postwar Unionization in the Capitalist Democracies*. Princeton, NJ: Princeton University Press.
Western, Bruce. 2008. "Reentry: Reversing Mass Imprisonment." *Boston Review*, July/August.
Western, Bruce, and Katherine Beckett. 1999. "How Unregulated is the U.S. Labor Market? The Penal System as a Labor Market Institution." *American Journal of Sociology* 104 (4):1030–60.
Western, Bruce, and Jake Rosenfeld. 2011. "Unions, Norms, and the Rise of U.S. Wage Inequality." *American Sociological Review* 76 (4):513–37.
Wiarda, Jan-Martin. 2011. "Dual an der Spitze: An den einstigen Berufsakademien (heute DHBW) studieren Baden-Württembergs beste Abiturienten." *Die Zeit*, July 21. http://www.zeit.de/2011/30/C-Dual.
Wiesmann, Gerrit. 2012. "Germany Sets Gold Standard for Training." *Financial Times Online*, July 9. http://www.ft.com/intl/cms/s/0/98d8d6c6-c67e-11e1-963a- 00144feabdc0.html.
Wilkinson, Frank, ed. 1981. *The Dynamics of Labour Market Segmentation*. London: Academic Press.
Will, Henner. 2011. *Germany's Short Time Compensation Program: Macroeconom(etr)ic Insight*. Düsseldorf: Institut für Makroo¨ konomie und Konjunkturforschung.
Wilson, Hugh A. 2004. "The Development of America's Postwar Active Labor Market Policy: The Demise of the Big Bang Theory." Paper presented at the 2004 Meeting of the Midwest Political Science Association. Chicago, April 15–18.
"Wir müssen mehr leisten." 2003. *Die Zeit*, June 26: 18.
"Wirtschaft warnt vor endlosen Grabenkämpfen." 2010. *Spiegel Online*, June 23. http://www.spiegel.de/wirtschaft/soziales/0,1518,702495,00.html.
Wolinetz, Steven B. 1989. "Socio-Economic Bargaining in the Netherlands: Redefining the Post-War Policy Coalition." *West European Politics* 12 (1):79–98.
Wolinetz, Steven B. 1993. "Reconstructing Dutch Social Democracy." *West European Politics* 16 (1):97–111.
Wren, Anne, Ma´te´ Fodor, and Sotiria Theodoropoulou. 2012. "The Trilemma Revisited: Institutions, Inequality and Employment Creation in an Era of ICT-Intensive Service Expansion." In *The Political Economy of*

the Service Transition, ed. A. Wren. Oxford: Oxford University Press.

WRR. 1980. *Industry in the Netherlands: Its Place and Future.* The Hague: Netherlands Scientific Council.

Zorn, D., Frank Dobbin, Julien Dierkes, and M. Kwok. 2006. "The New New Firm: Power and Sense-Making in the Construction of Shareholder Value." *Nordiske Organisationsstudier* 3.

Zylka, Regine. 2002. "SPD und Grüne uneins über Ehgattensplitting." *Berliner Zeitung*, October 4.

Deep Learning 01

Varieties of Liberalization and the New Politics of Social Solidarity

平等式資本主義的勝出

人人平等的社會核心價值，透過新政治與勞動體制變革，驅動創新經濟

作　　者　凱薩琳・瑟倫 Kathleen Thelen
譯　　者　盧靜
總 編 輯　吳啓禎
選書審訂　吳啓禎
封面設計　職日設計
企　　劃　劉維人、廖珮杏
行銷團隊　江旻諺、張靜芝

發 行 人　賴中強
出版發行　經濟民主連合
發行地址　100 台北市中正區北平東路 28 號 9 樓之 1
　　　　　電話 02-2395-2552　傳真 02-2395-2552
　　　　　電子信箱 edutw2016@gmail.com
　　　　　讀者信箱 edutw.publishing@gmail.com
官方網站　http://www.edunion.org.tw/
臉書專頁　https://www.facebook.com/eduniontaiwan/

總 經 銷　聯灃書報社有限公司
　　　　　103 台北市重慶北路一段 83 巷 43 號 1 樓
　　　　　電話 02-2556-9711
印　　刷　海王印刷事業股份有限公司

ISBN　978-986-98612-2-9
定　　價　450 元（如有缺頁或破損，請寄回更換）
初版一刷　2021 年 01 月

國家圖書館出版品預行編目資料

平等式資本主義的勝出：人人平等的社會核心價值，透過新政治與勞動體制變革，驅動創新經濟 / 凱薩琳・瑟倫 Kathleen Thelen 著；盧靜譯 .. -- 初版 --
臺北市：社團法人經濟民主連合，2021.01　面；　公分 .

譯自：Varieties of liberalization and the new politics of social solidarity--

Deep Learning；01　ISBN 978-986-98612-2-9（平裝）

1. 勞動政策 2. 勞資關係 3. 勞動市場　556　109017990